YI MEI YUREN

耿丽丽　主编

以美育人

中小学美术教育实践探索

民主与建设出版社

·北京·

图书在版编目（CIP）数据

以美育人：中小学美术教育实践探索 / 耿丽丽主编
. --北京：民主与建设出版社，2022.11

ISBN 978-7-5139-4011-5

Ⅰ.①以… Ⅱ.①耿… Ⅲ.①美术教育－教学研究－
中小学 Ⅳ.①G633.955.2

中国版本图书馆CIP数据核字（2022）第200144号

以美育人：中小学美术教育实践探索
YI MEI YUREN ZHONGXIAOXUE MEISHU JIAOYU SHIJIAN TANSUO

主　　编	耿丽丽	
责任编辑	宁莲佳	
装帧设计	小观关	
出版发行	民主与建设出版社有限责任公司	
电　　话	（010）59417747　59419778	
社　　址	北京市海淀区西三环中路10号望海楼E座7层	
邮　　编	100142	
印　　刷	英格拉姆印刷(固安)有限公司	
版　　次	2022年11月第1版	
印　　次	2023年2月第1次印刷	
开　　本	787毫米×1092毫米　1/16	
印　　张	19.75	
字　　数	380千字	
书　　号	ISBN 978-7-5139-4011-5	
定　　价	79.00元	

注：如有印、装质量问题，请与出版社联系。

《以美育人：中小学美术教育实践探索》编委名单

主　　编：耿丽丽

副主编：杨秀巍　田　兰　石　颖　王　睿　王力香　韩鹏宇　王　岩

编委成员（按姓氏笔画排序）：

马晓鸥　于　洋　王　姝　王丽彦　王　蕊　白天舒　冯　杰

宁　巍　安晓倩　刘　珂　刘　淼　刘晓琳　刘日晖　刘　舟

曲　宁　孙钰聪　孙一琳　许　楠　迟文婷　陈　帆　陈玉凤

陈春阳　陈　众　李　静　李慧梅　李　雪　李敬琬　陆忠诚

宋雨欣　苏　巍　苏　丹　沙　迪　吴　丞　杨　磊　杨泽琳

杨　琳　杨　微　杨鹤鸣　杨双凤　张婷婷　张　莉　张　红

张初蕾　张　芳　金　静　郎　珊　林敬文　孟繁璐　苑薇薇

侯占春　姚盛子　唐　月　徐海燕　夏　天　彭佳林　樊　蕾

序 言

现代社会发展,科技的进步带动了现代美术教育的飞速发展。各种新兴美术形式的产生拓展了美术教育的宽度,新媒体技术激发美术教育向更深的层次探索。这些都必然促使美术教育实践向着多元化发展。为了追求更佳的美术教学的效果,实施多元文化艺术教育的手段,从美术教育的价值与意义以及美术学科素养等层面思考如何将美术独特的育人功能应用于美术教育实践中,我们编写了《以美育人:中小学美术教育实践探索》一书,以期从整体的美育角度丰富对美术教学及多元评价的思考,同时也使美术教学理论与方法从中获益。这实际上是美术教师思维方式和行为方式的一种转变,完成这种转变也意味着我们的教学智慧得到了提升。本书具体介绍了如何通过美育理论知识对学生进行美术教学,落实美术学科核心素养,促进学生全面和谐发展,以及探索美育在美术教学实践中如何运用并建立多元评价。从而让美术教学真正进入一种美的情境。

在编写本书时,我们结合一线教师的教学经验,通过丰富的美术教学课例,尝试解答如何在美术课堂上渗透美育、如何构建美育视角下的美术教育评价体系、怎样运用多元评价方式提升教师美育能力。希望通过对以美育人的深入研究,进一步提升美育素养构建的美感课堂。这是一项把理论与实践研究结合起来的美术教育教学研究,能对探索美育与美术教育教学多元评价起到积极推动的作用。总之,美育及多元的美术教学会使我们在未来的教育园圃中成为一名优秀的园丁,在我们的眼前开辟一个明媚绚丽的新天地。希望广大美术教育工作者通过阅读此书,能明确我国当前美术教育的目标宗旨,提高对美育的认知和理解,从而提高美术教育教学实践水平。

本书编写分工如下:

耿丽丽编写了绪论,第三章一部分,第四章一部分,第五章一部分(共计10万字);杨秀巍编写了第三章一部分(共计3万字);田兰编写了第二章,第四章一部分(共计3万字);

石颖编写了第五章,附录一部分 (共计3万字);王睿编写了第二章一部分,附录一部分 (共计3万字);王力香编写了第二章一部分,第三章一部分 (共计2万字);韩鹏宇编写了第四章一部分,附录一部分 (共计2万字);王岩编写了第三章一部分,附录一部分 (共计2万字);其他编者编写了第三章一部分,第四章一部分,附录一部分 (每人各计2000字) 。

本书在编写过程中,汲取了许多工作在教学一线的美术教育工作者的实践经验(本书中的图片均为一线教师在教学过程中拍摄的),也参考了大量资料,在此一并向为本书提供帮助的美术教育工作者和参考文献的原作者表示衷心的感谢! 由于时间仓促,加之作者水平有限,书中难免会有纰漏之处,敬请广大美术教育工作同人和读者批评指正。

目 录

第一章

绪论

一、美育概说

（一）美

美是人类从古至今的追求和向往。对美的创造与建设伴随着人类发展的脚步时刻不曾停歇。什么是美？"美"是个很复杂的概念，对美进行阐释，可以让我们更好地理解美、认识美。《说文解字》里说美是会意字，最早见于商代甲骨文，是从"羊"从"大"，即羊大而肥美。而后来的研究者们认为从"羊"是不准确的，美的上半部更像是人的头部插满了弯曲的羽毛，表示当时能这样装饰的人是美的代表。美有三种词性：形容词、名词、动词。美作为形容词意为美丽、美貌、美味、美德、美好。早在先秦时期，《诗经·邶风·静女》中有"彤管有炜，说怿女美"，这里已经用美来指美貌。美作为名词一方面是美好的人或事物，另一方面是好的品德或表现。屈原《离骚》中有云"委厥美以从俗兮，苟得列乎众芳"，这里的美指美好的品质。美作为动词意为使事物变美好。无论是哪种词性它都代表了人类对美的不懈追求。

通过历史我们可以认识到美的发展从原始社会就已经开始了：原始人围绕火堆用石头敲击出声音来庆祝获得食物时，节奏美便已经产生了；他们戴着羽毛头饰欢呼胜利时，形体美便已经产生了；他们用有颜色的石料在岩壁上绘画出野牛形象时，图案美便已经产生了。这些形式的美是最早的艺术语言，而且远在人类语言成系统之前就产生和发展。有人说艺术语言是全人类的通用语，这种说法一点都不夸张。

（二）美育

1. 什么是美育

美育，又称审美教育或美感教育，是通过艺术美、自然美和社会美进行的一项教育活动。美育的宗旨是培养和提高人感受美、欣赏美和创造美的能力，建立和发展人们正确的审美观点、健康的审美情趣和高尚的审美理想，从而影响人的思想情感、知识才智和整个精神面貌。美育是美学和教育的融合，它和德育、智育、体育、劳育一起构成我国全面发展教育的完整体系。以美育人，是寓教育于美的情感体验。通过美的活动唤起人的情感共鸣，能使人在赏心悦目中自主接受美的熏陶，获得知识，提高思想水平，实现精神的愉悦、心灵的满足。

早在先秦时期我国美育思想就已经存在。我国古代教育中将《诗经》和《乐经》列为美育教材的典范。著名思想家、教育家孔子认为,统治者为了国家兴盛必须重视"乐教"和"诗教"。《论语·泰伯》中有"兴于诗,立于礼,成于乐",就把包括美育在内的教育提升到关乎国家兴盛的高度。古希腊时期,西方的美育思想已经基本成型,毕达哥拉斯学派认为"美在和谐"。18世纪德国诗人席勒在《审美教育书简》(又译《美育书简》)中首次提出审美教育并使用了"美育"这一简称。近代蔡元培在1912年就任中华民国临时政府教育总长时发表《对于教育方针的意见》一文,其中就提出要把美育列入教育方针。

2. 广义美育与狭义美育

因为美育的复杂性,我们通常也将美育分为广义和狭义两种。广义的美育泛指所有对人进行的关于美的教育影响活动,包括对人的性格的全面培养。现代社会中的人每一天,甚至每一分钟都在主动或被动地接受着美育的影响。超市、路边街道随处可见的广告宣传招贴画,不知不觉中引导着我们的视觉审美方向;那些T台时尚流行色潜移默化地影响着我们的日常着装审美;各种媒体中播放的流行音乐也影响着我们的音乐审美。这些都属于广义美育范畴。

狭义的美育指对艺术和自然的审美教育,是主要阵地为学校的美育活动,也是本书探讨的美育的内涵。有人认为狭义的美育只是指那些培养艺术工作者的教育,其实这是不对的。此种观点缩小了美育的功能和作用,忽视了美育在我们日常生活中所占有的重要地位。

我们要通过狭义的美育,推动并实现广义的美育;通过艺术和审美的教育,促进社会的和谐和进步。

3. 新时代美育

随着社会的发展、时代的进步,美育工作也得到了前所未有的重视,成为我党教育方针的重要组成部分。学校美育工作是立德树人、培根铸魂的事业。党的十八大以来,以习近平同志为核心的党中央高度重视学校美育工作,把学校美育工作摆在更加突出的位置:2013年党的十八届三中全会提出"改进美育教学,提高学生审美和人文素养";2015年国务院办公厅印发《关于全面加强和改进学校美育工作的意见》;2018年8月习近平总书记给中央美院8位老教授回信;2018年9月习近平总书记在全国教育大会上对美育工作作出重要指示;2020年9月22日,习近平总书记在教育文化卫生体育领域专家代表座谈会上,再次强调加强和改进学校美育工作。学校美育必须坚持以习近平新时代中国特色社会主义思想为指导,提升思想自觉、政治自觉、行动自觉,与党中央、国务院的要求同向同行,与推进素质教育的要求同向同行,与学生全面发展的迫切要求同向同行。

2020年10月中共中央办公厅、国务院办公厅印发了《关于全面加强和改进新时代学校美育工作的意见》(以下简称《意见》),并发出通知,要求各地区各部门结合实际认真贯彻落实。

二、美育与美术教育的关系及多元评价

(一) 美育与美术教育

美育起源于美术教育,但是又高于美术教育。美育是包括各门类艺术教育及促进人类美的一切和谐发展活动的总和。美术教育是美育发展的重要途径之一,美术教育的重要目的是美育,美育与美术教育两者相辅相成。学校美育与学校美术教育更是相互促进,共同发展。学校美育工作是全社会美育工作的重要环节和阶段,是促进全社会美育的重要实施阵地。学校美育依托于学校各学科教学开展,其中又以学校美术教育为主要开展途径。明确了这几层关系,本书中的美术教育主要指学校美术教育。

1. 美术教育是美育发展的重要途径之一

发展美育,无论是社会美育还是学校美育都要通过有效的途径来开展,美育的起源就是美术教育,美术教育必然是美育的重要途径,但绝不是唯一的途径。

2. 美术教育的重要目的是美育

美术教育的目的不是把所有的学生都培养成为美术家。美术教育不仅是美术技能的教学,也是通过对学生进行系统的美术知识教育和技能训练,提高他们的审美修养、审美情趣、审美感受能力。美术教育贴近孩子们的心灵,它的直观性、艺术性能激发孩子们的兴趣,对少年儿童健康心理的培养、提高学生的审美文化素养、培育审美思维、陶冶情操起着积极的作用。《意见》指导思想中明确指出:"以提高学生审美和人文素养为目标,弘扬中华美育精神,以美育人、以美化人、以美培元,把美育纳入各级各类学校人才培养全过程,贯穿学校教育各学段。"

3. 美育与美术教育两者相辅相成

美育与美术教育相辅相成,共同促进。美术教育是针对"美"的教育,要在提高审美的同时与教育相融合。我们常说的美的事物在生活中处处都有,但缺少的是一双发现美的眼睛。这就是说并不是每个人在面对美的时候都能感受到并欣赏。这种认识美、发现美和欣赏美的能力正是我们要通过美术教育去培养和训练才能逐步得到并增强的。同时,爱美之心虽人皆有之,但每一个人对美的内涵的认识却又参差不齐。要增强审美素养,也要通过美术教育去接受美的熏陶和引导,不断积存和升华对美的体验和判断。

(二) 美育视角下的美术教育多元评价

1. 美术教育评价

教育评价是由社会、学校、教师、学生多个载体共同呈现的一项活动。教育评价始终是在争议中不断改进的。美术教育评价也是由单一的、保守的向着多元化与灵活性的方

向发展。虽然美术教育评价种类很多,实施方式也各有不同,但是争议也一直都存在。

近年来,国际上对进行美术教育评价越来越重视。因为美术教育评价是美术创作与美术鉴赏教学活动中不可或缺的重要环节。有美国学者提出,美术教育界对于该评价什么、如何评价,意见分歧很大。如果没有恰当的评价计划,美国多数中小学的美术课程很可能永远没有评价。而基于美国的教育理念认为,无法评价的东西就没有办法实施教学,这就矛盾了。按照这样的推论,美国的美术学科甚至可能会被移出课程。

而我国随着新课标的实施,越来越重视教育评价的重要性。在美术教育中,评价是重要组成部分。但是,如何评价、评价标准、评价方法及评价策略等还需要教师们共同进行探究和讨论。

2. 以美育为视角的评价

美育注重的是接受者的情感体验、审美能力的提高,而非只关注某一种艺术技艺的提高。这一点也是新课标及近年来国家关于美育的一系列举措的共同目标。新课标的教学目标中明确指出,要注重学习者的情感体验过程;《意见》中也提出要"着力提升文化理解、审美感知、艺术表现、创意实践等核心素养"。

美术教育评价新观点的提出为美术教育评价开拓了新思路。根据现代教育评价理论,学生的美术学习过程与美术课程内容是同等重要的。并不是所有的学习都可以用标准化的方式来进行客观评价的,特别是本身存在多元价值取向的美术学科。近年来,在承认"儿童绘画与审美心理呈多元路径发展"观点的前提下,各国美术教育者围绕着应该评价什么、如何进行评价等问题展开了深入的研究。研究者们的主要观点可以归纳为以下几点。

(1) 美术教育评价内容包括表达 (美术创作) 和认知 (美术鉴赏) 两方面,不能顾此失彼。

(2) 美术创作与评价是相辅相成的,评价是美术创作中非常重要的一环。学生在创作作品过程中所进行的修改过程其实就是一种评价。

(3) 作品的优劣,关键在于思考的水平。应从表达方式、内涵意蕴、技巧运用等多方面制定美术创作评价标准。通过评价让人们看到,美术除了情感和技巧也涉及思考活动。通过有效的评价可以让各方 (教育部门、学校管理员、家长) 清楚地看到,美术创作也可以培养思考能力。

(4) 由经过美术教育评价培训后的教师根据学校美术教育与学生美术学习的实际情况设计评价标准并实施评价,而不是进行常模测验。

3. 美术教育发展促使美术教育评价多元化

科技的发展带动了现代美术教育的迅速发展。各种新兴美术形式的产生拓展了美术教育的宽度,新媒体技术激发美术教育向更深的层次探索。这些都必然促使美术教育评价向着多元化发展。

美术教育发展促使美术教育评价方法多样化。目前，各国美术教育者们正致力于开发能够直接运用于中小学课堂教学实践的评价标准及方法。在美国，一些学者提出师生应该定期坐下来"通过对话共同进行评价"。在这样的评价活动中，教师对学生的作品进行评价，渗透着自己的美术赏析、创作与生活的丰富经验与知识。学生也通过这样的师生对话，表达自己对美术活动的看法，说明创作的美术作品所要表达的意义。在此之后，师生还可以在真实的课堂情境中，提出各项观点展开更深入的讨论，学生也可以根据自身感兴趣的问题，积极与教师一同寻求解决之道。目前国内外美术教育界认为运用档案袋评价方式是一种非常有效的教育评价方式。这种评价方式可以反映出每位学生的美术创作特色以及对特定美术作品的兴趣，这对于具有鲜明个性特征的美术学习无疑是非常有效的评价方式之一。开展基本美术学习档案袋的评价活动可以促使学生开始重视美术学习，并产生学习的积极性和自信心，教学效率明显得以提高。这种评价方法不仅可以运用于美术创作活动，也可以运用于美术鉴赏活动中。从学生自选的鉴赏内容以及采取书写、绘画、录音、录像等形式进行的美术评价中，可以清楚地反映出各自的美术鉴赏能力。

在学校美术课程中，教育教学与教育评价是相辅相成的，评价是美术课程的重要组成部分之一。但任何一个评价工具都不是放在哪种教学中皆准的，最重要的是研发出适合自己学校（某个班级、某一名学生）的美术教育评价方法，来推动美术课程与教学改革顺利进行。每一位美术教育教师都应深入开展美术教育评价研究，努力探讨研发有效的教育评价工具，使学生通过美术教育评价，有效提高美术学习的能效，让人们通过美术教育评价全面了解美术教育的真正作用，从而明白美术课程在学校教育系统中的重要地位。

美术教育评价的重要性不仅仅在于对教育结果的综合评估，更代表着美术教育在美育视角下所起到的重要作用，恰当的美术教育评价可以促进美术教育发挥其创造性作用。我们身处一个创新的时代。2016年5月30日，习近平总书记宣布我国科技事业发展的目标是，到2020年时使我国进入创新型国家行列，到2030年时使我国进入创新型国家前列，到新中国成立100年时使我国成为世界科技强国。党的十八大提出实施创新驱动发展战略，强调科技创新是提高社会生产力和综合国力的战略支撑，必须摆在国家发展全局的核心位置。创新已经成为我国最重要的发展战略之一，创新发展已经成为我国"五大发展理念"之首。创新的关键在于人才培养，人才培养的基础在于教育。培养具有创新意识和能力的人才，美育具有非常重要的作用。表面上看，科技创新和以艺术为主要途径的美育似乎相去甚远，然而，不仅艺术与科技有着深刻而紧密的联系，而且审美和艺术活动本身对于儿童、青少年创造力的发展也具有积极的促进作用。有一个著名的例子来自哈佛大学的"零点项目"。这个项目于1967年立项，起因是1957年苏联先于美国成功地把人类第一颗人造地球卫星送上太空，而美国大批专家学者多次考察苏联后经过研究认为，与苏联相比美国的科技教育是先进的，但艺术教育落后。因此造成科技人员创造力低下，需要专门进行研究，加强艺术教育。随着这个项目研究的深入，艺术和科技之间的联系越来越得到揭示。美国国会1994年通过了克林顿政府提出的《2000年目标：美国教育法》，在美国历史上第一次将艺术与数学、历史、语言、自然科学并列为基础教育核心学科（相当于我们中学的主科或大学的基础性必修课程），这引起了很大的反响。英国也在20世纪后期把基础教育中的艺术教育称为"创造性艺术教育"。从2013年颁布的各类艺术教育课程大纲可见，英国把培养学生的创造力作为艺术教育的核心任务。

三、新时代美育精神与新时代美术教育的新方向

（一）新时代美育精神

1. 美育的新意义

进入21世纪，美育回应时代需求，又具有了新的意义。2016年，联合国教科文组织艺术和文化教育主席执行官、德国纽伦堡大学瓦格纳教授指出：美育可以促进社会正义公平和全球的和平团结；美育可以促进自身文化的传承和创新；美育可以思考人类未来的走向；美育可以反思教育向全球共同利益的转变。

新时代美育所承载的使命已突破了其原始的束缚，它的价值和使命也许比以往任何时候都更加值得我们进行深入思考。目前，各个国家都开始重视美育，认识到美育具备培养人对真善美精神追求的功能；在培养学习者成为道德高尚、情感丰富、气质高雅、具有社会主义核心价值观新一代社会人方面，可以发挥巨大的作用。

2. 美育与生活

当今社会的美育与生活之间正在产生着巨大的变化，基于现代技术的发展，以视觉、影像产品为主要形态的视觉文化正越来越冲击着传统的文本文化，它影响着人民的日常生活方式和审美价值观。新时代美育要求我们重建美育与生活间的联系，杜威美学观的价值在于颠覆了欧洲古典的无功利审美经验说，打破了审美、艺术与生活界限，从而成为20世纪最有影响的美学观。其实，艺术、审美现实生活的统一一直是马克思主义对美的基本观点。马克思认为，美感正是产生于人们的日常生产和生活，不可能有脱离生活的审美经验。由此我们可以认为，审美经验绝不是艺术的专属，它不是特殊、神秘的体验，而是与日常经验之间有着天然的联系，或者它就是一种生活经验。然而遗憾的是，在这样一个追求功利、效率的时代里，我们在日常生活中所获得的经验常常是碎片的、短暂的，因为我们的手段与结果常常是不统一的，我们每做一件事通常是为了尽快实现那个结果，却忽略了对过程的体验、对过程中风景的欣赏。审美经验和这种经验的不同就在于它的丰富、持

久和完满。当代美育呼吁：艺术，审美不是生活的一种点缀，也不是高于生活的一种方式。当我们放慢生活的脚步，当我们不再唯一追求结果时，审美经验其实就在我们的生活中。美育不仅仅在于引导人们通过对美、对艺术的欣赏和创造，来丰富人的感性，从而实现感性和理性的协调发展，它更为根本的使命在于帮助人们顺利地走完每一次的经验历程，让他们的活动目的与手段完美结合，让他们能够以参与者的身份融入艺术对象之中，从而获得完整的日常经验，当这种经验不断清晰和丰盈，日常经验就升华为审美经验。

3. 美育与网络时代

面对网络时代，美育原有主要场域（学校、家庭、社会）被扩展，网络空间也成为美育的场域。时代不停地在发展，媒体也在进步，现代社会中丰富的大众传媒在当代美育中发挥了重要作用，成为继学校、家庭、社会等途径之外的一个重要途径。正如英国社会学家安东尼·吉登斯所言："由于全球化以及互联网的影响，无论是在加拉加斯还是在开罗，人们都能够收听或收看到相同的流行音乐、新闻、电影以及电视节目。24小时播出的新闻频道不但对世界上所发生的事件进行实时报道，而且将这些报道传播给世界上其他地区的人。好莱坞和香港电影在全世界都有观众，而像辣妹和泰格·伍兹这样的名人在全球已经家喻户晓。"文化艺术产业正在以惊人的速度覆盖全球每一个城市和乡村的角落，它们通过互联网等大众传媒源源不断地走进我们的生活，走进美育领域。从前，印刷、电视以及电影这些传播手段还处在相对独立的领域。然而，现在很多媒体形式很大程度上已经融合在一起了。传播手段之间的界限已经不再像过去那样明确，现代技术的迅猛发展以及互联网的迅速普及，电视、广播、报纸以及电话等传统沟通形式都在经历深刻的变化。截至目前，虽然报纸等对于人们的日常生活来说还是比较重要的传播手段，但从组织形式到提供服务的方式都正在发生改变。报纸可以通过网络阅读，移动电话的使用率正在迅速增加，数字电视和卫星广播通信服务为大众提供了前所未有的多渠道、多样化的选择。与其他传媒手段相比，互联网是这场传播革命的核心。随着包括语音识别、宽带传输、网络以及电缆等在内的通信技术的发展，互联网极有可能会最终消除传统媒体之间的差异而成为给传媒受众提供信息、娱乐、广告和商业等服务的渠道。在这一波接一波的传媒发展浪潮中，后起的互联网扮演着核心角色，促进了媒体之间的相互融合，加快了内容的整合以及传播的速度。目前，网络发展逐步走向移动化。美国媒介理论家保罗·莱文森认为："我们正在走向一个新新媒介创造的文化、新闻和娱乐的世界。视频、照片、音乐、口语词和书面词都是这个未来世界的构件，如今，这个'未来'世界已然成为我们当下的世界。每个人都可以创造这些构件，名人和渴望成为名人的人们、专业人士和业余人士都可以成为这样的创造者。"（保罗·莱文森《新新媒介》）

（二）新时代美术教育的新方向

1. 新媒体技术时代美术教育

新媒体技术及互联网的加入影响了美育的同时，更引发了美术教育的变革。越来越多的美术教育形式由教师主导向学生选择方向发展，网络提供了一种全新的艺术学习的环境与资源，很多青少年学生通过上网就能主动地、有选择地接触自己感兴趣的艺术作品。而且，他们对网上有关内容了解之透彻、研究之深入，往往是家长和教师想象不到的。

然而，近年来，出现了这样一种非常奇怪的现象：很多青少年学生都在听网上下载的音乐，看网络视频，玩网络游戏，但是他们对学校艺术课堂教学内容不感兴趣。学校里普遍存在"喜欢音乐但不喜欢上音乐课""喜欢美术但不喜欢上美术课"的现象。在这种现象的背后，潜藏着一个巨大的变化：网络等大众媒介的崛起，导致教育与艺术教育发生了教育模式上的转换，教育主导权的被迫让渡。在新时代大众媒介时代之前，教育资源和教育主导权掌握在成年人手中，尤其是掌握在受过专门教育的教师手中。但是以网络为代表的新时代大众媒介兴起之后，这种教育资源和教育主导结构发生了根本性的变化，学生们可以通过自己收听、收看广播电视节目，上网浏览、搜索网页来获取更多的知识，了解新鲜事物，实现自主的自我教育。以往在学校学习、课堂教学实现的教学内容，通过新时代大众媒介学生可以自主获得。因此，父母的教育、学校教育、教师的教学表面上看显得不那么重要了。

2. 美术教育新方向

面对新时代发展的冲击，美术教育如何应对这些时代变革呢？我们如何跟上时代发展的脚步呢？通过分析我们明白这种变革的必然性，美术教育领域也在发生一些变化，这些变化有好有坏，也有些很难说是好还是坏。静态地看，似乎家长、教师、从事文化艺术教育工作的人们是施教者，受教者是子女、学生和社会大众。但动态地看，问题又不是这样，家长、教师、从事文化艺术教育工作的人们也是受教者，也需要接受美育或进行自我教育。美育中每一个人都有可能成为施教者，每一个人也有可能成为受教者。美育是人与人之间的共同教育与相互学习。艺术作品的完成，艺术家与表演者和观众就已经在为他们各自所扮演的角色接受着教育。因此，这些时代促成的变革和一系列问题需要我们每一个人去共同面对、共同思考，一起解决。因为社会分工、社会责任以及年龄职业等原因，从事文化艺术教育工作的人们、家长、教师，更需要去思考这些问题。

每一位美术教育工作者都要正视这些变化，努力学习现代技术。当今国民教育不断变化，互联网技术对国民教育的影响越来越大。从学校发展看，全世界几乎所有的学校，都不同程度地受到互联网的影响，甚至出现了不少网络大学。即使是在校大学生，也可以通过慕课方式进行学习，修得学分，获得学位。从教育对象看，美国教育家乔治·S. 莫里森说："今天的儿童都受到技术的重大影响，他们是'.com'的一代。他们的成长、发展以及学习都与家庭和购物中心的电视、录像、电子游戏以及电脑紧密地连在一起。"（乔治·S.莫里森《当今美国儿童早期教育》）与学生全身心接受信息技术相比，家长、教师接受新媒体技术的心态要更复杂一些，既喜欢其便捷的传播速度与丰富的内容选择，但也担心其可能带来的负面影响。

国内有关教育规划也有类似的信息技术、网络素养要求。2015年国务院办公厅印发《关于全面加强和改进学校美育工作的意见》，提出加强美育网络资源建设，鼓励各级各类学校结合"互联网+"发展新形势，创新学校美育教育教学方式。"建立美育网络资源共享平台。充分利用信息化手段，扩大优质美育教育资源覆盖面。以国家实施'宽带中国'战略为契机，加强美育网络资源建设，加快推进边远贫困地区小学数字教育资源全覆盖。支持和辅导教师用好多媒体远程教学设备，将优质美育资源输送到偏远农村学校。充分调动社会各方面的积极性，联合建设美育资源的网络平台，大力开发与课程教材配套的高校和中小学校美育课程优质数字教育资源，鼓励各级各类学校结合'互联网+'发展新形势，创新学校美育教育教学方式，加强基于移动互联网的学习平台建设。"国内外有关技术标准和教育政策的提出，并非空穴来风，确实是网络技术发展对教育以及艺术教育提出了新要求，每一位从事教育和艺术教育的教师都有责任正视变化，学好技术，应用于生活、学习和工作。

四、美术教育新的挑战和要求

科技的发展，思想的进步，使得多元文化艺术教育逐渐走进人们的视线。与传统艺术教育将培养学生艺术能力及创造性为主要目标不同的是，多元文化艺术教育将目标定位在学生对不同文化的理解及社会意识的培养。多元文化艺术教育的提倡者认为，在不断变化的社会文化环境中，文化提供了基本的信念、价值观以及赋予生活以意义和结构的基础模型，它使个体成为多样社会群体组织中不可或缺的一部分，同时在其中发挥着自己的功能。因此，了解文化及其多样性在当代社会生活中显得尤其重要。多元文化艺术教育将学生审美经验的积累建立在世界范围、多个民族文化群体艺术经验的基础之上，强调对艺术作品、艺术史等艺术现象社会文化背景的关注，旨在通过艺术教育促进学生对不同艺术形式所处文化的理解。不仅如此，通过多元文化艺术教育，学生能够感受到不同文化群体所拥有的特别的文化艺术传统，接触不同文化价值下的艺术设计和媒介表达方式，对于艺术问题的思考直接引向对特定文化群体相关社会议题的思考，使学生关注不同文化群体特色及文化价值观，在种族平等、社会公平的基本立场上消除文化群体刻板印象及社会偏见，进一步探讨社会道德和民主责任，对这一系列问题的探究进一步上升为学生社会意识的形成。

因此，多元文化艺术教育的目标不再仅仅是教授艺术以提升学生的艺术能力，而是将艺术教育的功能进一步扩展，凸显艺术在现代人类生活中的文化意义及社会功能。这就对教师的能力、教学方式以及教学内容的拓展提出了新的挑战和要求。一方面，教师要深度挖掘本民族的艺术特色和美术精髓，结合本民族优秀的文化传统，对学生进行美育。另一方面，教师要提升自己的能力素养和教学能力，优化课堂教学，打造美感课堂。

第二章

以美术教学为介质的美育

第一节 美育的意义及其主要因素

前文提过,本书探讨的美育,是狭义的美育,是学校培养学生认识美、爱好美和创造美的能力教育。即用美学理论指导、研究美的本质属性,发掘美的内容,揭示美的特征、形成规律;丰富学生知识;发展学生智力、道德情操;培养学生心灵美、行为美为服务目的;是促进学生德、智、体、美、劳发展的重要组成部分。然而,由于我国对美育教育理论的构建起步较晚,所以对美育的论证,迄今为止科学完整的论著不多。显然,美育是一门太稚嫩太年轻的科学,它正在等待着对于此项研究的有识之士的继续开拓。我们相信美育在不远的将来一定会形成蕴含深刻丰富、论证恢宏翔实、结论饱满圆熟的理论体系。

一、美育的意义

美育在现代中国的发展,其一是有一批人文科学的学者在揣摩、学习、研究西方哲学和美学的过程中,接触到了美学与艺术的观点,发现美育在如今社会中的作用及其艺术在培养人的心智和情感方面的作用,从而深刻地认识到社会和人如果要全面发展是不能缺少美育的。其二是一批教育学家和艺术家在参考西方和日本的近代教育的基础上,开始深刻思考并在我国尝试实施艺术教育,故而使美育得以用教育的方式进行大面积推广,这是中国现代美育发展的必要前提。

所以在《美术课程标准》中,"美术,是人类文化最早和最重要的载体之一",其最基本的特征就是它的情感性。美育能让人们拥有丰富而高尚的情感,形成整个社会优良的精神氛围,从而更好地去匹配如今物质文明高速发展的社会。这就要求我们要更好地去培养学生高尚的情操,"尊重和保护自然环境的态度以及创造美好生活的愿望与能力"。这也意味着美术教学肩负着美育的新使命:既要更好地陶冶孩子们的情操,又要培养孩子们的道德品质;在提高祖国新一代的整体素质的前提下,促进社会精神文明建设的高速发展。那么在美育视角下的美术教育产生与发展的意义可总结为以下几点。

首先,美育可以更好地来帮助学生树立正确的审美价值观念。将美育潜移默化地融入美术教育之中可以更好地引导学生在精神上获得自由、在灵魂上获得释放。要成为有审美能力的人,首先就要有正确的审美观念,但是正确的审美观念的形成可不是俯仰之间就会拥有的，而是需要我们在日常的教育和生活中逐步积累形成的。审美教育是独有的，是其他教育形式不可取代的一种教育形式，是只有通过不同的艺术形式和艺术形象的熏染和熏陶，在潜移默化中使学生逐渐积累正确的审美观念。这就是美育的意义之一。

其次，美育可以更好地陶冶学生高尚的道德情操。美育是一种陶冶学生高尚的道德情操的重要方式，孔子认为"兴于诗，立于礼，成于乐"，由此可见我国著名的哲学家和教育家，在很早的时期就已经开始萌发重视美育在道德情操培养方面的重要作用的意识。当然，更直观、更有视觉冲击力的绘画在塑造人的性情、完善人的品格方面，从不同时期的美术作品中就可以充分地反映出人们当时的政治生活状况和经济生活情况。从而可见，审美教育融合社会生活环境，在美育的熏染下是陶冶一个人道德情操的主要途径。

最后，美育可以开阔学生们的胸怀，打开学生们的眼界。美术欣赏具有开阔人的眼界的功能，我们在引导学生们学习美术鉴赏的过程中，就可以让他们接触到色彩斑斓的世界，了解不同国家不同历史时期的文化特征。世界各地的艺术佳作能给人们带来不同的艺术享受及震撼的视觉冲击，它们展现出的艺术魅力，能在提升学生感受能力的同时开拓学生的艺术视野，审美能力同样也会在这个过程中得到更加清晰直观的认识和无形的提升。好的艺术创作更多的是来自眼界、技巧、心胸等多重的结合，只有在视野足够开阔的基础上，人们才能创造出更加优秀、形式更加多样化的作品。在艺术创作中开阔的视野不仅尤为重要，在我们日常生活中也非常重要，学生们在美育的潜移默化中，不仅可以提升自己对生活的认识、感悟和理解，还可以逐渐意识到精神层面提升的意义与作用。

二、构成美育的主要因素

当然，教学本身就是在特殊的空间、特殊的时限构成的特殊活动。教学活动是教师和学生信息、情感双向交流的过程。美育是教师的本质力量不断作用于学生的内化过程，所以构成美育的因素极为复杂。这里介绍几个主要因素：教学情感美、结构美、方法美、教学语言美。

（一）教学情感美

教学活动是一个复杂的流动过程。构成美育教育的因素纷繁复杂，而处于主导地位的教师是最为重要的因素。教师的学识水平、业务能力固然不容忽视，然而教师高尚美好的情感素质则是诸多因素中的核心因素。

美好情感是美好心灵的映射。教师的情感美实质上就是对学生真挚深沉的热爱，对教学艺术的不懈钻研和探索。对学生的爱，不是指教师具体地喜欢某某学生，而是把全体学生当作时代的新生命去热爱。这种爱具有深远的社会意义，它蕴含着对祖国和民族前途的希冀与厚望。情感美在教育活动中有特殊意义。从社会功能认识，教学是科学知识再生产的手段，它能把可能的劳动力转化为现实的劳动力，学校就是开发人才的工厂。然而，学校生产的原料——学生，与工厂生产所用的原料有本质的区别。学生是有思想有性格的生命，因此，学校生产合格率绝不完全取决于生产者——教师本身，同时还取决于学生的主观能动性。如何激发学生的主观能动性，使之持久地发挥应有的潜力呢？在学生学习知识形成能力的过程中，情感起着重要作用。情感是一种复杂的精神现象，它制约调节着人的行为。作为教学的对象——学生同样受情感的调节和制约，所以要把握学生情感跳动的脉搏。教师只有适时地进行情感渗透和情感呼唤，深入学生内心世界的情感海洋，激波涌浪，才能使其发挥巨大的能量。

教学活动含义广泛，但无论时间、地点、内容有怎样的区别，教师都应该洋溢美好的情感。课堂教学上，教师只要情感不断投入，就能唤起学生情感的回应，进而建立情感的双向交流，实现美育教学的最佳效应。

课堂教学中的情感美都有哪些表现呢？

第一，情感凝聚。上课伊始，教师应将自己的全部情感凝聚在课堂上。一切烦恼、忧郁、疲劳、病痛等不利于教学的情感因素，都要摒弃在教室门外，带给学生的应该永远是微笑和阳光。教师怀着热切的情感组织教学，能引起学生的高度注意，会创造良好的课堂氛围。第二，情感呼唤。教师应以新颖的教学内容、生动的教学语言、饱满的教学情感激发学生的学习兴趣，使其产生求知欲望。第三，情感渗透。教师应以灵活的教学方法、循循善诱的启发、春雨般细腻的情感，将学生已有的学习动机转化成学习的动力，萌动获取知识的热烈向往，形成内驱力。第四，情感交流。教师应以真挚的情感、平等的态度与学生讨论问题、分析观点，充分发挥教学民主，使学生完全处于学习的主体地位，将学习动机转化为学习行为。教师抛砖引玉，学生畅所欲言，这样，学生会产生被尊重、被信任的自豪感，生理机制的潜能会得到最好的发挥，兴奋敏捷的思维会闪现出智慧的火花。第五，情感融合。教师和学生统一在彼此达到目的情境之中，学生不仅能将知识转化为能力，还能将学习兴趣、动机转化为学习意志和力量，并且享受获得成果的美感。

教师情感的渐次投入，学生情感的逐层提高，会形成教学过程中两条情感主线的双向流动，构建成一个完整的逻辑回环，将教学美推向最高的理想境界。教师美好的情感，能使学生得到最好的审美感受，感到教师的温暖和力量。被教师情感调动起来的学生的情感，会成为他们学习知识并由知识向智力转化的主要媒介。

教师在教学中对学生付出的情感不是装腔作势，也不是技巧表演，它的特点是"真实"二字，即要付出生命的真情实感。

教师的情感不仅仅表现在对学生目光的和蔼、嘴角的微笑这些表层上，更重要的是教师要以最高的热情向学生传授宝贵的科学知识，以清晰生动的讲解、深入浅出的剖析，向学生展示人类文明智慧的结晶，使学生感受获得知识的喜悦。教师的学识和才能会形成巨大的教育力量，使学生在教师的具体形象中受到陶冶，并内化为自己的心成。教师对学生的情感美不仅表现在传授知识的过程，还表现在学生自学中遇到疑难困惑时，教师不是直接给予，而是进行启发引导，交给学生开启知识宫殿的钥匙，使其通过自己的努力去获得新的知识信息，沿着教师指引的轨迹探幽入微，去发现"柳暗花明"的所在。教师对学生的情感美，不仅表现在学生得到成功时给予褒奖，还表现在学生遇到困难和挫折时，给学生送去亲人挚友般的关心、爱护，帮助他们坚定必胜的信念，使学生感受到教师的温暖，进而产生战胜困难取得胜利的勇气和力量。教师对学生的情感美，不仅表现在对学生循循善诱的耐心教诲，还表现在对学生严格的要求。一个音节的发音，一条直线的画法，都要严格训练，不达到规范化的标准绝不放松，这样才能促进其养成良好的学习品质。

教师对学生的美好情感应该贯穿在教学活动的每个环节、每个步骤，贯穿在教学活动的所有领域。

（二）结构美

"结构"一词原是建筑学上的一个术语，指的是建筑内部构造或者整体布局，后来写文章也借用这一术语，比喻组织材料为结构。在美育范围内，结构是一种艺术，是内容和形式统一的艺术。

教学结构同样是一种艺术，它在教学活动中占有重要地位，对教学活动能否获得理想效应起着举足轻重的作用。教学结构安排不得当，教学内容再丰富多彩，训练方法再妙巧新颖，整个教学也不会成功。正如日本作家小林多喜二谈到文章结构的重要性时所说的："正如'结构'两个字的字面含义是盖房子一样，不管你的材料多么优良，不管你的目的多么高尚，如果盖得不好，摇摇晃晃，结果是毫无用处的。"

那么，什么是教学结构美呢？完整、严谨、和谐统一是教学结构美的主要特点。

完整，指结构匀称饱满，首尾圆合。每节课都应该依据教学结构美的主要特点来设计。每节课都应该设计一个很精彩简短的开头语，对本节课的教学目的、要求进行说明，使学生心中有数，自然进入新课的学习。教学接近尾声的时候要有小结，总结整体收获，指出存在的问题，或发人深思，或使人有所悟。教学活动无开头，登台就讲，会让学生感到突兀，不知所以；教学无结尾，讲完就走，会让学生感到困惑，不明方向。这是教学不讲科学、不负责任的表现，当然也就无从谈到结构美了。完整，还指教学程序、步骤的安排无疏无漏,天衣无缝,讲授内容有主有从,有详有略,训练内容有轻有重,训练方法有分有合,训练组织主体分明,骨干突出,会使教学呈现出自然流畅的整体美。

严谨,是指教学过程中各环节各步骤的组织精细严密,环环相扣,无懈可击;严谨,即思维严密,无顾此失彼的现象;严谨还指活动组织精细,讲授内容和训练技能之间过渡自然,符合逻辑顺序和事物发展规律。总之,教师思维无间断,学生活动无空白,部分之间衔接得体,整体上就会疏密有致。教学结构的严谨来自完整,只有完整,才能严谨。

从美育教育观点看,任何艺术美都是由部分综合而成的有中心的整体。整体的美不是支离破碎的,严谨的美也不是疏松稀漏的。作为教学结构之所以要完整、严谨,其审美意义也正在于此。

和谐统一,是艺术美的关键,也是形式美最基本、最普遍的规律,其他各种形式规律都要统一到这个规律上来。什么是和谐? 协调一致就是和谐。例如,一个庞大的乐队,几十种乐器同时演奏,各种乐器发出的声音能够在统一指挥下协调一致地演奏出优美的旋律,这就是统一之中的和谐。一块花布有各种色彩、线条,但它们能协调一致地构成美丽的图案,统一服从于图案的审美要求,这也是统一之中的和谐,由此可见,统一才能造成和谐。一个班级几十名学生,心态各有所异,智力、能力水平差参不齐,教师讲授的知识丰富多彩,训练方法灵活多变。教师要将这既是审美主体又是审美客体的双方,指挥得协调一致,营造活跃、生动的教学气氛,才是教学结构美的最佳境界。

教学结构是教学活动成败的重要因素,所以除了要认识它的审美特征之外,还应明确结构设计应该遵循的几条原则。

第一,结构安排要符合学生认识客观事物的发展规律。学生是学习的主体,教学活动的一切内容、方法都必须以学生接受和获得的实效性为出发点和最后归宿。不同年级学生的年龄特点和心理特征,决定了他们认识客观事物发展规律的特征。这个特征就是由低到高、由易到难、由简到繁的规律,就是认识—实践—再认识—再实践的规律。教学结构安排若违背这个规律,学生从心理上就无法承接,从智力与能力上就无法提高,因为这样会完全破坏学生正常的心理机制,当然也就无从谈到什么完整、严谨、和谐统一了。可以说,结构是一种形式,但形式绝不是孤立的而是有内容的形式。从美育教学观点上看,一切形式美都是指该事物的自然属性在合乎规律中显示的审美特征。所以教学结构美,就是外部结构能显示出学生认识规律的审美特征。

第二,教学结构的安排应服从于教学目的和教学内容。教学目的就是教学主旨,围绕这个主旨,无论面对多少丰富的内容、多么复杂的格局,都必须以纲统目。开头结尾也好,过渡衔接也好,一切步骤的安排、环节的组织都归顺于教学目的。学生动脑、动口、动手的具体操作也都要围绕着教学目的进行,这犹如百川归海,终达丰沛,若非如此,势必南辕北辙，更无美可言。不同的学科有不同的教学内容，即使同一学科的内容也千变万化，所以，作为表现形式之一的教学结构必须适应于不同的内容。富于形象性趣味性的知识，可以从培养自学能力入手，先安排练，后安排讲；内容很深、理论较强的知识，最好先讲后练或边讲边议边练；内容繁复、线索较多的知识，特别要处理好过渡，尽量缜密自然；内容简单、易于接受的知识，容量要大，训练量要加大，要衔接紧密，加强指导。教学内容的多样是永恒的，教学结构设计的变化也是永恒的。

第三，教学结构要克服程式化。教学结构和建筑结构、文章结构一样，都不是一成不变、世代相袭的。任何固定的"程式"都不会总有旺盛的生命力。结构总是和它所负载的内容相结合，从美育教学观点看亦是如此。人们的感受是在变化中求发展，在变化中产生新的价值的，然而，变与不变是相对的。在变化中求规律，这就是教学结构美的辩证法。

（三）方法美

教学方法，是教师为完成教学任务，对学生传授知识、培养能力、开发智力、进行共产主义世界观和道德品质教育所采取的手段。教学方法对实现教学目的有着重要意义，在确定了教学目的，有了相应的教学内容之后，就必须采用适当的教学方法，否则教学活动就无法进行。

教学方法，就其广义来说，指教师处理整体教材所用的方法，如情境法、发现法、暗示法、自学辅导法、单元教学法和愉快教学法等；狭义而言，指每节课教学之中，每个步骤、每个环节、每个知识点、每个训练点所采取的方法，如讲述法、谈话法、演示法、读书指导法和实验法等。有教育之日起，就有教学方法存在。我国封建社会的教育是为统治阶级培养顺服的臣仆，所以，学校成了科举制度的附庸，教学内容是四书五经。与此相适应，所采取的教学方法是脱离实际，呆读死记，机械背诵，这就形成了流传千余年的注入式、满堂灌的教学方法。这种教学方法陈旧、腐朽、僵化，不重视开发智力、培养能力，扼杀了学生智慧的萌芽，也扼杀了千千万万人才。然而，由于这种方法沿袭久远，根脉深长，所以在教师当中产生很深的影响，几乎代代相传。

目前仍有很多教师热衷此法，究其原因，是这种方法用起来简便，只要把教案写好，课堂上照本宣科即是。什么培养能力、开发智力，什么学生的心理情绪、接受能力，概不用考虑，只要教师一人讲下去。

那么什么是最美的教学方法呢？

概括来说，既能传授知识、培养能力、开发智力，又能理想地实施德育的方法是最美的方法；能够激发学生学习的主动性、自觉性、积极性，优化教学效应的方法是最美的方法；符合学生年龄特点、心理特征，符合科学规律的教学方法是最美的方法。上述几点所以谓之为美，是因为它始于辩证法的认识论和方法论，体现了针对性、科学性、实效性。教学方法因教师、教材、学生等诸多条件的差异而千变万化，但万变不离其宗，一切美的教学方法都离不开"启发"这个关键的因素。启发既是教学方法的一种，也是所有优秀的教学方法共有的核心。可以这样说，没有科学的启发就谈不上是最好的、最美的教学方法。

什么是启发式教学方法呢？启，开、开导；发，奋起兴起。启发，是"教（外因），通过学（内因）起作用"的认识过程。启发式教学，科学地反映了事物矛盾转化的规律，体现了内因和外因的辩证关系。在教学过程中，"启"是教师对学生思路的开导；"发"是学生在教师的开导下大脑思维有了新的兴奋点而表现出的主观能动性。启发式教学的基本思想是根据辩证唯物主义的认识论和方法论来指导教学的，是在教师的指导下，通过学生自身的主观能动作用去探求知识、发展智能的途径。因此，在启发式的教学中，施教之功，贵在引导，重在开窍，美在转化。

什么时间启发最适宜呢？启发不能满堂皆是，也不能随兴运用。孔子说得好："不愤不启，不悱不发。"就是不到学生苦苦思索而想不通时不去启发他，不到他想讲而讲不明白时，不去开导他。换言之，即在学生苦思而不通时去启发他，在学生想说而又说不清楚时去开导他。孔子的话极为准确地说明了启发要"启"在学生思维过程中最渴望得到指导的时候、最需要有人引路的时刻，也就是要启在点子上、启在关键处。这样的启发会使学生在困惑之中豁然开朗，在迷惘中看到光明。教师的启发不是一锤定音，将答案全盘给予，而是要找出通向未知领域的途径或线索，从不同侧面由浅入深地分节设疑，引导学生一步一步地走向新知。具体教学中的启发往往都设在课程的重点、难点、疑点上，设在分析问题、解决问题的每个环节上。

启发式方法也可以和其他方法交叉运用，如在讲授法、谈话法、讨论法、发现法当中都可以用启发的方法。无数的实践证明，启发式确实是好方法，它可以激发动因、启迪思维，以疑引思、发展智能、因势利导、培养能力。

一节课内不能只用一种方法，往往几种方法交替运用。最常见的还有精讲法、讨论法、发现法等，这些方法运用得好，都有一定的审美价值。现在，有的教师主张全面培养学生的自学能力，不要教师讲；有的教师仍沿袭注入式教学，全由教师讲，或大部内容由教师讲。显然，这两种做法都未免过于极端，带有形而上学色彩。按一般规律衡量，课堂教学还应该有教师讲的成分，但不能满堂灌，要运用精讲法，或讲授法少讲、精讲。什么是精讲呢？精讲，即讲授的知识要准确、精要、透彻、深刻。精讲的内容应该是教材中的重点部分、精华部分、学生疑难集结的部分。精讲能起到掌握知识、开发智能的杠杆作用，举一隅而以三隅反的作用。精讲的审美价值在于教师用自己的知识和才能解开学生百思不解的难点，扫去学生继续前行的障碍，不仅使学生获得高难的真知，而且还会形成愉快的心境和进取的力量。从另一个角度讲，学生还从教师的精讲中窥视到自己所不具备的学习方法，寻求攻破高难度知识点的契机和途径，这是认识过程中最美的浪花，是宝贵的创造性品质的萌芽。讨论法也是一种很美的教学方法。恩格斯曾说："科学是研究未知的东西，科学的教育任务是教学生去探新创新。"讨论法能够为学生开辟探新、创新之路。讨论法的基本形式是教师摆出教材中的重点和难点，设计几个思考题，让学生或分成几个小组或全班在一起展开讨论。讨论的目的在于学生可以各抒己见，畅所欲言，最终达到去粗取精、统一认识、共同获得真知的目的。讨论的过程是个信息交流的过程，每个学生都处于多向思维的交点，都能够随时吸收来自八方的丰富而新鲜的信息，经过自己的迅速过滤、筛选、加工，形成正确答案。讨论的过程也是学生的认识不断转化的过程。观点的交叉与对立，不断地激起质疑，不断地解疑释疑，会使学生的思维始终处于紧张亢奋的状态，心理运转机制承受最高负荷。这样，学生就会在不断地否定他人和自己、不断地肯定自己和他人的辩证中实现认识上的转化，达到由知识向智能的转化、形象思维向抽象思维的转化、从表象向本质上的转化。这些转化就是一种质的飞跃，是学生探新和创新的前奏。讨论法的优势是教师单方向信息传输的讲授法和独立自学所不曾有的。讨论法能够有力地培养学生分析问题、判断问题等方面的思辨能力，培养学生口语表达能力；讨论法能够沟通学生之间、师生之间的情感，使课堂形成热烈活跃的和谐气氛，使师生获得多方面的审美感受。讨论法不是让学生放任自流，而需要教师有更高的教学机智，驾驭整体讨论局势，随时观察学生讨论进展情况。当讨论进入歧途、偏离方向时，教师要转航导向，使学生的思路向教学目的逼进；当讨论进入僵局的时候，教师要中肯地指导，使其重新点火启动；当讨论结束的时候，教师又要以雄辩的逻辑力量将学生的多种认识统一于真知之下。所以，讨论法不是不需要教师了，而是更需要教师，需要教师有更高的专业能力、更高的智慧、更高的知识水准。

美育教育方法多种多样，上述的几种是中等师范、中小学教师经常运用的。凡是美的、优秀的教学方法都有共同的审美意义：师生情感融洽美，教学格局的匀称美，教学气氛的和谐美，学生思维的流畅美……这样的教学方法会使学生始终沉浸在愉悦快乐的情境之中。

教学方法不拘泥于固定的模式，即"教无定法"，这是永恒的。但教学方法也绝不是毫无根据、随意编制的，必须有一个共同的遵循，就是遵循科学的规律，即"教要得法"这也是永恒的。这就是美育教育方法辩证法。

（四）教学语言美

语言是教师对学生实施德育、智育、美育的主要工具，无论是课堂教学、课外活动、课后辅导、与学生谈心，都要用语言。教学语言水平的高低直接影响到教学效果，有好的教学语言，教学就成功了一半。苏霍姆林斯基曾说过："教师高度的语言修养是合理利用时间的重要条件。"所以，每个教师都应努力提高自己的语言修养，讲究语言美。教学语言是教师的专业语言，所以它不同于表演语言、演讲语言、生活语言。教学语言美的标志是准确、简洁、生动。

1. 准确

首先，语音要准确，要使用普通话。这就要求每个教师准确掌握教学中常用的3500多个汉字的准确读音，既不能带方音，也不能夹杂自己日常说话的习惯语音。尤其应该注意的是，目前很多教师普遍存在的平、翘音不分的现象。现代汉语的四声，构成语言音韵的和谐美，若语音不准，不仅会破坏这种固有的音韵之美，还会因为使用浓重的方音带来传授知识的失误，给教学带来不应有的损失。其次，表意要准。课堂教学中无论是解释概念，形成判断，进行推理，用词组句都要恰到好处，要合乎语法和逻辑的规范要求，不能随意添字减字，只有这样，知识传授才能准确无误。讲解问题，剖析事理，都要严格尊重科学，尊重客观事实，不能掺杂任何个人的感情色彩。

2. 简洁

用最少的字词准确地表达丰富而深刻的思想为最高的简洁美。简洁赋予教学语言以特殊的魅力。莎士比亚曾说过："简洁是智慧的灵魂，冗长是肤浅的藻饰。"这是对语言简洁最好的评价。简洁必须以表意准确为前提，以语音准确为基础。正像真理本身朴素无华一样，简洁的教学语言不需要修饰打扮，不依靠雕琢，只以极大的准确性去揭示事物的必然联系，表现出一种朴素、洁净、利落之美，使学生听来感到清新、明快，这对问题的理解大有裨益。简洁的教学语言能集中学生的注意力，引起学生学习兴趣，压缩教学时间，提高教学效率。请看下面两段语言，都是对《从百草园到三味书屋》一文题目的题解。

其一："《从百草园到三味书屋》选自鲁迅先生的散文集《朝花夕拾》。朝是早晨，夕是晚上，早晨的花到傍晚才拾起来，由此可以看出这本散文集是鲁迅先生的回忆，是写鲁迅少年时代的生活。具体内容如何呢？我们来看课文。"其二："《从百草园到三味书屋》选自哪里呢？选自《朝花夕拾》；《朝花夕拾》是什么意思呢？朝，就是早晨，清晨；夕，就是傍晚，晚上，或者是黄昏吧！'朝花夕拾'就是早晨开的花晚上才去捡起来。所以由《朝花夕拾》这个题目我们就可以知道，这本书写的是鲁迅先生以前生活的事。以前，哪个阶段呢？可能是童年、少年时代的事情。"这两段文字比较起来就大相径庭了。

显而易见，前一段简洁，后一段繁冗。同样表达一个意思，前一段话简明、清晰、准确，有很高的概括力；后一段话啰唆、拖沓，几处表意不准，其原因是用词重复、累赘、模棱两可，如"可能""也许"表意不确切。

语言的简洁是一种外在表现，要达到简洁的程度不是轻而易举的事情。简洁表象的背后有许多学问。马克思说："语言是思想的直接现实。"高尔基说："语言是一切事实和思想的外衣。"这两句话深刻地说明了语言与思想的密切联系。只有思维准确严密，才能有语言的准确简洁。

如何做到教学语言简洁呢？除了努力钻研教材，使讲授的内容运用的语言烂熟于心之外，还要注意不讲与教学无关的废话，不随意重复已经讲过的话，不要讲闲言碎语，特别要注意剔除语言中的杂质、赘瘤。杂质指那些对表情达意毫无是处的音节，如"嗯""呵"等；赘瘤指语言中的口头禅，如"这个这个……""那个那个……"等。

3. 生动

生动是指教学语言鲜活、优美、动听，富有吸引力、感染力，能激发学生的内部诱因。生动是教学语言美极为重要的因素，它对学生逻辑思维能力的发展、认识事物本质的内在联系、将知识转化为智能，起着助力器似的推动作用。成功的教学无不得力于教学语言的生动。语言生动包含着复杂的因素。要想达到生动的艺术境界，要纯熟地掌握、运用语言技巧，其中包括高度和强度、语气和语调、语速和节奏、感情和色彩。

高度和强度。从发音的物理性质讲，高度指声音的高低升降；强度指声音的强弱交替变化。高度和强度决定于发音体振动的快慢和大小。发音有高度，就是声带振幅快，发出的声音响亮悠扬；声音有强度，就是声带的振幅大，有力度有厚度，发出的声音有力量有分量。人们在正常生活中运用语言都不需要太大的强度和太高的高度，但是教学语言则不同。教师的教学是要向几十个甚至上百个学生传授知识、真理，教室的空间大、人数多，要使每个学生在任何一个位置上都能听到教师清晰的讲述，教学语言必须有一定的高度和强度，声音要传播到十米以外。当然，语言要有高度和强度，并不是说教师在课堂上讲的每一句话都要如重锤击鼓那样。高度和强度是相对而言的，在不同的语言环境中还应有所区别。这里所说的高度和强度与抑扬还不同，有高度和有强度是对教学语言的总体普遍要求而言的，也就是教学语言要响亮、有力量，要让学生听得清清楚楚。没有一定的高度和强度，教师讲课的声音传不到教室远处的空间，坐在那里的学生的听觉没有受到教师发出的声波的刺激，就听不到教师讲课的声音，就会使学生失去求知的兴趣和欲望。

语气和语调。语气指教师说话的态度、情感，并直接受说话人观点和心境的制约。心境好，态度蔼然，语气亲切、热情；心境不好，态度冷漠，语气就生硬、强直。语调主要表现在声音的高低抑扬上。在汉语里，字有字调，句有句调。字调（阴平、阳平、上声、去声）的语音因素主要表现在高低和长短变化上；句调（抑、扬、顿、挫）则不仅和高低以及长短有关，而且和声音的轻重快慢、停顿，以及这些因素在程度上的变化都密切相关。语调就是利用这些因素把说话人的思想感情和态度表现在语音上，形成不同的高低起落线。语气的表达与语调的抑扬、语速的疾缓、词句的顿歇、语音的轻重有很大关系。只有上述各种因素的和谐，才能准确地送出语气的内涵。教学语言的语气应该亲切，语调应该柔和。教师进行教学的目的是向学生传授知识，培养其能力，发展其智力，这样就应该为学生创造一个温馨宜人的精神环境。教师只有怀着为祖国建设事业培养人才的崇高目的，怀着热爱学生的崇高情感走上讲台，才能产生亲切自然的语气，才能运用动听的语调讲课，带领学生在知识宫殿里采撷那不尽的宝藏。课堂教学的语调应根据讲授内容的变化而变化。叙述性语言多用平直调，抒情性语言多用下抑调，议论语言多用上扬调，重点内容、需提起注意的内容多用高扬调，启发诱导用平直调。教学语言最好不用下抑降调。教学语言切忌单调、生硬、刻板，力求语调灵活多变、鲜活。各种语调交替运用，或高亢激昂，如雄风万里，波翻浪涌，使学生感到蓬勃的生机和前进的力量；或娓娓道来，温婉悠扬，如山涧清泉，春风拂面，使学生感到学习的愉悦和欢畅。

语速和节奏。语速指语言表达的时限快慢缓急，节奏指声音轻重快慢形成的拍节规律。人们在表达欢乐、兴奋、愤怒的心情时，说话速度比较快；表达忧郁、悲伤、痛苦、迟疑的心情时，说话速度比较慢。语速快慢有时也和人的性格有关。性格内向、举止从容的人语速较慢；性格外向、急躁的人语速易快，节奏亦急。教学语言速度与节奏的处理对教学效果产生重要影响。那么，如何掌握语速和节奏呢？一般地说，教材的重点、难点，讲授语速宜稍缓慢，不宜急快。因为这些内容学习起来本来就已经有一定的难度了，若教学语言快而急，刺激信号过快过密，学生大脑听觉神经始终处于高度紧张状态，对于一齐涌来的密集的知识信号库存一时容纳不了，心理压力也大，没有咀嚼思考的余地，信号易消失，学生易产生急躁情绪，教学效果当然不会好。知识容量小且难度不大的内容，语速可稍快一些（但也绝不能太快），因为这样的知识学生易于接受，语速慢，学生思维易出现空白，信号密度松散，教师讲授的知识量满足不了他的求知欲望，学生很快失去兴趣，产生厌倦心理，与此同时，易于引起他兴趣的信号就会趁机涌入，注意力自然就分散，教学效果当然不会好。一切事物都不是绝对的，语速的快慢，节奏的急缓也是相对而言的。教学中，语速节奏慢快交替，急缓有致，才能产生好的语言效果。在技巧上要做到快而不紊，语速稍快仍能吐字清晰，声音清亮；语速慢而不拖，做到慢中有味，慢中有力。教材内容关键处，指导启发的思维转换处，语速要慢，节奏要更鲜明，有的还应有必要的重复，总之，教学语言应该根据教学内容的需要确定语速与节奏，使其急缓有致，轻重参差，形成声音的回环美、节奏美、音韵美。

上面谈到构成教学语言生动的几个因素，都是从语言运用的技巧方面加以论证的。然而，技巧并不能赋予语言以新鲜的生命。构成教学语言艺术魅力的灵魂是教师的情感，构成教学语言艺术魅力的血肉生命是知识。"感人心者莫先乎情始乎言，莫切乎声，莫深乎义。"充满感情色彩的教学语言，其效果不但作用于学生的感官，而且作用于学生的心灵。没有感情的语言只是机械的音节的组合，只有饱含着真情实感的教学语言才会生动感人，才能产生好的教学效果。精彩的语言来自深邃的思想和丰富的知识储备，知识面占有量小，涉及教材之外的知识就不知所云，讲起课来必然显得单薄，缺少后劲，底气不足。词汇寡淡穷乏，讲起课来显得枯燥干瘪、空泛乏力。所以要想使教学语言生动而富有感染力，还必须善于学习，善于积累。只有具备了广博的知识，储备了大量新鲜语汇，讲起课来才能左右逢源，得心应手，可谓"胸藏万汇凭吞吐，笔下千钧任翕张"。

构成教学语言美的因素很多，也很复杂，每一种因素都不是孤立存在的，各种因素只有在同一个时空领域内完美地统一在一个具体语言组织之中，才能构成一定规格标准的语言艺术，实现真正的语言美。

美育教学实在是一个内容繁复而深刻的命题，也是每一个教师终生刻意追求的至善至美的境界。从美学角度讲，教学是一种审美活动，是多种因素的美交织成的美的旋律。它作用于施教对象——学生，使学生在情趣盎然的美感活动中学习知识，形成能力。所以美育教学也是一种综合美，它的构成要素较之其他社会美更繁杂更持久，更需要教师有坚实基础和不断进取的动力。

三、美育的期待目标

美育是以培养学生感受美、鉴赏美、创造美的能力，从而促使学生追求人生趣味、丰富灵魂、丰富情感体验与内心生活，最终使人有崇高的精神追求与理想境界为目标的教育。艺术美是学校美育的核心教学内容，艺术美育在学校教育中的实施并开展主要是依靠艺术类课程来进行的。美育通过美术教学的渗透，可以促使学生在感受、体验、参与、探究、思考与合作等学习活动的基础上，更进一步地学习美术知识与技能，更好地体会美术学习的过程，更有益于形成个人和社会的情感、态度和价值观；在陶冶学生们高尚的情操和形成良好的品德的基础上，更有力地促进学生人格的健康与发展。因此，美育教育在美术教学中的期待目标就是把美育作为主线贯穿在整个教学过程中。

美术教学在美育中的作用及其目标应体现在以下几个方面。

首先，在美育中，美术教学应努力激发学生的情感体验，引导学生在理解美的本质内容和境界时，在自身实质意义上得到美的熏陶。

　　新的美术课程使鉴赏、绘画、设计、书法和媒体艺术兼顾，通过美术鉴赏课教学，可以扩大学生的视野，让学生掌握美的评价标准，并在欣赏的过程中体验美、感受美，逐步提高自身审美能力，最终了解并热爱我们自身的民族文化，尊重并理解、接受世界的多元文化；通过绘画课程的教学，可以使学生身临其境地进行情感体验，眼、脑、手的协调并用，可以更好地激发学生对生活的热爱、丰富其思想和感情，使学生获得个性全面的发展；通过设计课程的教学，可以开发学生的创造性思维，提高学生的创新意识，为学生的发散思维提供更多的可能性，最终帮助学生形成初步的设计观念和设计意识，能使学生更好地继承和发扬优秀的民族手工艺传统；通过书法教学，可以使学生进一步了解、认识书法，并从中学习到更多的有关书法背后的故事。知道篆刻作为一门实用性很强的艺术所具有的工具性特征，学会分析、鉴赏书法、篆刻作品，获得精神上的愉悦。现以非物质文化其

▲ 学生书法、篆刻作品

一的剪纸为例，完成一幅剪纸作品，首先要用眼睛观察、辨别，再用大脑分析、判断，配合手及对剪刀、刻刀等工具的灵活运用。我们知道，美的本质是去伪存真并加以大胆取舍，以借助于手的灵巧敏捷予以表现。通过剪纸教学可以达到：1. 结合工具，使眼、脑、手得到协调的配合训练；2. 促进学生的审美感受和能力的提高；3. 使学生在创作中运用的技能技巧得到严格、有力的训练。这三点是相互并进获得的，但一、二点尤为重要。在美育中，我们美术教学主张的是培养艺术家的教学方法，尽管我们培养的不是艺术家，而是

一个全面发展的人应具备的基本的对美的本质的理解与体验。

其次，在美育中，如何提升学生审美鉴赏能力的目标。我们要以审美鉴赏课程为媒介逐步提升学生的审美鉴赏能力。学生们是否具有开阔的视野，这就决定了学生是否能够全面、客观地判断一个事物，同样这也决定了学生是否能成长为一个见多识广的人。当然，学习是一项永无止境的事情，身为美术教师，我们必须要以自身的艺术鉴赏能力和美术基础为根基，在课堂上引导并加强学生的知识渗透及融合能力，以多媒体教学为主要教学手段，更快、更直观地让学生了解不同历史时期、不同地域的美术审美文化，最终达到提升学生审美鉴赏能力的目标。

最后，在美育中，如何提升学生民族审美文化认同感的目标。美术基础教育对文化传承有着重大而又深远的意义，我国拥有着在几千年的发展历史当中积累的极其丰富和磅礴的文化成果，具有深远影响的美术文化成果更是不胜枚举。近百年来，我国美术教育和美术界均受到西方艺术元素的影响。那么，在美术基础教学中对学生如何进行艺术素养的培养、透视和剖析是我们每一位美术教师都需要深度思考的问题。在美术教育中，教师不能遗忘传统文化，需要在美术教育之中坚持融入我国自己的文化本色，使得深厚的文化底蕴散发出强大的生命力。良好的美术品质和美术素养，需要我们教师坚持不懈地对我们的学生传承下去。当然，我们教师更需要勇于实践和摸索的勇气和毅力，在制定中华优秀传统文化融入美术教学体系的同时更要包容国外多种艺术元素形式，这样便能使我国美术教育在美育的影响下，呈现出多元化和多样化的特征。鲁迅先生在《且介亭杂文集》中曾说过：“只有民族的，才是世界的。”每个民族的文化都是独一无二的。所以，我们教师及学生更应尊重和重视本民族文化，并对本民族的美术文化有充分的了解。只有先尊重自己的文化，保持自己文化的独特性，才能使其成为文化财富传承下去。教师要让学生在美术教育中加深对传统文化的理解和关注，从中体会到中华民族优秀文化的艺术精髓，使学生从内心深处接纳和喜爱传统美术文化。

综上所述，美育的主要任务就是培养学生的感性素质，并在美育的过程中，同时承担起培养学生的道德情操等相应综合素质的任务。在美育的过程中，教师向学生系统地传授本学科的知识，学生将其吸收并转化为自己的精神财富、个人能力和自身的思想品德。在美育的过程中，建立学生的价值观和世界观，让学生对客观世界的认识更加深刻，由不知发展到知之，从而增强学生对客观世界的认识能力。在美育的过程中，使学生对本学科知识的理解更加透彻，由对知识理解得不确切、不完全发展到比较确切、比较完全，同时增强学生的智力情感、技能技巧、思想品德。在教学中，学生的成长进一步体现了教师在美育教学中的创造性的劳动成果。所以，美育的价值应体现在教导心灵，并能通过一次次优质的审美体验，让学生在美的熏陶下，修身养性，形成对万事万物美的理解和追求！

第二节 美术教学多元化评价的实践

美国心理学家、教育家布鲁姆认为：评价不是为了区分而是为了改善。所谓"改善"的实现，即通过评价获得反馈，从而对教学加以调节，使之获得最佳的教学效益。随着教育评价理论的完善和推广，多元化的教学评价方式逐渐被教师们认可并运用。在美术课堂教学中，教师可以改变以往的评价模式，通过设置不同难度的作业，在学生完成作业的过程中，及时对学生进行引导并作出多元化评价，开拓他们的思维，为学生打开一扇创造意识之门，从而学生就能把丰富的想象力和创造力充分发挥在画作中。通过多元化评价，学生创作出更多令人意想不到的惊喜。

一、美术教学多元化评价的意义

在素质教育的大背景下，教学评价观要转向"以人为本"的核心评价观，评价观是教育观的反映，有什么样的教育观决定产生什么样的评价观。如教育价值观取向多元的评价者，将会对被评价者的过程性、发展性、导向性、激励性、调控性等进行多元的综合评价；而教育价值观取向单一的评价者，只会用唯一标准对被评价者作出唯一评价。在美术教学活动中，我们的评价方式也应考虑每个学生个性情感、态度习惯、学习方式等差异性所呈现出多元的评价状态，重视对学生情感态度和价值观的形成以及学习能力的培养等多元的评价。

二、美术教学多元化评价的基本理念

传统美术课程评价是一种以课程目标为依据的鉴定和甄别，而现代课程评价是以学生发展为本的思想，旨在促进学生的学习。与本课程标准相适应的评价体系。理解评价要改变"像不像""技能性"等单一化评价标准，体现美术的多样化、个性化、创造性等基本特征。美术课程评价的难点是如何根据不同的课程目标为丰富多彩形象化的美术制定相应的评价指标，采用相对的量化分析与定性描述相结合的方法。注重综合评价，不搞"单一标准"。要发现和发展学生多方面的潜能，了解学生发展的需求。尊重个性的差异，不搞"统一要求"，每一个学生都是一个具体的个性多样的人，而不是从一个模子倒出来的模式化的人。重视自我评价，重视美术评论是学生学会审美发展视觉感性能力和语言描述能力不可缺少的方法之一。

三、美术教学多元化评价的实践

美术课程评价是促进学生全面发展，改进教师教学，促进美术课程不断发展的重要环节。在美术课堂教学中，很多教师习惯在一节课的最后时间进行作业评价，但是评价过后学生的作业时间也已经结束，师生费心多元化评价后的内容不能及时反映到画作上，学生也没有修改作品的机会了，如果教师能及时引导学生在教学过程中采取多次的多元化评价使评价融入整个美术教学活动中，这种情况是否会有所改观呢？我们可以尝试在课程进行的不同阶段设置不同难度的作业，在学生完成作业的过程中及时对学生进行引导，并作出多元化评价。

（一）美术课堂教学的"全程式"评价

在美术课中，通常从欣赏图片开始一节课的教学，在信息技术高度发展的现代教学中，美术教师应该充分利用多媒体设备，让学生尽量看得多，想得多，开阔眼界。如《我们身边的线条》一课是人民美术出版社义务教育教科书一年级下册第四课的内容，也是全套教材中线条系列的第一课，在课题的设计上强调"身边"，旨在引导学生从生活中发现、感受线条的美，发现生活中到处都有线条，这些线条美化了我们的生活，时刻感受艺术作品中线条丰富的表现力，体验用线作画的乐趣。其实线条的概念对于一年级的学生是较为枯燥、难以理解的，怎样才能使学生理解线条、发现线条呢？低年级的学生喜欢游戏，而比较抗拒平铺直叙的讲述，教师可以从趣味入手，把线条化作拟人化的好朋友介绍给孩子们，并设计有趣的游戏环节，让学生与线条交朋友。

游戏一："线条变一变"通过摆线，使学生发现线条的多种变化，认识不同的线。

游戏二："捉迷藏"以捉迷藏的方式请学生在教室里、自己的身上寻找线条，并到室外、到大自然中寻找线条，并把自己变成一条线。

游戏三："线条的联想"通过玩绳使学生观察到线的变化，记录下来，并变成一幅画。

经过这样的设计，课堂不但变得有趣，孩子们还把小线条当成了好朋友，在游戏中发现线条，感受到了线条之美和线条的创造力。当师生一起欣赏画家吴冠中的作品《春如线》时，孩子们的眼中看到了小草、柳枝，那是丝丝缕缕、盈盈缠绕的线条；看到了花朵，那是翠绿滴滴、桃红点点的色彩杂而不乱，浓淡相宜；疏密有致的线条灵动而又充满韵律，孩子们仿佛沉浸于意境之中，那枝枝蔓蔓、粗粗细细的树枝，若隐若现地隐现于无限的春光之中，那点染的绿，像绿叶、像碧水、像绿草、像碧荷……孩子们在春的韵律中尽情地享受美的意境。教师还可以带着学生走出教室，带他们感受大自然的丰富赐予，你会惊奇地发现，当学生走出教室后，他们的眼睛好像更亮了，他们兴奋地喊着："栏杆上有线！"然后就迫不及待地跑过去用小手摸着，告诉伙伴："这是直线！""这是交叉线！"走到楼梯旁，他们蹲下，第一次用如此好奇的眼光认真地观察："有折线！还有裂缝——那是曲线！"孩子们在发现、在感受。线的美感就蕴藏在弯曲的小草中、细细的柳条上、笔直的栏杆里，还有脚下延伸的道路上……孩子们的眼睛在迫不及待地发现，他们的心也在自然中自由地感受。法国雕塑艺术家罗丹说："生活中并不缺少美，缺少的是发现美的眼睛。"是啊，孩子们的眼中并不缺少发现，缺少的是发现的机会！如果我们能多给孩子们一些机会，让他们通过亲身的体验去发现身边的美、生活的美、生命的美，多给孩子们一些空间，让他们的心在阳光下自由地呼吸，将会创造出多么美妙的图画啊！

▲ 学生作品

　　紧接着是多元化评价的第一个环节。通过欣赏中国艺术家以"线"为主题的艺术作品，以此为评价契机，鼓励学生展开丰富的联想。

　　线条是灵动的，梵高笔下的线是一种热情的线条，他擅用波动线。波动，顾名思义，如大海之浪，一波推一波，潮涨时尽显激情与磅礴，而潮落时则倍显温婉柔和。从《星空》

中可以看到，梵高的线条非常短粗、急促，线条间互相叠加，颜料堆积厚实以致开裂，这样的线条富有热情，加之扭动的形态，非常具有表现力。野兽派画家马蒂斯的《舞蹈》，色彩和线条就像词语之间激情的结合，体现着色和构图结合的情趣。线条是舞蹈流动的痕迹，而色彩使得抽象画面更为干净。线条和色块在马蒂斯那里非常合乎美感地融合起来，它所产生的空间感让舞者有了自由舞蹈的姿态。五个舞者相互协作，群舞的一致性让舞蹈自然产生生命感和由此带来的喜悦。通过结合线条与色彩，观赏者可以充分地感受到画中舞者表演所传达出的喜悦之情。

课堂上孩子们对于动感的线条比较容易理解，但如何表现出既有动感又有一定美感的作品会有一定困难，在教学中，可以通过大师作品的欣赏来拓宽学生的视野，加强对这类作品中如何运用线条的分析，从而使学生直观感受到动感与美感，提高学生运用线条的能力。如通过欣赏梵高作品《星空》体会线的组织排列带来的动感与美感，激发学生的表现力，给学生创作的素材，学生由点到图形到画面，逐步地积累创作的基本素材并在绘画中尝试灵活地运用。再如欣赏我们的祖先几千年前制作的陶罐，抽象的线条使学生想象古代先民的生活，学生的眼中陶罐上的线条仿佛流动起来，它们是天空中被风吹动的云，是黄河里奔腾的浪花，是雨水溅起的涟漪……而敦煌壁画中的《飞天》也会引起学生极大的关注，观察线条的变化，在欣赏中他们发现原来只是飘带的变化就可以让画面充满动感。

接着是多元化评价的第二个环节，在欣赏国外艺术家经典作品时，点评的过程中以学生为主，不设立"好"或"不好"、"像"或"不像"的标准，而是启发他们用心去感受他人作品的美。当然，每个人的感受都是不同的，每个孩子对事物的感知也有自己独特的视角，给他们一个发言的机会，孩子们说得头头是道，有些作品出示时还会引起学生的一阵惊叹。

（二）创建多元化的美术课内评价策略

美术课内评价不仅仅是对学生阶段性学习的考查和肯定，更是为了让教师了解学生的学习状况，完善教学过程，激励学生的学习热情，进而提高学生对美术的学习兴趣。孩子们笔下的花更是仪态万千，虽然笔触稚拙，却有着勃勃生机。低年级的孩子画花往往是从基本形状开始的，他们心中的一切都是简单直接的。《花儿朵朵》是江苏凤凰少年儿童出版社义务教育第四册的一课，属于"造型·表现"学习领域。本课重点之一是对花朵的形、色进行观察，了解其结构特点，并进一步感受花朵从花苞到盛开再到凋谢的过程中，其形态的变化，以及因角度的变化而呈现的不同姿态，从而观赏造型独特、体态不同的花朵。重点之二是通过对本课的学习，了解一些花朵的相关知识，感受花朵对于人类生活的意义，体会花朵所蕴含的人文色彩，提高学生赏花、惜花、爱花的情感与品位。二年级学生的观察能力与绘画表现能力还处于较为低浅的层次,大部分学生对花朵的了解停留在花的品名、色彩和简单的结构上,所表现的花朵也只是最为简单的图式,缺少花朵的细节刻画与情致的表现。但是这一时期的学生对绘画存在着浓厚的兴趣,对于自己的绘画表现也保持着很高的自信,这往往使他们在绘画创作中出现令人意想不到的稚拙童趣,这一点难能可贵,教师要给予适时引导、鼓励与必要的爱护。本课可以三大板块设计教学内容,即"尝试发现——感悟花之形""探究形成——探究花之态""联想创造——表现花之美"。与以往不同的是,之前的教学中较大的比重会放在"探究形成"上,而本课将较大的比重放在了"尝试发现"这一板块,首先设计一个有趣的小魔术,教师出示"水滴形"教具,并提问:"转一转,看看它会变成什么?"孩子们发现"水滴形"围绕中心转一转就会变成一朵美丽的花,此时教师继续追问:"为什么水滴形能够变成一朵花?"巧妙地引导学生发现花朵的对称特点,并初步了解表现花朵的基本方法。"试一试,还有哪些形状转一转也能变成一朵花?"这一问题进一步引发学生思考,从基本形状变化花朵的尝试中,发现表现花朵的基本方法及规律,孩子们会发现不同的形状可以变成不同的花,不同的材料也可以让画面充满变化。走进花的世界,让芬芳充满我们的课堂。接下来的"探究形成"板块,教师与学生一起欣赏花朵开放的瞬间,通过视频欣赏打开学生思维空间,在花朵绽放的过程中感悟生命的律动与千姿百态。引导学生对花的结构、形态进行观察、比较、分析,进一步探究形态、色彩、花纹的表现方法,通过观察比较发现真实的花朵与之前基本形状所画花朵的差距,引发学生探究怎样才能够把花朵画得更加形象生动,进而巧妙运用点线面,表现不同花朵的形态特征,梳理出花的共性特征与个性特征,共同探究多种表现方法,最后的"联想创造"板块通过对作品的对比夯实学生的造型和画面构图基础,又以丰富的表现材料激发学生无限的创造力,从花的形态、色彩、花纹多角度地欣赏,拓宽学生创作思路。

▲ 学生作品

▲ 学生作品

　　有的学生则选择像艺术家一样，运用丙烯颜料或者重彩或者勾勒的方式表现花朵的造型与色彩，一朵朵绚丽的花在他们稚嫩的笔触下静静地开放，或静谧优雅或艳丽奔放，仿佛生命的火焰在燃烧。学生在课堂上的美术作品体现了他们对所学知识的接受和掌握程度，也是表现学生审美情趣、情感因素以及创造性思维的重要载体。教师在对学生作品进行多元化评价时，则要侧重于学生作品内容是否有趣、是否具有个性和创造性、是否具有想象力等方面。如有个学生创作的"花儿朵朵"作品，画得歪歪扭扭，线条粗细不一，

 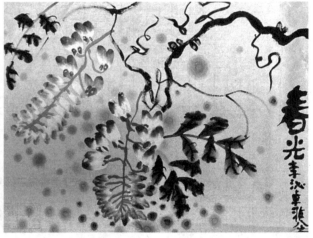

▲ 学生作品

▲ 学生作品

并在花朵上面画了很多房子，遭到周围同学的取笑。但是当他自豪地表示，这是未来的"花房"，住的是我们的老师及全部同学时，同学们都很高兴感动。一件具有想象力、富有情感的学生作业就是一件优秀的作品，这是没办法单纯以优良中差的等级来评价的。

（三）美术课堂学生完成作品不同阶段的多元化评价

学生开始全心地投入自己的创作，开始把脑中的构想具体化，这个环节是极其重要的。学生在学习美术的初级阶段还不具备熟练的技能和组织画面的能力，却有丰富的想象力，创作空间非常大。学生脑海中已经产生了众多的想法，这些想法都是一个个值得悉心雕琢的素材。美术学习的画法是要侧重于启发学生的思维，培养孩子的创造精神。学生平时绘画作品的结果好坏除了能直接反映出学生自身的能力外，对教师的引导能力也是一项考验。

【案例1】

鱼的传说

鱼皮画是赫哲族的传统艺术，曾被称为无纸剪纸，通过对鱼皮的剪切、粘贴和镂刻，就能创作出让人叫绝的精美图画。它是黑龙江独有的国家级非物质文化遗产。赫哲族通过对鱼皮的粘贴和镂刻，以独特的形式，从不同角度表现了赫哲族人民的聪明才智和审美的群体意识。学校美术教育在这一时刻肩负重任，通过美术教学，让学生了解民族传统艺术文化和对于培养自身的思想道德素质，以及自身的审美观念，都有极为重要的价值。这能激发学生珍惜美术遗产、关爱民族文化的情感，让学生学会传承与保护文化遗产，不让"遗产"变"遗憾"。这是美术教育工作者，尤其是黑龙江的美术教师义不容辞的责任。在学校落实核心素养的倡导下，我设计了《鱼的传说》一课，使学生通过欣赏与交流初步了解赫哲族鱼皮文化，感受鱼皮艺术独特魅力，尝试并学习简单的鱼皮画制作方法。本课的教学分为三个板块，即鱼回故乡、鱼皮传说、鱼皮之美。通过多种教学方法引导学生在体验中感知鱼皮材料的特点，在欣赏中探究鱼皮画艺术特点和表现技巧，从而激发学生对黑龙江文化的热爱、对自然的尊重，拓宽学生艺术视野，关注文化艺术的传承与发展。希望立足美术课堂为传统文化的传承与发展做一点力所能及的事，将"非遗"的种子深深地埋在学生心田。

（一）鱼回故乡

黑土地孕育了黑龙江人，黑龙江孕育了一种神秘的鱼，它生于黑龙江与乌苏里江的冷水中，在大海成长4年，成年后无论多远都要回到自己的故乡产卵，你们知道它是什么鱼吗？（大马哈鱼）

看！大马哈鱼的回乡之路开始了！

欣赏大马哈鱼洄游视频

回乡之路漫长而艰辛，故乡的味道一直吸引着它们，而它们产卵后已经精疲力竭，最终在故乡甘美的水中走完自己生命的旅程，到了第二年的春天，小马哈鱼孵化而出，又一

次乘着激流从故乡向着大海出发!

生命的故事周而复始,但大马哈鱼的传说却一直在延续。

【引导学生对家乡及黑龙江文化进行了解,激发对黑龙江山水的热爱之情。从鱼的故事入手通过视频与图片初步了解大马哈鱼的形态及特点,感受自然的神秘与伟大,激发学生对自然世界的探索热情。】

(二) 鱼皮传说

1. 你知道大马哈鱼心心念念的故乡在哪里吗?

(学生在地图上找一找、猜一猜)

揭示答案:黑龙江、乌苏里江、松花江三江流域,在这里生活着一个神秘的民族,他们以渔猎为生,服装都是由鱼皮制作的。

(欣赏视频)

鱼皮的传说就从这里开始。赫哲族又称"鱼皮部落",早年间的赫哲族人衣服、被褥,以及一些生活用品、捕猎工具都是由鱼皮制作的。

【进一步了解赫哲族的民俗,欣赏、认识生活中的鱼皮制品,理解艺术的创造源于生活的需要。】

2. 赫哲族的礼物——鱼皮

学生分小组观察鱼皮,它与你想象的有什么不同?

闻一闻(大海的味道)

摸一摸(纹理凹凸变化)

看一看(背脊与腹部的深浅变化)

说说你有什么发现?

3. 老师的身上也有鱼皮制的东西,你发现了吗? 在我们的教室中找一找,你还发现了什么?

【通过视觉、触觉、嗅觉多方面感知鱼皮的形、色、肌理,了解制作材料的特性,感受鱼皮的美。】

(三) 鱼皮之美

1. 鱼皮有一种自然的美,具有天然的鱼鳞花纹,赫哲族的人们,用鱼皮谱写着自己民族的传说。

欣赏鱼皮画作品1

游戏:你演我猜

画中描绘了什么？（渔猎生活）

赫哲族人不仅用鱼皮来制作生活用品，还用鱼皮记录、表现他们的生活。一张张普通的鱼皮，经过精巧的设计、细腻的刀工，就变成了一幅幅精美的艺术品，它与"鱼皮衣"都是具有黑龙江特色的国家级非物质文化遗产。

【从对鱼皮的认识过渡到对鱼皮艺术作品的欣赏，了解鱼皮画的艺术价值以及在文化传承中的特殊作用。欣赏反映赫哲族渔猎生活的鱼皮画作品，进一步感知艺术与民族文化、历史之间的关系，感受鱼皮画粗犷、自然、浑然天成的美。】

2. 你能看出鱼皮画是怎样制作的吗？（剪贴）

老师还为同学们带来了几幅鱼皮画的作品，看看制作的方法有什么不同？（镂刻、缝制）

鱼皮画又被称为"无纸剪纸"，它不但坚韧而且易于造型，可以运用多种方法进行艺术加工与创作，具有浑然天成的美。

【观察、感知鱼皮画的制作方法，感受鱼皮艺术独特的美。】

3. 欣赏鱼皮浮雕作品

这幅作品表现的是什么？从哪里看出的？

鹰是赫哲族的自由之神，这是创作的他们鹰神图腾。

（写实作品）对比一下两只鹰有什么不同？

写实作品——造型逼真、刻画细腻

鱼皮图腾——形象夸张、造型奇特

他们的图腾面具兼具了动物（植物）与人的特点，因为他们崇敬自然，敬仰自然，认为万物皆有灵，所以这些形象就是他们崇拜的神。

猜一猜，这是什么形象？（月神、蛙神、鱼神）

从哪里发现的？（各种造型符号）

【通过夸张、变化的形象欣赏，感受鱼皮画造型艺术特点和独有的艺术魅力。】

4. 你喜欢自然界的什么形象？可以创作什么样的图腾面具？

尝试体验：学生分小组制作鱼皮图腾面具。

要求：造型夸张、有创意、有主题，注意鱼皮深浅的对比变化。

【通过动手实践，初步了解鱼皮粘贴画的制作方法和制作技巧。】

5. 展示作品，介绍自己创作的鱼皮图腾，鱼的传说在延续，希望同学们也像赫哲族人一样，对自然万物始终保有一份崇敬之心。

【在尝试中感悟鱼皮画创作的独特魅力，引导学生热爱自然、崇尚自然并参与文化的传承。】

美术学习绝不仅仅是一种单纯的技能技巧的训练，而应视为一种文化学习。通过美术的学习，使学生认识人的情感、态度、价值观的差异性，并在一种广泛的文化情境中，认识美术的特征、美术表现的多样性以及美术对社会生活的独特贡献。

其实鱼皮画的制作较为复杂，首先要把画有创作题材的画纸剪下，并拓印在纸板上。然后按照纸板上画的形状，剪出同样形状的鱼皮，最后将裁剪好的鱼皮贴在背纸板上，着色装裱。复杂的创作过程对于孩子还是充满挑战的，但是孩子们都出色地完成了自己的鱼皮画作品。他们制作了以四大神兽为主题的鱼皮书签和充满童趣的鱼皮饰品，每个作品无论大小都是孩子的心头宝，他们珍视自己的作品，对鱼皮画的学习充满热情。学生用自己独特的视角诠释着对传统文化的了解，我想这就是兴趣使然，也是传统文化的魅力所在，相信他们会用自己无限的创造力传承文化、创造奇迹！

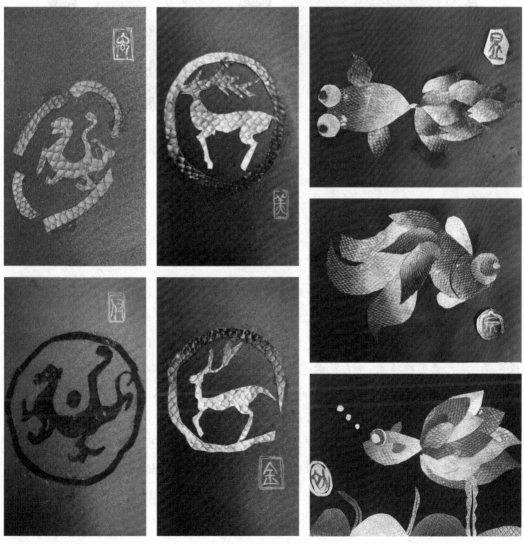

▲ 学生作品

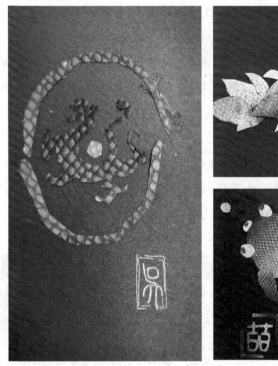

▲ 学生作品

【案例2】

青花盘

青花瓷又称白地青花瓷，是中华陶瓷烧制工艺的珍品，也是中国瓷器的主流品种之一，属釉下彩瓷。青花瓷是用含氧化钴的钴矿为原料，在陶瓷坯体上描绘纹饰，再罩上一层透明釉，经高温还原焰一次烧成。钴料烧成后呈蓝色，具有着色力强、发色鲜艳、烧成率高、呈色稳定的特点。《青花盘》是江苏凤凰少年儿童出版社义务教育第四册的一课，旨在通过欣赏青花瓷和青花盘作品，使学生了解祖国传统文化的艺术特色，并亲自动手尝试运用群青或钴蓝设计新颖、别致的青花盘，进一步丰富学生对传统文化艺术特色的了解和对圆形适合纹样的构图处理方法的把握，进而培养学生欣赏美、表现美的能力，感受美术与生活的美，提高学生的审美能力，激发学生对祖国传统文化艺术特色的热爱之情。

教学中可以分为几个板块，使学生逐步感知青花的美。

（一）歌曲导入，感受"青花"之美

1. 聆听歌曲《青花瓷》并欣赏青花瓷视频

青花瓷产生于元代，它是在白瓷用钴为主要原料，将纹饰描绘在坯胎上，在白瓷的胎体上用钴的氧化物绘制，再罩上透明釉，经过1300℃高温烧制而成。白瓷上描绘蓝花，只用一种颜色，洁白的瓷和深沉的青蓝色画面，形成了鲜明、单纯、朴素雅致、清新自然的艺术特色。

2. 你发现青花瓷在颜色上有什么共同的特征？（小组讨论交流）

在古代呢，我们把这种蓝色叫作青色。只用一种青色绘制花纹的瓷器，我们就叫作青花瓷，让我们一起走进青花的世界中吧。

（二）感受实物，领悟"青花"之美

1. 出示一个青花盘

你家里有这样的盘子吗？用来做什么的？请学生摸一摸，说说自己的感觉。

2. 分小组欣赏青花盘

古老的青花盘——洁白的瓷和深沉的青蓝色，对比鲜明而又色调单纯，显得非常雅致，清新自然，深受大家的喜爱。

（三）图片欣赏，发现"青花盘"之美

1. 这样美丽的青花盘，是怎样制作的？现在就让我们领略一下古人制作青花盘的精美之处。（播放课件）

2. 欣赏大师作品

(1)《鸳鸯戏水》它是在盘子的什么部位设计的？（中间）四周还画了什么？

(2) 喜鹊，小朋友都知道它来是向你们报喜的，这幅画画在盘子的哪儿？（中间）四周还画了纹样图案，显得更美了。

(3)《鲤鱼戏水》主要画在盘子的什么部位？四周还画了什么？大家仔细观察一下，发现鲤鱼和水草有没有变化？为什么？（鲤鱼的身体和水草是顺着圆盘画的。）所以，画纸盘时要适合圆形来画，不然青花盘就不美了。这三幅画都画了什么内容？（动物）

(4)《岁寒三友》是指哪三友？（梅、竹、松）你们发现这幅画画在盘子的什么地方呢？（满盘）边上还画了什么？（边框）边框可以用线条也可以用点，还可以用面来画，这样设计的青花盘就更漂亮了。这幅画画的是什么内容？（植物）

(5)《喂鸡》中这位农妇是在盘子的什么部位设计的？如果只画人，四周就会感到空荡荡的，所以在旁边添加些小鸡和椰子树，很好地适应了瓷盘圆圆的外形。这幅画主要

画了什么内容？（人物）

（6）《风景画》小朋友想想：如果单独画几座房子，整个圆盘就会一边倒了，所以加上树、桥、山，自然便领悟到"青花"的均衡美。

3. 欣赏学生作品

（1）《拔萝卜》——告诉你们团结就是力量。

（2）《老虎》——在森林中找食物呢。

（3）《幸福》——这一幅是小朋友看到叔叔阿姨结婚的热闹场面而创作的，想象力可真丰富。

（4）看这只鸭子妈妈在想鸭子儿子在学校是不是在认真学习呢。

（5）瞧！骑在马背上真帅，可要注意安全。

（6）再来看看小朋友设计的房屋风景画。

这些小朋友的想象力真是太丰富了！如果让你画，你会画些什么内容呢？（学生交流）

4. 回忆一下：青花盘上可以画什么内容？它们又运用了哪些绘画方法？

（1）青花盘内容：人物、风景、动物、植物。

（2）青花盘构图形式：自由图形、适合圆形。

（3）青花盘绘画方法：点、线、面。

（4）青花盘色彩：白底蓝花。

（四）尝试创作，表现"青花"之美

1. 介绍绘画步骤

（1）选内容。

（2）想构图。

（3）点线面。

（4）选色彩。

2. 小画家

（1）画面内容新颖独特。

（2）在纸盘上运用群青、钴蓝或者天蓝作画，简练流畅，清新自然。

（3）构图饱满，画面安排要适合圆盘的形状。

（五）展示交流，共鉴"青花"之美

展示自己的作品。自评、互评都会让每位学生体验成功的乐趣，增强学习自信，更好地激发他们的创作热情。

（六）课后拓展，回味"青花"之美

随着社会的进一步发展，盘子制作无论从色彩还是造型上都会变得更加丰富多彩，它既可以作为日常用品，又可以作为装饰品，希望同学们能用今天学到的本领，去装饰美化我们的生活，让我们的生活变得更加精彩。

▲ 学生作品

在教学过程中，教师可以在教室中巡回，在学生创作的初期进行口头的引导，还可以强调一下基本的作画原则，帮学生理清楚作画步骤等。发现学生作品中的闪光点时，要及时作出正面的口头评价，除了能激励学生创作，也能推广可取之处，对其他学生也能起到及时引导的作用。虽然可能只是几句话，但我们要相信，这些小小的引导也能帮助学生，使他们的作品出现更多的可能性。同时作为教师，在教学过程中要尊重孩子的个体差异，从孩子的认知起点出发，结合孩子的个性，对其给予相应的指导。

教师在美术教学中灵活合理地运用多元化评价，可以激发孩子们学习美术的兴趣，让他们在学习美术的过程中体验幸福和快乐，充分开发每个孩子的潜能，提高他们的美术素养及综合能力，为他们的终身发展奠定良好的基础。

第三节　指向审美教育的美术课程教学及评价

一、关系阐述

美育是指审美教育和美感教育。这一概念最早是由德国古典美学重要代表、大诗人席勒（J. C. F. Schiller, 1759—1805）在1795年的《审美教育书简》中提出的。席勒与今人相似，把教育分为体、智、德、美四种并指出："有促进健康的教育，有促进认识的教育，有促进道德的教育，还有促进鉴赏力和美的教育。这最后一种教育的目的在于，培养我们感性和精神力量的整体达到尽可能和谐。"

（一）美学与审美教育

说到审美教育，不得不提到"美学"。人类的审美意识与审美思想可谓源远流长，从远古时期人类最质朴的对天然石器的初步加工，发展到后来在文艺作品及服饰当中的审美思想的体现运用，无不体现出人类对美的追求和向往。然而"什么是美学"这样的问题的提出，还是近代在美学成为一门独立的学科之后的事。1750年德国哲学家鲍姆嘉登的专著《美学》一书出版，标志着美学成为一门独立的学科。

"美学"一词来源于希腊语aisthetikos。最初的意义是"对感观的感受"。美学是从人对现实的审美关系出发，以艺术作为主要对象，研究美、丑、崇高等审美范畴和人的审美意识、美感经验，以及美的创造、发展及其规律的科学。美学史上有许多哲学家从他们的哲学观点或体系出发，提出"美是理念"（柏拉图），"美是理念的感性显现"（黑格尔）等理论。我们认为，美学是研究人的审美现象的学问。这里的"审美现象"是指人类独有的一种感受美、欣赏美、创造美的自觉的精神活动。可见，美学是关于人的审美价值的学科，它研究人类独有的审美现象。

审美是关于意象世界的体验活动，即黑格尔所说的"美是理念的感性显现"。艺术的独特性及其思想深度正是区别于其他人类活动的方面，美的效果的实现需要理念去支撑，需要精神内涵去融合。在美学的学习中，对研究者自身的艺术创造力无特殊的要求，而是对思辨能力和哲学功底有极高的要求。因此，美学是以深刻的思考深度和广度去研究美术与美的，即美术家的创作作品的活动。艺术家不一定需要高深的思想造诣，但美学研究者要具备。从能力的角度讲,美学研究者是艺术家不可缺少的左膀右臂,是彼此的知己。因此美学是对美术及美的哲学思辨的研究,即审美关系。在一些学者,比如洪毅先生、周来辉先生等的观点中,倾向于认为美学是对美和审美关系的研究,即把审美关系当作美、艺术、审美的经验产物和综合产物,通过研究审美关系,即可研究美、艺术、审美的艺术哲学,研究人的审美意识、美的创造和美术的发展规律。

美学研究的方法是多元的,既可以采取哲学思辨的方法,也可以借鉴当今其他相关学科的研究方法,比如经验描述和心理分析的方法、人类学和社会学的方法、语言学和文化学的方法等。因为美的对象,即自然美、艺术美、社会美等,无论是主观还是客观的研究,都是经过人的感性、理性作用之后的结果。审美活动是具有全人类价值的活动,这一点也是美术、美、美学的价值的论证基础。审美活动是人基于现实形成的审美意识和评价。审美的目的在于对美的价值研究,而美学的价值在于对审美及美的研究价值,前者是纯思想的意识形态,而美学则是思想的辩证与总结,需要整合艺术哲学。而美术学则是纯批判地对美术及美术史进行认定和研究,它区别于哲学范畴的辩证思考,而是停留在客观物质层级的价值研究。于是,我们能够总结,美术、艺术及美,不仅需要客观的价值研究,还需要哲学思想的支撑,而这两者即为美术和美学。

(二) 审美教育与课堂教学及评价

审美教育通过美的教育而使人性发展和完善。通过具体的审美活动而逐步培养人的正确的美丑观、善恶观、是非观、爱憎观,从而净化人的心灵;逐步培养和提高人鉴赏和创造美的能力,使人的潜能得到更好的发挥。审美教育的特点是寓教于乐,在没有任何强制的过程中潜移默化,最终达到人性的逐步发展和完善。在西方,柏拉图 (Platon,公元前427—前347)、亚里士多德 (Aristoteles,公元前384—前322) 开始注意倡导审美教育;在近代,对审美教育给予极大关注的是德国美学家席勒,他认为要把人性从自私和腐化中拯救出来,使人的感性冲动和形式冲动 (又称理性冲动) 协调一致,使不合理的社会变成合理的社会,唯一的途径就是通过审美教育。

实现审美教育,许多学科的课堂教学都是最有效的方法与途径。就美术学科课堂教学来说,《美术课程标准》中明确规定,美术课要通过各种美术活动,丰富学生的审美经验,陶冶高尚的审美情操、完善人格。因此,在美术课教学实践中应特别重视对学生的审美教育。审美教育最终的目的是培养学生的审美能力。它包括对美术的审美态度,对美术作品的形式结构、语言特征、风格样式的感受力,以及对美术具有丰富的审美经验。在教学活动中采用合理的课堂评价手段,可以激发学生们对美术的兴趣与热情,从而提高教学的效率,有利于美术教学目的的实现。

课堂评价是指师生运用评价工具收集、分析和解释学生学习信息，进而对学习状况作出判断并提供建议以改善学习的活动过程。这种活动围绕课堂中的学生学习展开，往往与教学发生关系，甚至会对教学产生影响。正确认识和处理两者关系有助于解决教师怎么教和学生怎么学的问题，可以深入把握有效教学的实质。从教学与评价的发生过程考察两者关系，课堂评价不仅成为教学的手段，而且是教学决策过程。

（三）美术课程教学评价的功能

美术教学评价是依据一定的教学目标，运用一定的评价技术、评价手段和评价途径，通过系统地收集、分析、整理信息和资料对课程与教学的计划、活动过程及结果等有关问题的价值或特点作出判断的过程。

1. 诊断鉴定功能

教学评价是检查课程与教学工作的重要手段。

2. 导向规范功能

通过评价能进一步明确课程开发的原则和要求，了解课程与教学的价值，纠正课程与教学实施中不恰当的做法。

3. 激励促进功能

通过评价可以给老师提供反馈信息，为课程与教学实施者提供决策和改进服务。

4. 反馈功能

从学生的学习效果、学生的作品等各方面都能反映出教师在教学实施中的效果。

二、做儿童美学的启蒙者

"为什么大象会有翅膀？"

"为什么画上的人在天上飞？"

"假如头发也会跳舞……"

"假如月亮也会流泪……"

"假如夜空中的星星变成五颜六色……"

…………

罗曼·罗兰说过，艺术是一种享受，一切享受中最迷人的享受。你永远无法想象，在孩子小小的脑袋中，究竟装着对这个世界怎样的好奇，对艺术美学怎样的理解。色彩、光影、形状都是艺术的表达符号。暗淡的色彩会让人感知沉闷，明亮的色彩会给人的视觉感官以强烈的刺激。色彩既是一种感官艺术，也是一种视觉艺术心理，充满神奇与奥妙。

儿童的美学活动是多方面的。绘画、泥塑、剪纸、折纸、制作小玩具以及美术欣赏等，都是美学活动的内容。日常教学中应该有意识地培养孩子的美学才能，绘画、手工活动是一种绝佳的方式。事实证明，儿童学习画画、动手制作与学习其他知识不仅没有矛盾，而且会相辅相成，互相促进。绘画是使儿童身心得到全面发展，培养儿童创造能力和高尚情操的重要手段。孩子们乐于用画画来表达自己的感受和内心意愿，在创作中发挥潜能，建立自信、享受成功。

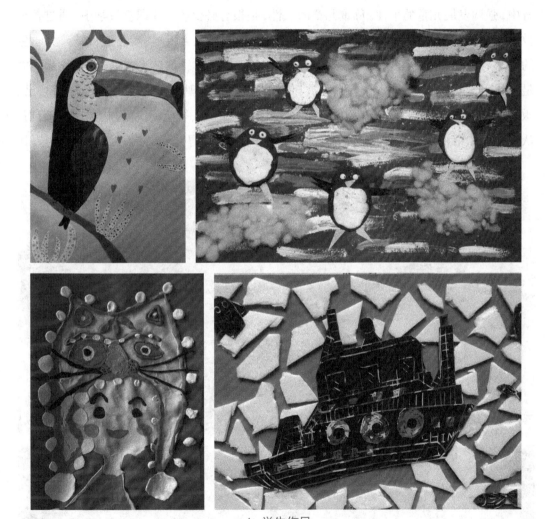

▲ 学生作品

美术教育和其他各学科的活动教育有着密切的内在联系，彼此互相促进。语言类教学为美术教育活动提供了认识和理解事物的基础，而美术活动所反映的内容反过来对其他学科的教学活动有复习、巩固和提高的作用。

美国是目前全世界教育水平较为先进的国家之一。来自多个学科的研究团队选取了美国密歇根州立大学1990—1995年之间的一批以优异成绩毕业的大学生为样本进行研究，成果显示：对比普通人，在童年时经常参与手工创作的人，成年后拥有专利的可能性高出42%；受艺术熏陶的孩子，长大后创业或发明创造的可能性是普通人的8倍。由此可见，童年时期进行的美术活动会影响个人一生的发展。

美学教育与儿童的个性发展是一个双向互动的过程。新颖的美学教学方法能培养一个创新能力极强的儿童，同时不同儿童的个性也会带来不同模式的美学创作。在美学教育中，强调发展儿童的个性，尊重儿童的个性，是很有必要的。在课堂教学中，通过各种教学方法丰富视觉艺术领域，除了绘画、手工制作外，还包含版画、陶艺、设计等，为学生的美学启蒙做积极的引导，让孩子在老师的带领下欣赏丰富的艺术精品、名家作品。立足当代美学基础，跨中外古今艺术鉴赏，依托经典教育心理学理论，帮助学生了解自己、激发想象力和创造力。利用体验的教学方法让儿童身、心、智全面发展，构建起儿童自我认知结构和精神美学，熏陶孩子艺术感悟力，在生活中探寻艺术灵感，提高审美修养，让

▲ 学生作品

孩子学会如何探索、欣赏、分析、评价我们周围的视觉世界,在孩子创造的过程中,让孩子用适合他们的艺术媒介与技巧去体会艺术元素和设计原则。

教师要做儿童美学的启蒙者,让孩子用审美的眼光去感知世界。

三、美术课程教学与生活美学的关系

美术课程以视觉形象的感知、理解和创造为特征,是学校进行美育的主要途径,其教学评价更是构建高效美术课堂的基石。生活美学,作为美学发展的新思潮,对美术课程内在的审美意义与美育价值有新的解读与意义诠释,创新了美术课程教学评价的新路径,为建构美术课程教学评价的新体系提供了新理路。在日常生活审美化的今天,艺术打破了常规的形式,保存了内容,从个人的外表延伸到城市和公共场所,从经济延伸到生态,使得艺术变得现实化。日常生活成为审美的对象,人们生活娱乐的场所,融入大量的设计、风格及时尚等文化与审美的形式。面对充斥艺术符号的日常生活,图像识读、审美判断等素养的具备就显得愈加重要。图像识读能帮助我们明确图像在学习、生活和工作中的价值与应用,辨析和解读现实生活中的视觉文化信息,从而体现出公民美术素养的社会性。进而进行审美判断,对现实中的审美对象进行感知、评价、判断和表达,形成基本的审美能力,用美术的方式美化生活和环境。

生活美学的另一面是审美日常生活化,如果说日常生活审美化更多关注在美向生活播撒,那么审美日常生活化则聚焦于审美方式转向生活。

审美日常生活化不仅是当代社会呈现出的审美泛化,更是"延伸艺术的概念",从而"打破艺术的边界",力图将艺术实现在日常生活的各个角落,进而将人类的审美方式加以改变。在这种"艺术生活化"的趋向中,艺术与日常生活的界限变得日益模糊,艺术家们不再把艺术作为远离生活和公众的独立王国,而是将艺术实现在生活日常中。审美日常生活化以生活的眼光看待艺术,打破了传统艺术高高在上的局面和传统生活方式的封闭性,从根本上拉近了艺术与生活之间的距离。艺术与美不再是远离生活而存在,审美对象与审美主体之间也不再相对而立,美的活动就是一种奠基于感性直观并与之相融的本质直观。艺术家不再是从概念中把握世界的意义,而是从现实中把握美的形象和材料。

生活美学意在讨论审美与生活的有机联系,并从这种联系出发,从事审美能力建设,发掘和陶冶人的审美能力。在生活美学看来,艺术不仅仅陈列在博物馆中,并不只是宏大的画作、精湛的雕刻,生活中也随处可见艺术的身影。人们对艺术的追寻,不能仅限于对博物馆中艺术作品的解读和临摹,应将眼光投向周围的生活世界,去发现存在于生活周边的艺术之美。高雅和通俗界限模糊，拉近了艺术和生活的距离，将美学研究的中心从关于美和艺术研究的问题转移到生活领域，使得当代审美文化转向具体化、大众化、普遍化和生活化，从而真正解决人们生活的终极目的和最终价值。

四、美术课程教学评价与生活美学的关系

在美育趋向生活化的今天，课堂教学评价理念也随之改变，需要以一种新的视角关注评价的意义。评价不仅需要关注学生知识与技能的培养，更需要注重学生适应现代社会生活的能力，如学生的创造力、批判性思维能力、文化理解能力、表现能力等。生活美学回归生活的美学意蕴，从根本上拉近了美术学科与生活的距离，让我们从生活的角度更直接地看待美术课程教学及其评价问题。生活美学下的美术课程教学评价，将学生知识与技能的考查转变为一种综合能力的审视。通过学生的艺术作品，考查其作品与生活的联系，是否将美术知识与技能的学习转换为一种对生活中美的事物的发现能力、理解能力及创造能力，体现出国家在培养21世纪人才方面对学校美育及学生审美素养的重视。

（一）美术课程教学评价对生活美学的要求

美术课程教学作为学生审美教育的重要实践领域，需要用符合当代审美观念和理论发展的生活美学作为基础，全面审视美术课程教学的基本价值观、过程设计和评价体系，关注学生生活与美学之间的联系，触及学生生活世界及生命个体。

目前，美术课程教学评价现状在评价标准、内容及方法上，过于注重对学生的美术知识和美术技能的考查，与其他课程教学评价相仿，学术化的评价取向缺失了美术课程教学评价的特殊意义，理性至上的评价目标背离了生活的本真，迷失了生活的艺术。艺术不应该有绝对评价的标准，美术学习活动本身不是一个可以准确量化的活动，对于学生艺术上的表现，不能用标准化的态度进行评价。因此，在以往美术教学评价中，原有理论已不符合当下美术课程教学的核心素养培养价值，失去了理论的指导性，以目标取向的量化式教学评价违背了艺术的规律，过程取向和主体取向的教学评价在实际教学活动中流于形式，对人的主体性的肯定不够彻底。评价目标片面强调学生的技能技法，忽视对学生的审美情感、人文素养、价值观及创造力的培养。而另一个极端是评价语言上的一味赞誉，学生无法从教师的评价中获得有价值的启示，既没有对自身审美活动、审美表现的认同，也没有通过评价使得自身审美能力得到提升。美术课程教学的目的，是帮助学生辨别美的事物，了解美的内涵，学会发现和创造美。美术学科中的"美"不仅仅是艺

术作品的鉴赏、绘画技巧的训练，因此，对于学生美术学习的评价，也不能只是对艺术作品临摹得"像不像"，而是要通过评价，引导学生发现生活周围的美，发挥美术的审美教育功能。

随着后现代教育思潮的崛起和基础教育变革的深入推进，教学评价改革需要引入新的理念，教育的审美化取向已经成为教育现代化的必然追求，从社会发展和教育变革的角度来看，美学取向的教学评价是教学变革中克服技术理性和工具理性的途径之一，为我国课程标准的修订和学生核心素养的培养提供新的方向。生活美学倡导学生即为艺术家，美术作业即为艺术作品，美术教学的过程作为美好的审美体验，美术课堂教学的评价即为对学生艺术作品的鉴赏。生活美学作为美学取向的教学评价，其倡导的美学观与美术学习的最终目标相一致，改变评价过于注重甄别与选拔的功能，倡导以生活实践的客观性为基础，注重学生对生活中美的事物感悟，承认每个学生的作品都是融合自我生活经验的艺术品，评价的过程即成为对艺术品的鉴赏以及自由分享经验的过程。

美术课程教学评价政策的制定，是国家和政府对学生美术学习及学生成长的观照。然而在制定评价政策的理念上，还没有更好地体现美术学科作为美育手段对审美发展的需求。个体的审美发展是审美教育的重心，对学生审美能力的发展进行积极的引导和评价是美术教育理论应包含的内容。美术教育倡导的是"立足过程，促进发展"的评价理念，旨在促进"人的全面发展"。人的全面发展，并不是无限地拓展自身，是要与自然、社会、人类处于和谐统一的关系之中，也就是处于一种"泛化"的审美关系之中。

生活美学是在现实生活的基础上回到真、善、美统一的世界，人的全面发展也正是一种统合真、善、美的活动。因此，以个体的一生这一全方位角度来讨论审美教育，以生活美学所倡导的"生活的艺术"这一人生哲学高度重新审视评价政策的制定，才能真正确保人的全面发展。在"生活即艺术"的背景下，坚持以"学生的全面发展"为政策制定的出发点，以改进美育教学、提高学生审美和人文素养为政策目标，遵循艺术教育自身规律，既关注学生美术学科学习水平，也关注学生生活经验与美术学科的融合。生活美学下的美术课程与教学以一种非线性的结构方式进行安排，注重美术学科与其他学科、与现实生活之间的融合，从一个单元课程的安排连接到学生各个方面的学习。结合生活美学，对学生美术学习的评价，不再是简单的知识与技能的量化式考核，而是关注知识与技能在生活中对问题的解决与运用。将评价建立在"审美育人"的总目标基础上，以学生对生活中发现美的能力、理解美的能力、创造美的能力及将美的感受分享给他人的能力作为评价的分目标。以此达到美术学科核心素养中在图像识读、美术表现、审美判断、创意实践、文化理解中对学生发现力、理解力、创造力及交流能力等方面的提升。

（二）美术课程教学评价意义的拓展

传统的美术课程教学评价是一种以课程目标为依据的鉴定和评价，现代课程评价则要求美术学科应贯彻素质教育的精神和"以学生发展为本"的思想，突出美术评价的过程性和个体的差异性，促进学生的学习。现行的美术课程教学评价，以认知发展理论、建构主义理论、多元智能理论及后现代理论为根基，美术学科成绩评定是根据教学目标、教师对学生作品进行评价，评价的手段一般有测验、检查和观察。美术作业较偏重于技能技巧，它不像语文、数学课程那样可以用具体的题目对学生进行测验，学生最终的学业成果往往只是一张画、一个制作等。从这些作品中，我们无法全面地看到学生在美术学习过程中的认知、情感、技能等方面的发展水平。而美术课程中学生审美观点的形成，审美能力的提高，观察力、思维力、创造力、想象力等方面的发展情况，也无法从现行的美术教学评价方法中体现。因此，美术教学评价的美学理论基础亟待明确。

生活美学将"美"安放于人类感性的日常生活世界之中，打破了艺术与生活的界限。其理论下的美术教学评价，不是培养以理论为主的生活美学家，而是要倡导人人能成为发现美、理解美、创造美的生活艺术家，将美学落实到人类终极关怀的使命，是真正民主化的人类学美学。将审美观照、审美参与与审美创生综合起来以完善生活经验，让艺术与审美回到生活的本真状态。因此，生活美学作为美术教学评价的理论观照具有以下几方面意义：首先，拓展了美术教学评价的理论向度，其评价背后理论的支撑不再是以知识的获取作为最终目的，而是以美学的理念更加注重评价审美育人的功能，注重评价与生活世界的融合，倡导将教学评价看作一项艺术工作，将揭示教育实践的特性及孩子的学习质量问题看作艺术问题。如派纳所言："对当前课程教学评价而言，第三种主要的学科基础是艺术。"其次，深化了美术教学的生活哲学内涵，美术本身来源于生活，而又高于生活。其"生活"是一种"本质的直观"、一种概念的"生活"，生活美学下的美术"生活"，近似海德格尔的"此在"，即"人的一种主客、物我、思维和存在不分的原始状态"，也等同于杜威所指"活生生的生物"的那种"活生生"的状态，强调人类生活过程中的现实性"做"，是一种强调动态性的"生活"。最后，升华了美术教学评价的方法论。我国学者从方法论角度提出"导向美学精神的课程评价"，认为导向美学精神的课程评价也许是后现代课程评价的最高形式。传统美学以研究艺术作品作为美的永恒不变的标准，而今的美学以一种更鲜明更有生命力的美学形态出现，日渐从对康德美学的批判走进"生活世界"，艺术与生活的边界越来越模糊，审美日常生活化、日常生活审美化成为常态。这种美学发展的转变，直接将"审美态度"引进现实生活，成为一种生活美学。生活美学取向的教学评价，也逐渐将评价目光转向学生的生活世界，这种回归生活的美学取向评价，源于教育事实、教育事件和教育生活中美的感动和享受，崇尚教育事件带给评价主体和共享评价过程与结果的人们带来美的愉悦。评价以尊重学生个体生活经验为前提，以学生在生活和教育中美的感受为基准。评价主旨在于将美的能力应用于生活，走向审美化人生，拓展审美的意义，使美术教学的美学理念更有张力。

（三）美术课程教学评价的生活美学取向

以生活美学为基础的美术课程教学评价，相对脱离了现实生活和美学理论的量化课堂教学评价而言，力图以生活美学为基础，重新看待美术课堂教学评价中的一系列问题。它是一种评价理念，而不是一种具体的评价方法，不是技术性的，而是一种关于怎样臻于"美"、实践"美"的活动。在生活美学取向的教学评价中，评价者以审美的视角关注周遭世界，用艺术的眼光看待教育事件和评价对象，弥合了主体与客体、物质与精神、知与行的分裂，是对生活世界中人的主体性价值的回归。其评价从学生所处的生活世界出发，借学生"艺术作品"为评价载体，紧紧围绕"审美育人"的评价目标考查学生对"生活美"的发现、理解和创造，倡导"人人都是艺术家，每个学生的美术作品都是艺术品"。在此理念下的教学评价观，不仅符合了课程标准中对美术学科课程性质的定义，也将其课程理念贯穿其中，更是对目前学生美术核心素养培育理念的回应。

五、美术课程教学评价与审美目标的统一

小学美术教育首要的任务是让学生形成对美术学习的兴趣，为他们的全面发展和终身学习奠定基础。小学阶段，美术教学评价应成为促进和激励学生学习的动力。通过评价，让每个学生树立起自尊心和自信心，感到自己是美术学习的主体参与者。注重综合评价，发展潜能。评价不仅要关注学生的学业成绩，而且要发现和发展学生多方面的潜能，了解学生发展的需求。在学业评价的范围上，不仅应该有美术学科的知识能力的评价，还要关注学生在学习过程中的参与意识、合作精神、审美情趣、态度爱好、构思创意、探索能力等多方面的综合评价，促进学生的全面发展。尊重个性差异，多样评价。学生发展的差异是客观存在的，学业评价应体现分层教育、因材施教，要保护学生的个性特长，充分挖掘学生自身的潜能，使每一位学生都能看到自己的进步和闪光点，从而树立起学习的信心并在原有的基础上得到提高。

《美术课程标准》中明确提出了美术教学评价的建议，美术课程评价应以学生在美术学习中的客观事实为基础，注重评价与教学的协调统一，尤其要加强形成性评价和自我评价。既要关注学生掌握美术知识、技能的情况，更要重视美术学习能力、学习态度、

情感和价值观等方面的评价。

（一）依据美术课程标准进行评价

在评价中努力体现标准的理念和目标，充分发挥评价的激励与反馈功能，帮助学生树立学习信心和发现自己的不足，促进学生在美术学习方面的发展。同时，通过评价获得准确的信息反馈，帮助美术教师不断改进教学工作。例如在讲授《下雨了》一课时，课堂伊始，同学们情绪并不高涨，回答问题的同学寥寥无几。于是教师灵机一动，问道："小动物很喜欢绵绵细雨，你们知道都有哪些小动物吗？它们是怎样表现的？"只有一名学生举手回答："小青蛙呱呱呱地叫个不停。"教师对着这名同学微笑并鼓励他："如果你能表演一下就更好了。"只见这位同学先是犹豫了一下，便大方地走到讲台前，一边"呱呱呱……"叫个不停，一边做着动作，可爱极了。教师及时表扬了他出色的表演，并奖励他一个小卡片。此时，有几个胆子大的小男孩也跃跃欲试地想要表演，于是教师让他们一同上来表演，有的表演小白鹅在舞动着翅膀，有表演小鸭子嘎嘎嘎地叫，还有的表演小象用长鼻子喷水花……教师对他们赞叹道："你们表演得真生动啊，这是奖励给你们的卡片。"其他同学顿时都积极

▲ 学生作品

踊跃地想要表演,同学们各显其能,课堂气氛非常活跃,一个又一个高潮接踵而至。

在美术教学中,发挥评价的激励与反馈功能创设各种各样的角色令学生好奇,让学生在学习中体验不同的角色,对活跃气氛、提高学习的兴趣特别有效,深受学生喜欢。每一位学生都希望有一个展示自我的舞台来展示自己的才华,教师应以不同的方式来激励学生积极参与课堂活动,发挥他们表演的专长,让他们给同学们展示,并对他们的表演给予肯定的评价,这样既肯定了他们的表演,又激发了其他同学的表演欲望,使课堂气氛达到了一个又一个高潮。教师应该充分调动学生积极性,抓住学生的闪光点,激发他们的兴趣以及探索的欲望,这样才能对孩子的身心达到事半功倍的效果。教师应尝试用多种的情境创设结合评价方式,才能适应不同个性和能力的学生有步骤、有层次,由浅入深,循序渐进地学习美术,使每个学生在自己原有的基础上都有所发展。

(二) 注重美术学习表现的评价

不仅依据美术作业评价学生美术学习的结果,而且通过考查学生在美术学习过程中的表现,评价其在美术学习能力、学习态度、情感和价值观等方面的发展,突出评价的整体性和综合性。评价可以采用个人、小组或团体的方式,在学习过程中进行或在学习结束后进行,并以适当的方式向学生反馈评价的结果,以鼓励多样化的学习方式。

(三) 采用多种评价方式评价美术作业

鼓励采用学生自评、互评、教师评议及座谈等方式对学生的美术作业进行评价。评价结果可以是分数、等级或评语,也可以是评语与等级相结合的方式。对学生美术作业的评价可以从创作构思、表现方式及技能等方面进行,既要充分肯定学生的进步和发展,也要使学生明确需要克服的弱点并找到发展的方向。

在美术作业评价中采取分数评定方法,学生根据教师的要求给自己的作业打一个适合的分数,教师主要起引导调节作用。教师结合作业给予评语和分数的这种作业评价方法,通过让学生自己评估自己的作业,在培养学生观察能力、分析能力的同时,让其树立起"只要努力我也会得好成绩"的健康心理,应该说还属较有新意的一种作业评价方式,学生参与主动性、积极性非常高。

(四) 鼓励运用美术学习档案袋、展示和课堂讨论等质性评价方法

美术学习档案袋是一种用来记录学生整个美术成长过程的资料夹。学生在档案袋中汇集美术学习全过程的资料,包括研习记录、构想草图、设计方案、创作过程的说明、自我反思(如对自己的学习历程与作品特征的描述、评价、改进的设想)、他人(如教师、同

学、家长）的评价等。适时举办以评价为目的的展示和课堂讨论活动，鼓励学生参与评价的过程，与教师共同完成美术学习的评价。

建立学生美术档案的目的是把学生美术学习的过程和结果用文字、图片等方式记录并保存下来，供研究总结或传承。我们主张把建立学生美术学习档案与学生自我评价结合起来，让学生把自己学习过程中的情况和资料收集归类，以便自我总结，不断完善并促进发展。学生通过建立美术学习档案，能提高学习的主动性，促进其在原有的水平上发展，有效地提高美术学习的质量。教师也可以通过学生的美术学习档案，了解学生的学习态度和学习特点，了解学生美术知识、技能的掌握情况以及学习观念和方法的改进情况，发展学生的潜能，了解学生发展中的需求，及时给予针对性的指导。

（五）审美能力提升的评价目标

在评价目标上，美术教学评价的目标是引导学生以正确的审美姿态品读作品美，进而品读人生，为生命构建诗意的精神世界。基础教育阶段的美术教学，更是以锻炼学生的创造能力、提高学生的生活品位为重心。以生活美学来规定或制约美术教学评价活动，让评价更多地关注学生美术学习在生活中的应用，关注学生如何通过"美术表现"与"创意实践"将美术与生活结合。"美术表现"与"创意实践"都是美术核心素养的构成内容，具有创意实践素养的人能够运用创新性思维，大胆想象，尝试创作有意义的美术作品，能够通过各种方式搜集信息，运用传统与现代媒材、技术和美术语言创造视觉形象。以学生"审美能力"提升为目标的评价，是在关注学生"美术表现"与"创意实践"的同时，关注学生"审美能力"的表达。生活美学将"美术表现"与"创意实践"作为一个"审美"动态发展的过程进行考查，与生活本身的连续性一致。评价的目标不再是对学生美术知识与绘画技巧的考查，而是运用"美术表现"及"创意实践"对"生活美"创造，进而达到一种对"审美能力"提升的观照。

（六）审美体验的评价标准

在评价标准上，生活美学倡导以学生的生活经验和成长过程为依托进行美术教学评价，以评价活动中获得的审美体验为评价标准，强调艺术作品的审美实质就是情感体验。审美体验是审美活动过程中的中心环节，它突破审美对象外在形式而进入内在意蕴，具有情感共鸣、意蕴领悟的特点。审美体验的基础在于一种文化理解，具有文化理解素养的人能够从文化的角度理解和观察美术作品，进而与审美对象在心灵深处进行精神交流和生命的对话。在美术教学评价中，以学生对作品的情感共鸣和意蕴领悟为审美体验的评价标准，体现美术教学评价对学生文化理解素养的观照。从认识论的角度看，审美体验是一种特殊的认识方式,通过学生与作品之间的彼此"认识",有助于学生今后"美术表现""创意实践"等美术形式的表达。以"审美体验"为标准的评价,真正关注学生与作品间情感的交融,注重美术带给学生在情感生活及内心世界的影响,这既是生活美学所倡导的,又是美术教学最理想的状态。

(七) 主体参与的开放性评价

在评价关系上,美术教学评价力图打破传统的"教师对学生"单向评价的局限,主张"主体间性"的对话式评价,强调主客体关系的消融。美术课堂"主体间性"的评价视角,使得学生和教师同成为评价主体,从根本上革除了师生间的不平等,将教师与学生之间的交流与理解变为可能,评价活动成为评价主体间的相互交流经验的互动过程。这一"主体间性"的师生关系,是课堂焕发生命活力的保障,是师生交流的前提,也是对学生核心素养培育的条件。"教学本质上就是师生之间以对话、交流、合作为基础而进行文化知识传承和创新的特殊交往活动。"学生在评价过程中享受平等的交流,享受充分的主体性地位,享受教师的充分肯定,享受评价体验带来的快乐。为学生适应未来生活的需要做了准备,同时为满足时代需求下课程变革的新要求,提供新的理论给养和观点支撑。学生在评价的过程中,不仅收获一份学习的反馈,同时也获得一份肯定的自信,这份"自信"是未来生活的需要,也是个人素养的重要组成。

1. 学生间的相互评价

由于学生与学生之间更了解彼此的兴趣、爱好,更易沟通情感,因此,在评价过程中,我们强调评价主体的多元化要求学生积极参与互动评价,促进评价双方沟通理解,建立积极、友好、平等和民主的评价关系,促进学生个性的发展。学生与学生间的相互评价可用语言直接表达,也可用互写评语的方式。

2. 教师对学生的评价

(1) 对学生美术学习活动表现的评价。

评价不是为了区分而是为了改善。因此我们不能只根据学习的结果而评价学生的好坏,而是重视对学生美术学习活动表现的评价,对其在学习能力、学习态度、情感和价值观等方面的发展予以评价。突出评价的整体性和综合性。

每一个学生都是一个具体的丰富多样的活生生的人,而不是一个模子倒出来的抽象的"人",我们在美术教学评价活动中应尊重学生个性,充分发挥学生的主体性。学习活动表现评价要求对学生在美术学习中的客观行为,进行观察记录和分析,对学生的美术学习参与意识、合作精神、操作技能、探究能力、认知水平以及交流表达能力等进行全方位的综合评价。学习活动表现评价可以针对个人、小组或团体的方式,既可以在美术学习过程中进行,也可以在学习结束后进行。对每个学生的每一次参与都应给予鼓励性的评价及正确的引导，评价结果以简单的形式加以记录，并给予学生恰当的反馈，以鼓励多样化的学习方式。

（2）对学生学习活动结果的评价。

对学生学习活动的结果也采用多样的评价方式，主要应对学生的观察能力、想象能力、思考能力和创造能力等，进行全面评价。美术教师应努力改变只记等级的单一方式，并根据美术学科特点选用灵活多样的评价方式，注重与学生生活实际相联系，评价学生关注生活、独立思考和美术表达的能力，学习结果采用等级与评语相结合的方式。

六、美术课程教学评价的具体实施

由于课堂评价具有形成性功能，人们往往把课堂评价与形成性评价联系在一起，甚至有学者认为"课堂评价其实是一种典型的形成性评价"。将形成性评价运用于课堂教学和学生学习始于布鲁姆（Bloom, B.S.）等人的研究。布鲁姆等人在1971年出版的《学生学习的形成性评价和总结性评价手册》一书中明确指出形成性评价运用于课堂的各种可能和应发挥的作用。

"形成性评价最重要的价值是能够为学生的学科内容学习和每个学习单元的行为表现提供帮助"，也就是在学生学习过程中对学习进行必要的检测，诊断学习中存在的问题，通过必要的矫正帮助学生掌握学科知识。需要注意的是，这里的形成性评价对于教学来说主要在于补救和矫正，而不是改善教学，因为形成性评价主要由教师进行组织和实施，对所有学生提出相同的目标，在学生学习一个阶段（通常是一个单元）之后，对学生进行形成性测验，诊断、分析和解释学习结果，提供补救措施，矫正学生的学习行为，帮助被评价的学生达到预设的教学目标。可以说，这种形成性评价只面向学生过去或当下的知识学习结果，不关注学生后续学习行为的改善。

（一）活动评价游戏化

活动评价是美术活动必不可少的环节，教师对学生美术作品的评价态度、标准、方法将直接影响学生参与美术活动的兴趣和积极性，影响学生对美术作品的态度、对美的鉴赏能力。那么，如何对学生的美术作品进行合理的评价呢？

1. 利用小动物评价学生作品

小学生喜欢小动物，评价学生作品时，我们利用小动物开展生动有趣的评价活动。如泥工《七彩太阳》，我们请来了小猴子挑选它梦中的太阳；在《小老鼠找春天》中，我们请小老鼠来找最美的花等。在肯定学生进步的同时提出努力的方向。因此美术活动成了学生最喜欢的活动。他们常常会问："老师今天有美术课吗？"当得到肯定的回答后，孩子们都会高兴得跳起来。

2. 以帮助小动物的形式鼓励学生互评

我们还常常采用帮小动物的方式鼓励学生大胆评价同伴的作品。如在《帮兔姐姐设计新衣》的活动中，我们请小朋友帮兔姐姐选衣服，要求学生在众多的绘画作品中，选出自己认为最好、最漂亮的美术作品，并引导学生说出为什么，在互评的过程中，既提高了学生的审美能力，又提高了学生的口语表达能力。

3. 根据教学内容，评价有所侧重

不同的美术内容，有不同的评价特点。如《小青虫找朋友》《甜甜的糖葫芦》等作品应侧重于构图和色彩，而《圆形宝宝变魔术》《我为洋娃娃设计冰淇淋》等则侧重于想象力和表现能力。因此在评价学生作品时，根据不同的绘画内容，在评价方式和评价内容方面都有所侧重。在评价过程中，我们一方面分析作品应选取的不同角度，另一方面注意每次活动评价的不同联系，让学生在潜移默化、日积月累、一次次经验迁移的过程中，不断提高对美术作品的欣赏水平，实现美术活动的教育目标。

趣味游戏教学在小学美术教学中有着极其重要的作用，是锻炼学生美术思维以及培养学生艺术想象力的有效办法。在教学的过程中，我们必须坚持一切为了孩子，一切从实际出发，才能更好地将趣味游戏教学应用于小学的美术教学中。

【案例】

拼贴添画

一、教学目标

知识与技能目标：

学习拼贴画的方法，巧用各种废旧纸材，打破时间和形的序列重组拼贴，添画相应背景、色彩和内容，突出新主题，创新表现作品，从中感受其艺术形式美。

过程与方法目标：

运用演示探究、小组合作等方法，引导学生多角度参与学习活动，培养创新能思维能力和构思画面、完善画面的能力。

情感、态度与价值观目标：

激发学生发现美、创造美的意识。倡导废物利用、节约环保的理念。

二、教学重难点

教学重点：

利用收集的废旧挂历、广告纸、彩纸等进行拼贴添画创作。

教学难点：

灵活运用手中的素材，打破时间和形的序列重组拼贴。拼贴出添画相应背景、色彩和内容，突出表现创作主题。

三、教学准备

各种图片素材；各种纸张；各色卡纸；双面胶或者固体胶；剪刀。

四、教学设计

（一）感悟发现

第一步——创境激趣

老师想考考大家，你们知道这三幅画的名字和作者吗？

《蒙娜丽莎》——达·芬奇

《自画像》《夜间咖啡馆》——梵高

达·芬奇是文艺复兴时期的先驱，而梵高则是后印象派的翘楚，两个人相差数百年，绘画风格也不尽相同。如果我们把这三幅画放在一起，会产生怎样的效果呢？（幻灯片出示拼贴画）

（设计意图：激发学生兴趣，导入课题。）

第二步——体验感悟

这幅画和我们平时看到的艺术作品有什么区别？

（我们平时看到的多是绘画，这幅作品是用多张图片拼贴而成的。）

这幅作品是用拼贴的方式完成的。同学们喜不喜欢这种方法？想不想用这个方法做一个作品啊？

（设计意图：引导学生发现作品的主题。）

（二）探究方法

第三步——交流探讨

我们来看两幅作品，它们还没有名字，哪位同学能给这两幅作品起个名字？

你能说一说为什么给它起了这个名字吗?

老师手里也有很多的素材,同学们看一下老师手里的素材能够拼成什么主题的作品?

(设计意图:探究在确定主题的基础上,如何筛选手中素材,增强学生对画面主题的认识。)

第四步——演示探究

欣赏作品,观察不同的拼贴方式:

空间重组拼贴;时间重组拼贴;属性重组拼贴。

老师手中的素材可以拼贴成什么样呢?

我们拼贴完成的画面已经很好了,老师觉得还可以再漂亮一些,老师现在利用手中的画笔来丰富画面。

欣赏作品:这些作品都有添画的内容,因此它们的画面才更加生动有趣。

(设计意图:引导学生发现拼贴方式的不同,开阔设计思路,为后面创作作品做铺垫。巩固拼贴方法,解决构图问题。)

(三) 联想创造

第五步——欣赏提升

这种创作方式不仅同学们喜欢,有一些艺术大师,他们也很喜欢这种方式。

《吉他》——毕加索

《剪纸》——马蒂斯

《静物》——韦塞尔曼

(了解各种添画方法,明确添画的意义。感受拼贴画的艺术魅力。)

第六步——想象创作

这堂课我们主要学习了拼贴画的制作方法,也发现了在拼贴的基础之上,可以通过添画来使画面主题更突出。以小组为单位,利用你们手中的素材,通过剪贴、拼组、添画的方式来制作一幅有主题的拼贴画。

(学生创作,教师巡视辅导。)

作品完成后进行展示,学生互评,教师点评。

评价要点:构思新颖、突出主题、巧用材料、添画精美。

(设计意图:学生大胆动手实践,有创意地自由发挥想象。)

（四）总结

同学们做得都非常好，关键是，我们把桌子上的纸张，大部分都运用上了。其实啊，这些纸张很大一部分是大家平时收集来的废旧纸张，这些东西在生活中都十分不起眼。可是我们还是用它们创作出了有艺术感的作品。

其实生活中任何一样事物都可以成为艺术的来源，让我们用一双善于发现美的眼睛、一双灵巧的手和一颗热爱生活的心，把废旧的物品变废为宝，让我们的生活变得更有乐趣。

▲ 学生作品

（二）评论——在感受理解中完善审美观点，即欣赏评述教学的基本程序

传统的欣赏教学中是以老师对作品的评价为主，学生只是被动地接受老师的观点，根本没有发表自己见解的机会，这种带有"权威性"的评论，常常不被学生理解和认同，因为它只代表了成人的观点，但如果脱离了老师的引导，学生往往又会无所适从。美国乔治大学教授，著名的美术理论家费德门根据从感性到理性的认知规律，大体把美术欣赏分为几个程序：描述、分析、解释、评价。为了让学生有条理地欣赏作品，把想法准确

表达出来,某教师结合新课标的要求及教学经验,在欣赏教学中,把评论活动分为四个步骤:(1)描述;(2)感受;(3)理解;(4)评论。

如在欣赏米勒的《拾穗者》时,教师按以下四步来引导学生评论。首先是描述,让学生说说在画面上都看到了什么,一开始学生只是用"三个农妇在拾稻穗"一句话就结束了,我启发学生继续观察:"怎样的三个农妇?动作分别是什么样的?还有些什么景物?"等,几次以后,学生便对画面观察得很仔细,描述也很详尽了,这对理解作品内容和作者意图有了很大帮助。

其次是感受,请学生回答:看了这幅作品,你有什么感觉?这幅画给学生的感受是不同的,有的感受"秋天金黄、灿烂的景色";有的是感受"对三个农妇贫苦生活的同情";有的是感受"对劳动人民朴实勤劳品格的赞美"。

再次是理解,即从美术角度来看,分析作品的构图、造型、色彩等美术语言。如三个农妇柔和的笔触、雕塑般的造型,突出了劳动人民朴实健康的自然美;地平线以下的构图方式,使人感到生活的压抑;色彩上金黄色的暖调子,象征着丰收,却反衬出这丰收不属于她们的悲哀等。

最后是评论,教师提出问题:你喜欢这幅作品吗?为什么?让学生发表自己的看法和观点,有的学生喜欢画面的色调;有的喜欢画面表现了秋天的空旷、辽远;有的喜欢作者很恰当地表达了自己的思想……总之,学生们各抒己见,对这幅作品进行了充分的评论。

(三)再创造——在实践体验中深化审美感受,即欣赏评述教学与造型表现教学的结合

在美术欣赏中,尤其是绘画欣赏,对表现方法的理解体验,光靠眼、嘴来理解是不完整的,教师应充分调动学生的眼、脑、手,立体化、全方位地来体验作品。俗话说:动口不如动手,通过让学生创编欣赏的作品,从大师的作品上进行再创造的活动,增强了学生对美术作品表现方法和绘画意图的理解,促进学生的心灵与作品产生共鸣融合,从而获得鲜明、深刻的美感体验。

如在欣赏梵高的《向日葵》时,在对作品全面了解的基础上,教师可让学生也尝试来画一画,可以变换作品的色调、构图,或者学用画家的笔触、色彩来画一画自己喜欢的花卉。学生对这一活动非常感兴趣,积极地投入创作中。在欣赏达·芬奇的《蒙娜丽莎》时,教师可为学生展示现代艺术家们创造的《蒙娜丽莎》新形象,如达利的、博特罗的蒙娜丽莎等,调动学生的情绪,打破作品的神秘感,增强学生敢于创作的信心。教师可启发学生:"你心中的蒙娜丽莎是什么样的呢?""想想看,她在做什么?"……给学生充分想

象的空间,引发他们创作的欲望。有的学生把画面的背景进行了改变;有很多学生把人物形象进行了再创造:把蒙娜丽莎变成了卡通形象;变化了蒙娜丽莎的表情;抱小孩的蒙娜丽莎;歌唱家蒙娜丽莎;海底的蒙娜丽莎;漫步太空的蒙娜丽莎;现代蒙娜丽莎;还有让蒙娜丽莎的手里拿着饮料,变成了一幅广告画……学生创造出了属于自己的艺术新形象。在这个再创造的过程中,学生的情感被充分调动起来,个性得到了张扬,从中也体验到了欣赏活动的乐趣。

【案例1】
向大师学画点

一、教材分析

本节课是欣赏梵高的作品,并且学习他的一些绘画技法。我们欣赏梵高的作品,主要引导学生从色彩中体会情感,但学生往往不知怎样具体去画,因此在本课设计中我从技法"点"切入,用简单的演示、添加,使学生产生情感共鸣,能从画面中了解绘画语言,从技法上和画家拉近了距离。

二、教学设计

在教学环节设计中,我主要分为六步:猜点——联想;说点——感觉特征;找点——发现;画点——两种表现方法;评点——点造型;展点——点的多种运用。

(一) 导入

今天这节课,老师先在黑板上画几笔,看我画的是什么。看到这些点,你能想到什么?能把它变成什么? (雨点、蒲公英) 这些点你还能想到什么呢?

不要小看这些小小的点,它能使我们产生丰富的联想。有一位绘画大师很善于用点来作画,这位大师就是荷兰大画家梵高。

本课的导入由点的想象引入,激发学生的兴趣,使学生对点有了初步的了解,从而为下一步的找点和画点打好基础。

(二) 欣赏:出示梵高自画像

这两幅自画像在用笔上有什么不同?

运用点的作品和没有运用点的作品在感受上有什么不同?

小结：通过点的运用，画面更生动，更有活力，更能表现出强烈的情感。今天我们就来学习点的运用。（出示课题）

（三）作品分析

出示作品：《塞莱斯大道》《星月夜》《桥》《麦田与乌鸦》。

这四幅作品中你发现了什么样的点？

请学生拿笔在纸上把看到的点画一画。请几名学生上前面画点。

教师和学生共同分析画中表现的不同的点。

（四）教师演示

教师在学生的画面上进行想象添加。

教师演示用点的方法来作画。

运用点作画的方法有两种：先画点再想象添加；先画形象再画点。

在演示这个重点步骤中，我分为两个环节：一是在学生的点上添画出形象，注重想象；二是直接用点来作画，注重笔触的运用。这样设计比较有梯度，使学生从易到难，能较快地掌握知识技法。

（五）欣赏学生作品，具体分析作品中用点的方法

课的最后进行拓展：欣赏"点彩派"的作品；欣赏黑白点画作品；欣赏纸片制作的镶嵌画。

通过这节课的学习，学生不但学会如何欣赏大师的作品，而且学习了大师的一些绘画技法，和画家拉近了距离，同时增强了学生的自信心：原来我也能像大师一样去画画！

【案例2】

青花瓷

一、教学目标

知识与技能目标：

初步围绕着掌握青花瓷的造型、图案设计运用，感受传统艺术的魅力。

过程与方法目标：

通过画一画、剪一剪"青花瓷"，提高学生观察力和想象力，发展学生创新思维的能力。

情感、态度与价值观目标：

激发学生对传统艺术的热爱。

二、教学重难点

教学重点：

感受青花瓷的独特魅力以及对称概念在青花瓷造型的运用并了解青花瓷的相关知识。

教学难点：

如何能让学生创作丰富、多样的图案、造型。

三、教学设计

（一）尝试发现

请学生欣赏一组根据青花瓷设计元素设计的生活用品，让学生说一说，这些图片中的物品有什么共同特点。

引导学生到白色的物品和蓝色的花纹这个层面。这些设计风格的日常用品，设计师是从哪儿得来的灵感呢？又让你联想到了我国的哪一种传统艺术？（学生交流）

师：是啊，设计师从我们的青花瓷器中发现了美，并运用到了我们的现代生活中。九月艺术节开幕式，其他班级同学们也设计了青花瓷作品，你们想试试吗？（揭题：《青花瓷》）

今天我们就来了解一下中国的瓷器，尤其是瓷器中深受人们喜爱和广泛应用的青花瓷瓶。（课件出示青花瓷瓶作品让学生欣赏）

师：同学们了解的有关青花瓷方面的知识有哪些？只要跟青花瓷有点关系就可以，谁愿意先说一说？

青花瓷又称白地青花瓷，常简称青花，是中国瓷器的主流品种之一，属釉下彩瓷。青花瓷是用含氧化钴的钴矿为原料，在陶瓷坯体上描绘纹饰，再單上一层透明釉，经高温还原焰一次烧成。

（二）探究形成（交流探讨、演示探究）

1. 青花瓷瓶有哪些组成部分？

你喜欢哪个瓶子，外形什么样？（4～5张图片）

这些瓶子的共同点？对称。

教师演示。

2. 小组讨论

(1) 青花瓶上的图案以哪部分为主？哪几部分为辅？

(2) 青花瓷瓶主纹图案特点？辅纹图案特点？

(辅纹装饰一般以一种图案左右重复排列形式较多见。)

(主纹装饰有重复的也有完整画面的。)

青花瓶纹饰题材有哪些？

(吉祥图文、山水人物、动物和风景。)

3. 教师演示。

(三) 欣赏提升

出示学生作品欣赏。

(四) 联想创作

1. 利用青花瓷瓶对称的特点，画剪一个你喜欢的青花瓷瓶。

2. 用点线面结合的方法选取你喜欢的题材画一个青花瓷瓶。

(五) 展评，拓展延伸

播放课件，展示利用青花瓷为元素而设计的大量作品。希望同学们用学到的本领，去装饰美化我们的生活，让我们的生活变得更丰富多彩，也希望同学们多学习中国传统艺术，并将它发扬光大。

▲ 学生作品

▲ 学生作品

四、教学反思

　　设计本节课的初衷是为迎接学校以"弘扬传统文化　展我艺术风采"为主题的艺术节开幕式，我就在想哪一节课和传统文化有关，如何以这一节课为依托进行改编创新，让孩子在更大的舞台上充分展示自己创意，在翻阅《珍爱国宝》这一课时，我就被我国传统瓷器——青花瓷深深吸引住了，因此我设计了一节青花瓷的欣赏·评述与造型·表现结合课，首先我从身边的生活入手让学生寻找青花瓷元素，使学生在一种很亲切且熟悉的情境下去学习我国传统文化，并通过小组探究了解我国青花瓷器中瓷瓶的特点，包括造型、图案。比如瓷瓶的造型多是对称，为了排除孩子们画对称图形的困难，我巧妙利用对边折剪的形式，既提高了孩子们的动手能力又深刻地体会到了对称美感。在探讨图案时我从两方面入手：一是图案的分布，二是各部分图案特点，在培养学生归纳总结能力的同时使学生了解了瓷瓶设计上的奥秘所在。如瓶腹装饰为主纹图案上有二方连续纹样或完整风格画面，辅纹装饰一般以一种图案左右重复排列形式多见。学习内容层层递进，课上同学们的热情很高，创作欲望很强，个个都是能手，对青花瓷瓷瓶的装饰创作也是各有千秋。美术是一门特别的学科，许多孩子都喜欢。它能让学生学到绘画与制作的本领，培养学生的综合能力，发挥学生在各个方面的才华，也可以教育学生树立审美的观念，培养学生认识美、创造美的能力，它是一门其他教育所不能取代的。我所给予孩子的不是单纯的学习方法或文化背景，而是让他们知道，只要仔细观察，你将有能力发掘更大、更美妙的美感。

　　通过这一节课的教学，我也意识到了自己还有不足的地方，如留给学生的活动时间少，本节课的青花瓷内容容量大等问题。在以后的教学中，我要不断反思自己的教学，只有这样，才能使自己不断进步，也能让学生在有趣的课堂教学中学到更多。

【点评】

本节课教师以传统文化为中心,以五年级《珍爱国宝》欣赏课为依托,创造性地设计了一节青花瓷的欣赏·评述与造型·表现结合的课,让学生在一个轻松、活泼、和谐、互动、探究、创新、开放的情境活动中,敢于尝试,既学习到了美术的知识和技能,又获得了丰富多彩的体验,品尝到了美术活动的乐趣,身心得到舒展,情感得到释放。

如果说教学思想决定着教学行为的方向,那么教学态度就决定着教学行为的努力程度。

听课的老师们都感受到了教师的教学态度非常严谨认真。一是课前准备充分,教具齐全、课件精美、教案熟练。二是课堂表现沉着、思路清晰。三是目标明确、重难点把握得当,课堂结构合理,课堂练习循序渐进,层层深入。这些说明执教者课前、课外下了不少的功夫。教师教态自然,语言清晰,语言表述准确,操作演示熟练,学生参与率高,体现素质教育。在教学设计上注重联系生活:从现代生活用品引入然后到古代青花瓷艺术,最后再回到现代生活对青花瓷艺术的应用。重点内容比较清晰,对青花瓷的艺术魅力剖析得也比较深入。

遗憾之处在于这样的内容架构,容量太大,要求学生全部理解透彻,一节课的时间是不够的。

在教学方法探究实践的过程中,各个层面的教师都得到不同程度的认知与提高。"教无定法,贵在得法",无论是以直接感知为主的教学方法,还是以情境式教学为主的教学方法,美学应用美术教学方法并没有一个固定的模式,因此,就需要我们教师在教学中积极探索,根据不同的课型、不同的学生特点,丰富教学内容和教学方法,引导学生多角度提升审美素养,从中找到一条适合自己、适合学生的新路!

学生的美术作品无"好""坏"之分,只有"好"与"更好"、"优秀"与"更优秀"可言。只要他在创作,教师就应肯定他,使每个学生对自己的作品都很自信,勇于创新,让学生在作品中敢于表达自己对生活的情感和态度。他们的画在成人看来也许很稚拙,但每一幅画他们都有这样画的理由。因此,美术教师应充分发挥评价在激发创作欲望,促进学生潜能、个性、创新精神等方面的作用,使每个学生都具有自信心和持续发展的能力。

中小学美术课堂的教学并不是单一的知识讲授,学生被动地接受,而是一个互动的动态化过程,为此教师一定要创新教学方法,优化教学过程。在开展多元化评价的时候,分清主次,做好调控,这样肯定能提升教学的质量。多元化的课堂教学评价颠覆了以往的单一性评价,激活了课堂,优化了教学过程,促进了美术课堂的教学发展,也促进了学生的全面发展。

第四节　新时代美育中美术教育新路径探索

美学是研究人与现实审美关系的学问,是研究美、美感、美的创造及美育规律的一门科学。而美育则是在这基础上以培养审美的能力、美的情操和对艺术的兴趣为主要任务的教育,对培养学生的艺术修养,提高审美意识和能力,提高想象力和创造力,促进学生的全面成长也有着非常重要的作用。特别是美术欣赏教学作为学生认知美、感受美的重要途径,对培养学生的审美意识、审美能力和鉴赏能力起着极其重要的作用。

新时代的美育评价的任务是"改进结果评价,强化过程评价,探索增值评价,健全综合评价"。这四个评价也为科学有效地开展课堂教学评价确立了总基调,突出育人性、整体性、生成性、发展性和综合性。因此,课堂教学评价的核心指标就应该是课程育人功能、教师育人功能和学生主体发展动能这三个基本要素的体现与达成。

作为有着多年美术教学实践经验的小学美术教师,我们深刻地体会到了,教师不仅要认真地传授美术知识,在培养学生创新能力的同时还要重视美的熏陶,努力实施美育。让美术课堂涌动着真情、充溢着美感、焕发着生命的活力。为了让美术课堂更加贴切学生自身年龄特点,使之更具有魅力,我们在美术课堂教学中应用美学原理,对学生实施美育,在课堂中实施新时代的美育评价,主要做了以下几个方面的尝试。

一、传授美学知识,感受建筑艺术的美

美术欣赏是个体的审美活动,建筑作品是承载艺术、科学、历史、政治、经济和文化的综合体,如果让学生独自欣赏,比较困难。在《建筑艺术的美》一课教学上某教师采用"引导探究法"。充分利用多媒体教具和图片,不断采用欣赏、启发、讨论、归纳相结合的教学方法,让学生了解中外建筑的艺术特征和不朽成就。同时,学生通过对古代建筑宫殿、教堂、陵墓、艺术风格形成原因的分析,训练了学生分析问题、探究问题的能力。引发学生对建筑的关注、认识和兴趣。一座建筑代表了一个时代,一座建筑有它的文化内涵,造型表现背后更蕴含着深远的人文思想,激发学生对多元文化的了解与包含,感受到了宫殿建筑的壮丽威严、教堂建筑的冷峻清奇、陵墓建筑的静穆永恒,感知了现代建筑造型简洁、形式自由、经济合理、注重功能的时代气息。在对古代建筑学习上着重欣赏了故宫,

并出示了几个关于故宫建筑中的问题。例如："云龙大石雕中的图案是什么意思？""故宫大门上的门钉和铺首是什么意思？""太和殿屋檐上的仙人走兽叫什么名字？""故宫的黄色屋顶和红色墙壁产生什么效果？都代表什么含义？"通过同学们的交流，说一说你对故宫的印象和感受等问题。提高了学生归纳、交流的能力，同时利用师生、生生互动的学习方式，培养学生倾听和思考的意识，共同了解故宫的历史以及色彩、造型特点，感受故宫建筑的高雅、非凡与宏大的气势，增强了学生的民族自豪感。在现代的建筑装饰设计中应用传统文化，不仅能够改变建筑设计的风格特点，还能够最大限度地宣扬中国的传统文化。近几年，中国传统元素在建筑装饰设计中被大部分应用等方面的讲解，拓宽了学生视野，提高了学生的创新能力。

例如《多种多样的建筑》一课，通过欣赏中外著名建筑使学生初步了解中外建筑艺术的特色及其高超的建筑设计水平，以培养学生热爱祖国、热爱人类的思想感情。通过了解建筑与环境的关系，让学生了解建筑是一种实用与审美相结合的艺术，在服从功能需要的基础上，表现出各自不同的艺术风格，培养和增强学生的环保意识，从而使人类的生活变得更加丰富多彩。

1. 人民大会堂（中国）

人民大会堂建成于1959年。正面有12根高25米的浅灰色大理石门柱，在连体上也以柱廊相连，顶部为琉璃檐，具有鲜明的民族特色。它反映了中华人民共和国成立十周年期间建筑艺术的新水平，吸收了西方古典建筑的一些手法与中国古典建筑的形式，但不是简单的模仿，而是经过改造，体现了自己的面貌。

2. 悉尼歌剧院（澳大利亚）

悉尼歌剧院的设计师伍重，运用象征性手法，把整个建筑设计成像一艘乘风破浪的大帆船，具有十分鲜明的艺术个性，也使这一建筑成为澳大利亚悉尼市的重要标志。该建筑建成于1973年，外形像巨大的贝壳。从四面八方看，它都是一个漂亮的立面造型，甚至从飞机上看也很美观。建筑师将歌剧院的音乐厅、歌剧厅、餐厅的上方，覆盖了三个像贝壳又像白帆的大屋顶。该建筑由两个既分离又相互联系的部分组成，其一是挂贴石片的平台和基座，其功能包含了汽车入口、工作场、排演室、更衣室以及各种服务设施；其二则是一系列庞大的拱顶或"薄壳"覆盖于两个厅堂及前面的餐厅上。使学生初步了解中外建筑艺术的特色及其高超的建筑设计水平，以培养学生热爱祖国、热爱人类的思想感情。通过了解建筑与环境的关系，让学生了解建筑是一种实用与审美相结合的艺术，在服从功能需要的基础上，表现出各自不同的艺术风格，培养和增强学生的环保意识，从而使人类的生活变得更加丰富多彩。

3. 埃菲尔铁塔（法国巴黎）

埃菲尔铁塔是为庆祝法国大革命100周年和1889年在巴黎举行世界博览会而建造的。工程师古斯塔夫·埃菲尔采用了当时新的建筑材料（钢和铁），创造了前所未有的高达320米的建筑形象。埃菲尔铁塔的精美、壮观和气势磅礴是无与伦比的，成为法国标志性的建筑。

建筑，是带有一定的艺术性的综合体，是一种在三维空间中存在的具有体积、平面、线条、色彩等因素的立体作品，与雕塑有某些相似之处，再加上它在长期的历史发展过程中，始终与雕塑、绘画有着紧密的联系。因此，它作为上层建筑，和其他艺术一样，总是反映一定时代的社会精神面貌、情趣和理想，也是人类文明的象征。

在本课的评价上，组织了全程性评价。环节一：探前讨论。师生聚焦主题做项目式探究，围绕"我们有哪些任务""要如何完成""需要探究到什么程度"等问题进行分析和协商，从而确定具体任务。环节二：探中调控。在探究中，学生以任务如何完成为标准，自我调整学习行为，当出现意见不合、探究活动受阻碍等问题时，学会进行自我反思调整。环节三：探后反思与评价。探究结束，学生展示成果，并对自己的整个探究过程进行梳理回顾和小结。

二、体会国画优美意境，展开美好想象

创设美术学习需要情境，将审美期待这种内在的情绪化为审美注意。例如，某教师在上《齐白石》一课时，首先出示了一幅齐白石画的《虾》，让学生感受中国画的笔墨韵味。提问"这幅画是什么画，它的特点是什么？你知道作者是谁吗？"，通过学生回答，其他同学的补充，使学生了解了中国画具有悠久的历史和丰富的内涵，是东方绘画艺术的代表。齐白石作为国画大师把中国优秀的传统文化传承和发扬下来。齐白石画的虾是画坛一绝，灵动活泼，栩栩如生，神韵充盈，用淡墨掷笔，绘成躯体，浸润之色，更显虾体晶莹剔透之感。以浓墨竖点为睛，横写为脑，落墨成金，笔笔传神。细笔写须、爪、大螯，刚柔并济、凝练传神，显示了画家高妙的书法功力。齐白石画的虾来自生活，却超越生活，大胆概括简化，是传神妙笔。又通过欣赏齐白石的其他作品，进一步了解齐白石，获得了审美愉悦的同时，还认知了作品的思想内涵、形式与风格特征、相关的社会与历史背景以及作者的思想、情感和创造性的劳动。

【案例】

彩墨游戏

一、教材分析

　　《彩墨游戏》属于美术新课程标准"造型·表现"领域。旨在通过教学让学生在游戏中感受彩墨与生宣纸的特性,体验墨及色彩在生宣纸上随意渗化,产生一种特殊的变化和意想不到的效果,让学生在充分的艺术实践中发挥主动性,带领学生根据现象去发现,随着问题的出现去深入探讨。从而激发学生的学习兴趣,培养学生自主学习能力,在游戏过程中了解彩墨画是绘画的一种形式,初步认识中国画,了解绘画的工具,进行简单的彩墨画笔法的基本练习。通过学习指导学生能够控制毛笔的水分调出不同浓淡层次的墨色,加深对基本用笔技法的了解,并运用中国画的方法表现,尝试完成一幅水墨小作品。

二、教学目标

　　过程与方法目标:

　　1. 在开放式的笔墨游戏中体验、感受笔墨变化,学习水墨的画法。

　　2. 在教师的启发指导下,学习组织画面的方法。

　　情感、态度与价值观目标:

　　通过引导学生对水墨画艺术有所了解及体验尝试,激发学生创作的兴趣,体验水墨画艺术创作的乐趣,培养学生探索精神和创新意识。

三、教学重难点

　　教学重点:

　　1. 引导学生认识水墨画中浓、淡墨的变化,学会调出不同浓淡层次的墨色,加深学生对国画基本用笔用墨方法的了解,会使用绘画语言表现物象。

　　2. 在水墨画学习中培养学生形成良好的水墨画学习常规习惯。

　　教学难点:

　　引导学生根据个人水墨游戏的画面进行想象勾画,使作品体现主题性、完整性,激发学生的想象力和创造力,培养学生的笔墨造型能力。

四、教学方式、手段

1. 课前指导学生把学习用具与材料进行整理，有规律地摆放，以保证上课的效率性。

2. 上课初始，教师通过组织学生欣赏传统作品，引导学生认识水墨画艺术的特点，激发学生学习的兴趣。

3. 通过引导学生进行墨色的实践体验，使学生自主发现水与墨之间的调色关系以及"墨分五色"的道理。

4. 通过引导学生观察范图中的用笔变化，让学生认识不同的用笔方法与形塑之间的关系，并组织学生进行变换用笔的体验鼓励学生。

5. 通过组织学生观赏优秀学生的水墨画创作，拓展学生的创作思维，鼓励学生进行有目的、有主题性的水墨画创作实践，并在实践过程中灵活地运用浓淡墨，合理地变化用笔的方式。

五、教学设计

（一）组织教学环节

学生互查学习用具的摆放和准备情况。通过学生互查过程培养他们良好的学习习惯。

（二）新课教学环节

1. 笔墨感受，激发兴趣，作品赏析，艺术交流

师：请学生观察并比较在生宣纸上作画和在图画纸上作画有什么不同，初步了解宣纸和毛笔的特征。

师：因为有了宣纸，才使中国许多珍贵的历史文物能够流传至今。

课件出示：书法家王羲之的《兰亭序》、吴道子的《八十七神仙图卷》。师：随着时代的发展，一些非常有创造力的画家，大胆地对中国画进行了改革，加入了一些鲜艳的颜色，你们想看看吗？

课件出示：画家张桂铭的《荷塘情趣》《牵牛花》《葫芦》。

小组讨论。

学生说自己感兴趣的部分，教师引导学生从技法方面进行欣赏。强化学生对彩墨画技法的体验。

2. 创设游戏，集体实践，感知体验

分小组合作笔墨游戏。要求组内一名学生用颜色或墨随意画点和线，其余同学看画

的像什么，继续添画观察笔墨的变化。

师生小结：笔墨真神奇，大家的画凑在一起，用笔用墨不同会出现一些意想不到的效果。

用笔游戏。

师：刚才在游戏中是怎样执笔的？（学生体会执笔方法，进行实践性体验。）

教师组织学生按以下方法练笔：

(1) 把笔垂直或侧倒（中锋与侧锋）画点与线，观察宣纸上的笔痕变化。

(2) 不同的方向（上、下、左、右）用笔，画点与线，观察宣纸上的笔痕变化。

(3) 不同的快慢速度，用不同的轻重笔力画点与线，观察宣纸上的笔痕变化。

学生通过实践体验练习，观察自己的作品，总结出用笔的变化与画出的痕迹之间的关系。（用笔方法不同，用笔的方向不同，用笔的力度不同，产生不同的水墨变化。）

设计思想：学生根据游戏体验，进行大胆的添画活动，进行不同方向的观察，让联想帮学生进一步在水墨游戏中展现独创性，更加尽兴地进行水墨游戏。

3. 感受点线魅力，彩墨浓淡干湿变化，运用课件理解作品

(1) 欣赏《吴家作坊》感受点线结合的魅力及彩墨在生宣纸上浓淡干湿变化。

(2) 欣赏儿童作品，为创作做准备。

4. 古筝音乐创设创作氛围，学生进行练习

学生作业要求：完成一件作品起一个名字。学生展开丰富的想象进行创作，体验笔墨情趣。教师播放节奏舒缓、优美的古筝曲，创设创作氛围。

设计思想：优美的乐曲可以陶冶人的情操，激发学生的灵感和表现欲望。学生在学习活动中受到陶冶和熏陶，绘画表现时将中国画的笔墨情趣表现出来。

5. 作品展评，拓展环节

(1) 介绍自己的作品，说说画中用了哪些技法。

(2) 说说自己在画中最得意的表现是哪部分。

设计意图：引导学生介绍自己的表现。

▲ 学生作品

学生参与评价活动，学习用美术语言评价作品。启发学生发现毛笔在宣纸上偶然产生的精彩效果。形成与自己作品间的对话，了解自己在作业中的表现。

师：今天老师非常高兴，大家用毛笔、墨、宣纸做游戏，感受到中国传统文化的艺术美，作为新时代的学生，课后我们不妨也试着用水墨、彩墨来表现抒发我们自己生活中的喜、怒、哀、乐，用我们的传统艺术来表现今天的五彩幸福生活！

在本次教学中没有刻意强调孩子对于中国画技法的学习，而重点在激发孩子们在愉快的课堂中感受彩墨游戏中的偶然现象和意外效果，关注了过程性评价。课堂的评价环节并没有全部放在谁的墨分五色颜色好、谁的笔法更准确。教师在国画思维上提问学生：墨分五色过程中怎么样控制水的多少？在体会不同笔法的时候你遇到了什么困难？你是怎么解决的？通过以上教学环节，让学生学会克服困难，正确归因，培养乐观自信的精神。

三、理解陶瓷艺术、匠心独运的造型美

陶瓷艺术作为一门造型艺术，之所以能以鲜明的特点著称于世，是因其具有独特的造型形式和面貌。陶瓷的艺术性，其造型艺术之美，形制之多，文化气息之丰富，是其他陶瓷品类无法相比的。它蕴含着富有生命力的特定的精神内涵，从造型到装饰，世代相传，不断变化发展，而又不断完善，形成一脉相传。如在《古代陶瓷艺术》一课的教学中，运用陶器和瓷器的相同点与不同点的比较，从造型美、纹饰美和釉色美三个方面展现了中国陶瓷独特的艺术魅力，引领着学生去观察、分析和评述，突出了培养学生发现美、创造美的教育理念。又通过对梅瓶"小口、短颈、丰肩、修腹、小足"的理解，知道了梅瓶是中国传统陶瓷艺术中的一种典型器物，在造型和装饰等方面都达到了相当高的水平，它是中国传统瓷器中富有浓郁民族文化特色的一个代表。不仅让学生了解中国的陶瓷是传统艺术中的瑰宝，同时，学生也学会了运用正确的方法去观赏陶瓷艺术，还要渗透对祖国古老艺术的热爱之情。

当然，在课堂上我们也可以用变通的方法讲解陶瓷，让学生更多地了解陶瓷技艺。

【案例】

别致的小花瓶

一、教学目标

知识目标：

通过学习了解各种陶艺技法。

能力目标：

会利用陶艺的基本技法制作并装饰花瓶。

情感目标：

能将陶艺运用到生活中，美化身边的环境，提高学生审美能力。

二、教学重难点

教学重点：

学习手捏成型、盘条成型、泥板成型等陶艺技法，尝试包制一个别致的花瓶。

教学难点：

花瓶的各种装饰设计方法。

三、教学设计

（一）导入（尝试发现）

师：老师今天请每个小组的同学带来了两件物品：陶泥和瓶子。我们先一起来玩个包瓶子的游戏。请你们用泥将手中的瓶子包好，看哪个小组包瓶子的方法最快最别致。给你们三分钟时间，开始！（学生尝试制作）请同学们坐好，哪组同学想到前面来展示一下你们组包瓶子的方法？（学生代表上前展示介绍自己组包瓶子的方法。）下面的同学谁来说说你认为前面哪个小组包瓶子的方法既快又别致？（学生评价）老师也有几种包瓶子的特别方法，请你来看看。教师演示并提示：老师也准备了一些搓好的泥条，但是我不是在瓶子的表面一圈一圈地缠，而是将泥条十字交叉缠在瓶子表面，有镂空的部分也很特别。你还能想到怎么缠？（生：倾斜着交叉缠成网状。）我们还可以将泥条卷曲起来变成螺旋线的形状包在瓶子表面。老师又随手拿来一块泥，放在手中揉，看我揉出了一个什么形？（生：圆形。）我们同样也可以用圆形的泥球来包瓶子，也很特别，包好之后就是这样的（教师展示圆形泥球包瓶子的成品）。教师总结：原来包瓶子有这么多特别的方法，我们可以用泥条缠、泥片贴，还可以用泥球粘等。（板书）

（二）知识新授（装饰、设计）

师：同学们，我们在采用这些特别的方法包瓶子的基础上，还有什么办法能使你们手中的瓶子变得更别致？（生：加装饰。）我们今天就一起来把一个普通的塑料瓶变成一个别致的小花瓶。（出示课题：别致的小花瓶）谁能具体说说可以怎样来装饰？（生：刻花纹、印图案、彩色石子装饰……）学生边说教师边演示。教师总结：其实同学们所说的这些装饰方法统称为两种（出示课件），一种是用泥本身来装饰，另一种是选择一些材料来进行装饰。老师还带来了一种神奇的装饰方法，想看看吗？（教师演示：先把瓶口剪掉，再用剪刀均匀地剪，把剪掉的部分向外折。）这种方法不但使花瓶变得更别致了，并且改变了花瓶瓶口的大小。这么多的装饰方法我们能都用在你的花瓶上吗？（生：不能。）怎么办？（生：可以把几种装饰方法结合……）

（三）学生制作

师：你们今天想怎样来设计你们组的花瓶呢？给一分钟时间讨论。（学生介绍自己组的设计想法。）同学们的想法很好，老师今天还为每个小组的同学准备了一个百宝袋，藏在了你们的书桌里，今天就请你选用百宝袋中的材料来装饰你的小花瓶，使它变得别致。现在就赶快行动吧！（学生制作，教师巡视指导。）

（四）展示评价

学生展示自己的作品，老师课前给了每个小组同学一枝花，现在就请你把这枝花插在前面你认为最别致的小花瓶里。（一分钟时间）

教师总结：这些小花瓶有了花的装饰显得更加别致了，这个花瓶得到的花最多，是哪个小组的作品？能来介绍一下你们的设计想法吗？（小组代表介绍）还有哪组的同学想说说你刚才把花插在了前面哪个小组的花瓶中？你认为他们小组的花瓶别致在哪？（学生评价）

（五）拓展

师：看了同学们的小花瓶都很有创意，课后你们可以把它送给你最喜欢的同学、朋友或者老师。最后我们一起来欣赏一下设计师们设计的小花瓶。

【点评】

本课操作性很强，可能会有一些学生的动手能力弱一些。美术教师需要关注到学生成就感的情感需求。对作品多角度评价，用融入式评价，关注过程中的细节，及时发现学生的闪光点，激励性评价能更好地促进学生发展。

四、欣赏雕塑艺术，丰富生活美

城市的诞生和发展离不开城市的历史与文化，城市的出现作为人类文明的标志，凝聚着城市经济、文化等多元素的发展。城市雕塑因其具有独特的永久性和规模性，在记载城市历史变迁和发展中具有重要作用，如立于北京天安门广场的人民英雄纪念碑，纪念的是近现代为国献身的人民英雄，碑身正面刻有毛主席的题字"人民英雄永垂不朽"，背面刻有周总理所题写的碑文，碑座四周镶嵌着十块以革命史迹为内容的浮雕。如美国自由女神像全名为"自由女神铜像国家纪念碑"，立于纽约海港。自由女神像是美法友谊的见证，是美国人民追求民主自由的象征。这类题材的作品多用来表彰和赞扬具有卓越成就的历史名人或记录重大历史事件，具有重要的历史纪念意义。

随着城市的发展，城市结构与城市设施不断完善，城市雕塑作为环境公共艺术应运而生，它的出现不仅美化了城市环境，更是蕴含着浓郁的城市文化，记载着城市的发展和重大历史事件，已成为城市重要的一张名片。城市雕塑以其独特的造型形式和艺术特色，彰显着城市的文明，记录着城市的变迁。它多立于城市的中心广场、公园、学校、商业街、旅游景区以及大街小巷，等等。当然根据场地的不同，城市雕塑的主题也大不相同，如市中心广场多以城市的历史名人或城市标志性主题的雕塑为主，学校多以文化名人、学术泰斗等雕像为主，商业街和大街小巷多以表现市民生活或商业活动的小景雕塑为主等，不同城市、不同区域的特色通过城市雕塑的建设具有不同的社会功能。

雕塑可以美化环境，调节气氛，丰富人民的文化生活。空旷的广场上出现一座雕像，立刻显得充实而丰富；葱郁的园林里出现一组雕像，宁静中呈现出生机，平板的建筑物上安排一尊浮雕，洋溢着文明的气息；住室内的小雕像也别有一番情致，它代表了主人的兴趣、爱好、理想与追求。一座白求恩的青铜像标志年轻的主人憧憬着做一名白衣天使；庄严的陶行知石雕，艺术地再现了攻读者成为一名"人类灵魂工程师"的执着追求。

一个孤立的体积并不美，雕塑家要对体积进行加工、创造，根据自己的设计，让体积成为一个生动的形象，表达一定的感情，从体积的变化转折传达一种思想，甚至去理解一个时代，使人受到启发，得到教育，产生审美情趣。雕塑艺术的主要题材是人体，所以雕塑美要体现人体美，通过人体美来揭示心灵美、思想美、情感美。那么如何达到上述目的呢？这里，首先要研究人体，研究人体的基本体积，头、胸、骨盆三大块，研究四肢，研究骨骼形、肌肉形、骨筋肉结合在一起变化的形态这些形体具有无限丰富的高低起伏，它们软硬交替，方圆结合，虚实相生，松紧变换，形成和谐统一的整体美。人们熟知的维纳斯的雕像就是雕塑美的集合。这个雕塑的各部形体组合均匀自然，而每个部分又各自成为一个美的区域。稍稍转向左方的头，轮廓分明，线条柔和；起伏明朗的面部神态蔼然，辉映出怡静高贵的美；躯体的上半部肌肉丰满细腻，富有光泽的弹性中闪现出韧性美；圆实隆起的双乳展现了女性特有的庄严之美；躯体下部优雅，轻盈而坚实，使人想到"健美"。整个雕像既使人感到生命蓬勃的力量，又感到生命神圣的尊严，难怪人们把她奉为至尊至上的爱神。

雕塑，作为审美客体，其表现形式看似简单，实则极其复杂微妙。缺少雕塑常识、美学常识的人很难理解这种艺术的审美价值。现代著名雕塑家亨利·摩尔在《雕塑家的话》一文中曾说："欣赏雕塑全靠对三度空间之形体的反应能力，恐怕这就是人们认为各种艺术中数雕塑最难的原因。的确，比起欣赏平面的，或者有两度空间的艺术来说，雕塑是更困难一点，很多人是'形盲'更甚于色盲'。""形体是在全部空间存在着，这种理解是需要人们做出理智和感性上进一步努力的。"这些说明，雕塑虽然是一种艺术，但是真正从理性上认识其美学意义，获得真正的美感享受并非轻而易举。

雕塑这种造型艺术表现力特别强。它是一个艺术实体，不像音乐，歌声转瞬即逝，也不像舞蹈，跳完了舞，艺术形象就消失了。雕塑则不然，它就放在那里，在广场上、公园里……你愿意看也好，不愿意看也好，只要一经过，它必定进入你的视野，一接触就把你抓住，所以也有人称它为"强迫性艺术"。正因为如此，观赏者才有更多的时间和机会来品评和鉴赏雕塑作品。雕塑品只是一个单一的实体，人们观赏它的时候，它没有变化的背景相映衬，没有优美的音响烘托，没有绚丽的色彩点染，无法表现更丰富更繁杂的社会生活，这是雕塑艺术的特点所决定的。但正是这一特点又决定了它给观赏者留下了更大的自由，更广阔的任凭驰骋的艺术空间。这种驰骋，一方面是人们心理活动的必然，另一方面是雕塑艺术品表现题材的需要。如在车站广场人们看到毛泽东同志挥手凝视前方的巨大雕像，自然会联想到新民主主义革命时期，毛泽东同志领导全党、全国人民经过长期艰苦斗争，建立新生的人民民主政权的光辉历史；也自然会联想到社会主义革命和建设时期，毛主席在号召各族人民继续征服自然、改造自然，为实现四个现代化的宏伟大业勇敢前进。看到李时珍手捧药书的雕像时，人们很快想到这位伟大的药物学家生前登高峰、攀悬崖，遍访群山采集千百种草药，为人民大众祛疾除病的感人形象，想到他抱病伏案撰写《本草纲目》的动人情景。

雕塑的建设对彰显城市特色和弘扬城市文化精神具有重要意义，因此雕塑设计与创作中一定要注重城市雕塑与城市文化、历史、风俗等人文特色及城市自然风景相结合。在城市的公共空间内遵循作品在特定环境中的艺术效果，尊重城市的文化积淀，树立"以人为本"的理念,协调城市自然环境与人文环境的和谐发展,全力打造城市文化名片,提升城市的精神风貌。当然,雕塑美除了上述特点之外,艺术家还运用线的均衡对称、整齐、照应、面的大小、宽窄、虚实和多彩、透视、构图等形式美的多种因素组合,将自然美强化与规范,来渲染人体美,揭示人体的纯洁、庄严、优美,使雕塑作品比生活更美、更典型、更理想,实现自然美到艺术美的升华。

五、初赏服装美,感受差异性

服装,作为艺术创作的产品也有其独立的审美特征。就整体来说,服装的和谐就是美。首先是审美主体服装颜色与质料的和谐、样式与图案的和谐、尺度比例的和谐,等等。其次是服装和穿着者主体的和谐,即服装和人的高矮、胖瘦、年龄、职业等方面的和谐。达到各方面的和谐,有利于身体健康,有利于生产劳动、生活学习,有利于表现生命之美。但涉及服装的选择与使用及欣赏的个体差异来说,又有高低雅俗的千差万别。例如《多彩的民族传统纹样》一课,通过欣赏,感知民族传统纹样的美感,了解民族传统纹样的历史、文化及相关知识,尝试利用单独纹样及适合纹样设计一个具有民族特色的纹样,重点学习设计寓意吉祥、造型优美的纹样。并试着装饰在物品上,感受民族传统纹样的美感,感悟丰富的民族传统文化,提高学生对民族传统文化学习的热情与兴趣。

导入环节利用游戏连一连:

出示奥运吉祥物五福娃,请大家仔细观察福娃的头饰,与下面的五幅图连线。

贝贝——头饰纹样来源于中国新石器时代的鱼纹、水纹图案,表示吉庆有余。

晶晶——宋瓷上的莲花瓣造型,代表吉祥如意、品德高尚。

欢欢——敦煌壁画中火焰的纹样,寓意兴旺、活力。

迎迎——青藏高原和新疆等西部地区的装饰风格,寓意健康、美好、和平。

妮妮——北京传统:沙燕风筝,寓意喜悦、好运。

这样利用游戏导入可以更好地激发学生兴趣,使学生对民族传统纹样有初步认识。

新授环节中主要引导同学们查找纹样和介绍纹样,并在此过程中收获关于纹样的历史、应用、文化等知识,激发了学生学习民族文化的热情,也锻炼了同学们自主探究的能力。当然,教师也可以利用知识的延展性,为学生提供更多更广的相关知识。例如:

1. 了解苗族的传统纹样

(1) 古代苗族人无文字,智慧的苗族妇女便用纹样的形式将本民族的历史绘制在其服饰上。苗族的纹样有很强的叙事性。因此,苗绣也被称为"彩线上的史诗"。

(2) 欣赏纹样:她是苗族人心中的花木兰,名叫务茂媳。相传她英姿飒爽、战无不胜。

在战场上她骑着一只双头鸡，手中的伞可以让她隐身，令旗可以让她招来天兵天将。人们为了缅怀她，将她的故事绣在服饰上代代相传。

(3) 猜一猜：这几个苗绣上的纹样代表什么？

(4) 观察课件中的图片：苗绣纹样的色彩和造型有什么特点？

生：色彩鲜艳、造型优美。（板书：色彩鲜艳、造型优美）

2. 了解彝族的传统纹样

(1) 八角纹让你联想到什么？

生：星星、花……

师揭示正确答案：太阳。介绍八角纹：象征彝族人对太阳的崇拜，希望得到神明的庇佑，具有太阳般无穷无尽的力量。（板书：寓意吉祥）

(2) 欣赏彝族常见的纹样。总结出彝族的纹样多用几何图案和线条的重复排列。

①总结出：

色彩鲜艳、造型优美、寓意吉祥即为纹样的设计要素。

通过对苗族、彝族等少数民族纹样的学习，向学生渗透少数民族纹样的重要性，并总结出三个设计要素，为下面的创作做铺垫。

②实践练习：

运用轴对称与中心对称的骨式知识，在三角形、圆形和正方形里面尝试拼摆出纹样并汇报成果。（限时2分钟）

同时教师要强调学生的共性问题：如轴对称和中心对称的摆法、配色、图案大小适中、摆放方向可多样等。

此环节通过讨论、分析、对比、尝试，使学生进一步了解单独纹样和适合纹样的样式及其应用。并在尝试练习中，解决创作难点。

在创作环节中，建议学生以小组为单位，运用剪贴、绘画或剪贴与绘画结合的方式，表现漂亮、美观的纹样，来装饰美化我们身边的生活用品。这样可以让学生在各种各样的生活用品上装饰自己设计的纹样，从而回归设计的宗旨，即设计服务于生活。

当然，我们也要让学生了解到服装美更多的差异性。

服饰美具有年龄的差异。青春年少是人生最美好的阶段，其年轻、健壮、敏捷，充满了生命的活力，完美细腻地显示了生命之美，而且也形象地显示了人的内在精神力量。正因为如此，在适当的场合，如体育运动、舞蹈表演中，服装设计裸露一部分躯体，不仅为了四肢运动方便，使人更多地吸收阳光，增强体质，而且也十分有效地增强了运动造型的健美感。这样的服装使人感到精力充沛，生命旺盛。在日常生活学习中，年轻人也适合穿显现形体美的服装，如弹力服、牛仔服、紧身运动服。各种轻便宽大的服装，年轻人穿起来呈现出一种大方飘逸、潇洒等更趋于抽象气质的美,如蝙蝠衫、喇叭裙、喇叭裤,等等。但是,用辩证的观点看,什么事情都以恰如其分为美。显示形体美的紧身装如果紧窄过度,现出肌肉的理块,会让人感到压抑;显示抽象美的轻便服如果宽大无边,看不出人之形貌,会让人感到拖沓。

服装美具有性格的差异。人们的性格特征有的与生俱来,有的受后天环境的影响。性格特征不同,对客观的取向也存在很大区别,对服装的审美标准尤其明显。性格外向,开朗活泼的人,易于接受新鲜事物和外来信息,多数不满足于现状,有所追求和探索。这种性格特点决定了他对服装的选择偏重于款式新颖,格调别致,穿起来明快、鲜亮,色彩也乐于淡色、流行色,在经济条件允许的情况下,更讲究时尚与新潮。性格内向的人比较沉郁,思想比较保守,在新生事物面前持徘徊态度,观望多于举步前行。这种性格特点决定了他对服装偏重于样式陈旧古板,颜色单一质暗,不追求变化与时尚,偶有涉足服装一瞬,但由于心理障碍比较大,只是隔岸观火,裹足不前。当然,上述情况也非完全绝对,有时也出现相反情况。

服装美具有场合的差异。场合,即事件本身的属性,所处的地点、环境特点及人们的心态表现。参与不同场合的活动应该有不同的服装选择,这是文明程度的一种标志。服装要与周围的气氛、环境特点和大多数人的格调相一致。如听一场严肃的政治报告就不应穿一套紧身牛仔服或花俏连衣裙;相反,参加朋友或集体举办的联欢会,或者是一身严整的中山装,或者马马虎虎的工作服,一定会引起主人的反感。沙滩边海浴,穿一套笔挺的西服格外别扭;在清洁宁静的现代化的电子工作间里穿上飘逸的三件套也一定会遭到同事的非议。服装要与人所处的场合相和谐才为美,否则再昂贵的衣着也会失去它的审美价值。

服装美的差异还有许多方面,可作深入论证,如"服装美的职业差异""服装美的民族差异"等,这里只从生活与学习的实用意义上加以阐述,其他的不逐一涉及。

服装,作为艺术品可以单独欣赏它的颜色、款式、格调等各方面的创作水平,但是它的美学意义却离不开穿用服装的人。服装只有穿在有生命的人的身上才能放射出美的光芒,所以服装美绝不是孤立的、绝对的。有良好的思想修养和高尚的道德、高贵气质的人,无论穿怎样平常的服装也都是美的;而品德败坏、人格低下、出言粗俗的人,即使穿上价值连城的华服丽装也令人鄙弃。这就是服装审美特征的辩证法。

本节课,学生以小组为单位设计美丽的纹样装点我们的生活。在合作探究中不仅学科的思维得到发展,还可以提高学生的沟通能力、解决问题的能力,学会在合作中,认识自我,调控自我,管理能力和社交能力也得到了提高。合作行为之后产生的合作情感对于每个孩子来说都是独一无二的。课程的评价环节教师引导学生去描述一下小组的制作过程,小组之间如何分工、遇到问题是如何解决的。学生通过对自己课堂表现的总结和评价,让学生发现自己是否饶有兴致地投入课堂学习活动中，自己能否勇于尝试破解问题，是否乐于合作，主动热心帮助他人，赞赏他人的成就，坦诚表达自己观点吸纳他人观点。

这节课不仅有严谨的学科逻辑，同时还做到了新时代教育评价对学生品格发展的培养，实现了育人功能。

六、浅尝色粉画，启发创作灵感

"色粉画：法文、英文名称Pastel，来源于意大利语Pastello。Paste是'糊状物体'的意思，表明材料的性能。Pastel中文也译作'粉画''粉笔画''彩色粉画笔'。顾名思义是一种有色彩的绘画。它并不是水粉画，而是干的特制的彩色粉笔。色粉画画在有颗粒的纸或布上，直接在画面上调配色彩，利用色粉笔的覆盖及笔触的交叉变化而产生丰富的色调。"

由于色粉画的绘画手段方便、简洁而又极富变化，十分适合引入中小学美术课堂中。以哈尔滨市欧洲新城经纬小学为例，该校在2010年建校初期就将色粉画与学校的美术课程结合起来，纳入学校的美术特色课程教学之中。十余年过去，该校的色粉画教学也已日趋成熟。下面是该校教师的介绍：

"首先，为何会将色粉定为我校的美术特色课程？作为美术教师我在教学之余也会经常搞一些创作并尝试一些新媒材的使用表现。在2006年我开始尝试使用色粉这种表现材料进行作画。那时，在哈尔滨范围内的小学美术教师并没有人知道还有这样一种画材，很多美术老师以为色粉画就是我们平时使用的写板书的彩色粉笔。而那时在上海早已成立了'上海粉画院'这样一个专业的组织机构，在全国的美展中色粉画的作品也是逐年增多，其表现效果堪比油画，细腻生动。同时，我也在思考可不可以将其放在美术课堂中让学生也尝试地画一画。当这样一个念头产生时我便决定付诸行动，与校领导商议后决定在学校三到五年级学生中展开实验教学。之所以要从三年级开始实施，当时的考虑是：第一，三年级的学生已有了两年的绘画基础，在造型能力上、理解能力上也较一、二年级相对成熟一些。第二，色粉笔造价较普通的儿童画材高很多，如使用不当便会折断、浪费。三年级的孩子与一、二年级的孩子比较的话对用具的使用与管理也会更加妥善一些。所以最终将三年级孩子作为教授对象。

"其次，是用具的准备。在确定教学对象后，开始布置学生准备用具，在众多品牌的色粉笔中我选择了性价比最高的台湾雄狮牌24色软式色粉笔推荐给学生。英国、德国的色粉笔质量色彩虽极好，但价位过高。马利牌虽价钱便宜，但色彩饱和度不够而且杂质过多不够细腻。用纸的选择上，并没有让学生购买专业画色粉的密丹纸，原因也是造价太高，小学生使用过于浪费。让学生准备的是彩色底纹纸，实用、价位又低，适合初学者。

最后一样用具就是定画液,因色粉画完成后并不利于保存,会出现掉粉现象甚至一不小心会将画面抹掉,所以需要画者在完成后在画面上喷上一层定画液将画面固定住以长期保存。在定画液的选择上我也是自己亲身做过试验的。马利牌的定画液也分为两种,一种是轻胶型的,这种定画液并不适合喷色粉画,因为在喷的过程中会将画面中的粉直接喷掉,破坏画面。另一种是水性定画液,这种就是比较适合喷色粉画的,既能固定画面又能保持色彩饱和度。

"在一切准备就绪后,最重要的环节就是如何开展教学。毕竟学校的美育课程是按教学大纲在执行,并无多余课时进行色粉教学。所以,既要完成大纲内的授课内容,又想让学生有更多的收获。这的确是一个值得思考的题目。经过一番思考,我决定将现有的美术课程进行一个同类项整合。比如:手工类课程如纸工课、超轻黏土课程每册教材中都会有相似的几课内容,而且难度较低,学生通过自学也可以达到学习效果。将同类型的课整合后授课,学生除了可以短时间在课堂操作外,回家后也可以积极动手实践。有的学生甚至在家通过'预习助学'(我校'六步畅学'自主学习中的一个环节)这个环节就完成了学习内容,且效果较好。这样我就可以将整合后剩余的课时利用起来实施色粉画教学。接下来就来具体谈一谈色粉画教学初期具体的实施过程与方法。"

(一)与美术教材中的绘画课程相结合实施色粉画教学

为了不脱离教学大纲的规定内容,同时也保证美术课的教学内容不脱离课本,可将教材中的绘画课内容利用起来,以前的绘画课老师讲授完毕,学生基本都是用记号笔起稿,儿童水彩笔或油画棒这两种用具完成涂色内容。而现在可将学生的绘画用具用色粉来代替,让学生开始学习色粉笔的使用方法,了解它的特性。比如,在讲《色彩的明度》这一课时,可让学生直接用色粉笔在彩色底纹纸上进行色彩的调和,观察颜色明度的变化,色粉笔颗粒细腻,两种颜色通过手指的揉和完美地融合到一起,产生新的色彩关系。色粉笔的这种性能是会远远超越水彩笔和油画棒的。也可以说是水彩笔和油画棒达不到的。所以,使用色粉笔后反而更容易地解决了课堂中的重点和难点。而且,学生对色粉这种新的用具刚刚接触也是充满了好奇心,在实践的过程中也对这种用具产生的效果兴奋不已,为后面的色粉画教学开了一个好头。

(二)利用欣赏古今中外名家色粉画作品与色粉教学相结合

在一些中外名家画作的欣赏课中渗透色粉画教学。首先,是让学生直接欣赏一些外国绘画大师的色粉画作品。比如,法国的画家德加就画了好多跳芭蕾舞的女孩儿,而这些作品中有一大部分都是用色粉画来表现的。

还有意大利画家巴诺萨、法国的荷尔拜因等都有许多传世色粉画作品。另外，还会介绍给学生色粉画是何时、如何被引进中国的，让学生知道将色粉引入我国的中国色粉画家李超士。通过直观的、大量的欣赏中外色粉画名家作品，使学生更加容易理解色粉画该如何去表现。

（三）通过用色粉临摹中外名家画作促进色粉画教学

在色粉画的课堂教学中，教师可采用循序渐进的教学方法，让学生在兴趣中逐渐提升、进步才是最终想达到的教学目的。所以，为了调动学生的兴趣，可以给学生欣赏一些名家画作后，让他们用色粉进行改变临摹，比如梵高的油画《向日葵》《星月夜》、毕加索的《梦》《小丑》、维米尔的《戴珍珠耳环的少女》等这些外国名家作品。还可以把中国的工笔画引入色粉课堂中让学生用色粉进行临摹。

学生用他们对色粉画的理解临摹的一幅幅名画作品，仿佛赋予了画作新的生命。让学生们将作品装裱后在美术教室举办一个小展览，在肯定学生能力的同时也增加了他们的自信心。

（四）通过写生训练学生色粉的造型表现能力

有了前面一系列的铺垫训练，学生已经可以自如地掌握色粉笔的性能和表现方法。而这时的学生也渐渐步入高年段。于是，教师可尝试利用写生提高学生训练的难度。初期，可以为学生选择一些清晰度较高的水果、蔬菜摄影照片让学生边观察边作画，中期，找一些静物组合摄影作品让学生写生。后期，选择一些人物摄影照片让学生进行写生。每一步难度都在递增，但学生的能力却已在悄悄地提升了。在他们写生的同时也要培养他们的想象力，也就是在写生的作品中加入自己的一些想法，比如画面的背景可以自己想象添画，有些色彩也可以根据画面需要进行调整。

▲ 学生作品

▲ 学生作品

七、品味独特的民间美术，升华审美境界

在课堂内外引入互动的环节，使学生充分参与到美术欣赏实践中来，让学生从报纸杂志收集一些民间玩具、剪纸、民间工艺品图片，也可网上下载相关图片，进行加工整理。还要让学生经常参与此类活动，多接触平常生活以外的一些艺术作品，提高学生自身的美术欣赏水平。结合当地地理、历史、经济、民俗等，使欣赏与评述活动更贴近学生生活。

（一）剪纸

中国的剪纸艺术有着悠久的历史，全国各地都能见到剪纸，甚至形成了不同的地方风格流派。剪纸不仅表现了群众的审美爱好，并蕴含着民族的社会深层心理，也是中国最具特色的民族艺术之一，其造型特点尤其值得研究。

【案例】

吉祥图案

一、教材分析

《吉祥图案》是"设计·应用"领域，吉祥图案是一种比较简单的，同时又是一种比较容易掌握的民间艺术门类。教材上只提供了简单的几种吉祥图案，这就为学生提供了学习与思考的空间。本课的美术活动综合艺术、历史和信息等课程内容，在传统的历史艺术文化氛围中引导学生主动探究问题，进行综合性学习。教师在教学时还可以根据北方的民俗文化特点，指导学生认识身边的吉祥图案，让中华民族文化在这里继续传承。

本课主要引导学生观察赏析、了解吉祥图案有关文化及其发展重点，了解吉祥图案的特点、作用和用途，明白部分吉祥图案代表的含义及表现形式。抓住剪纸的艺术表现形式，创造想象吉祥物并制作吉祥图案。

二、教学目标

显性内容与目标：

应知：欣赏吉祥图案，了解吉祥图案的文化及其发展，知道部分典型的吉祥图案，了解它们的造型特点及表达的含义。

应会：能剪出吉祥图案，表达自己美好的心愿。

隐性内容与目标：

了解民族传统文化及吉祥图案的知识、设计的特点和造型的方法。启发学生感受生活中的美好事物，体验快乐。培养学生健康向上的情感与态度，以及形象表达能力和创造力。

三、教学准备

收集吉祥图案的相关知识。如什么叫吉祥图案，吉祥图案的用途、特点及表现形式怎样。

四、教学设计

（一）资料整理，问题情境导入

课件出课前准备题目：

(1) 什么叫吉祥图案？

(2) 了解的吉祥图案有什么？

(3) 吉祥图案有什么用途？

(4) 吉祥图案有哪些特点？

(5) 吉祥图案有哪些表现形式？

师：课下，我们各小组利用各种形式已经收集了上面相关的内容，下面请各小组将本组解决的问题整理一下，然后汇报。

学生以小组为单位进行汇报。

（二）欣赏与感悟

1. 欣赏吉祥图案，了解发展历史

师：吉祥图案是我国古老的装饰艺术中一个重要的门类，它的历史可以追溯到远古的石器时代。在那时的岩石壁画或石刻创作中，它是以图腾的形式出现，后来经历了商周的青铜器，秦汉的画像石、画像砖，隋唐的石雕，宋元的花鸟画，明清的织绣、瓷器等方方面

面。随着历史的发展,这一艺术形式越来越趋于成熟。(课件出示吉祥图案的发展历史图片)

2. 欣赏吉祥图案,了解表现内容

师:有史以来每逢重大的日子、年节或喜庆的日子,人们都喜欢用这些吉祥图案装饰自己的房间和物品,以表示对幸福生活的向往。

师:那么人们常用什么样的形象作为吉祥图案的表现对象呢? 让我们共同欣赏一下。(课件展示)

学生欣赏,回答(牡丹、松树、鱼狮子、龙凤、蝙蝠、羊等)。

3. 欣赏吉祥图案,了解寓意及特点

师:吉祥图案形式和题材多种多样,它们色彩鲜艳、构图饱满。人们常常借用一些吉祥图案与其相关事物名称的谐音,寓意着人们对美好生活的向往与追求。下面,我们来看几幅吉祥图案(课件出示)。

师:《连年有余》是一件剪纸作品,里面剪的是什么内容? 你知道寓意着什么吗?

教师引导学生讲述:内容是"莲花"和"鱼",连年有余的"连"取的是莲花的"莲"的谐音,"余"取的是鲤鱼的"鱼"的谐音,余代表有很大的收获,祝愿人们的生活越过越好。

师:我们再来看看《福寿双全》《喜上眉梢》《富贵平安》《三羊开泰》这几幅作品,你能像刚才那样来说说吗? 请各小组选择一幅作品讨论一下,然后选出个代表到前面来为大家解说。(不要重复选)

各小组讨论交流,派代表讲述作品。

《福寿双全》:

这里有蝙蝠、寿桃,在每个蝙蝠的翅膀上各有两枚铜钱。我们从蝙蝠二字上取一个蝠字。桃子代表长寿,取寿字。把两枚铜钱称为双钱。"福"取的是蝙蝠的"蝠"的谐音,双全取的是"双钱"二字的谐音。有幸福长寿的意思。

《喜上眉梢》:

喜鹊站在梅花的枝头。这个图案的寓意是"喜上眉梢","眉"取的是梅花的"梅"的谐音,梅花绽开五瓣象征快乐、幸福、长寿、顺利、和平。

《富贵平安》:

牡丹象征富贵、繁荣昌盛、幸福和平,插在花瓶里,平安的"平"取的是瓶子的"瓶"的谐音,寓意平安。

《三羊开泰》:

三只羊在阳光下吃草,这里的"阳"取"羊"的谐音,表示大地回春、万物更新,也有兴旺发达、诸事百顺的含义。

教师小结吉祥图案的特点：蝙蝠、桃子、鱼、喜鹊、牡丹、羊等是最常见的传统吉祥图案。由于每个人的想法不同，所以塑造出的每一种形象就有了多种造型。（出示不同造型的图案）人们通过用一些常见的直观形象来设计图案，或取其音或取其形来表达对美好生活的向往及美好祝福。也就是说，吉祥图案有着一种寓意美，这也是吉祥图案的特点。

4. 分类连线游戏，明确表现形式

师：下面我们来轻松一下，你能快速地为以下的吉祥图案，按照不同的表现形式分类吗？给各小组50秒钟的思考时间，把答案画在题板上。（出示题目）

学生小组内集体作答。

学生汇报答案，教师予以鼓励性的评价。

（三）设计制作

师：你瞧，在这些风格各异、各具特色的表现形式中，要数剪纸图案造型简洁，纹样古朴，而且相比之下简单易学。只需要一把剪刀、一张彩纸就能塑造出一幅吉祥图案。这节课让我们选择这既简便又快捷的方式——"剪纸"来创作一幅吉祥图案好吗？

1. 课件视频

师：让我们一起来看看我国的民间艺人是怎样用剪纸表现（课件出示）这些吉祥图案的。

学生边看边观察，教师边总结剪纸的特点及造型要领。

师：我们不难看出，这些民间艺人，在选定一个表现的物象后，为它们设计了适合的花纹，有的花纹设计得既大胆又细致，在剪纸的过程中特别遵循了"千剪不连，万剪不断"的剪纸规律。

学生认真听讲解演示。

师：想不想知道这样的作品是怎样剪出来的呢？老师剪给大家看。

教师演示，学生观察，掌握要领。

师：（边演示，边讲解）图案中有的地方是连接在一起的，有些地方是需要断开的，我们要做到心中有数。因为剪纸的特点就是"千剪不连，万剪不断"。这个图案基本上是对称的，我采用对折的方法来剪。

教师演示，学生边观看边试剪。

教师（边剪边介绍）先剪外形，外形剪好后，还需要剪什么？

生：花纹。

师：再在图案上设计一些花纹，让剪纸作品更生动、更精彩，花纹的设计可以根据外形进行大胆想象，比如用一些锯齿纹、月牙纹等，或者自己设计一些自己觉得合适的纹样。

剪好后，展示。

师：这里要特别注意，需要剪断的地方，就剪断，需要连接的地方，坚决不能剪断，否则会成为这样（出示剪坏的作品）。

师：在剪之前，如果能做到胸有成竹，可以不用画，直接剪。如果没有把握，就先画上外形与花纹后再剪。

2. 自主设计

师：想不想试试？

师：大家有要表达的心愿与祝福吗？和小组内的同学交流一下，你想通过什么物象来表达自己的心愿。

教师鼓励学生，要尽可能用求异思维去设计，追求大胆创意。

请学生讲述。

欣赏优秀的学生作业（课件展示）。

3. 实践创作

师：下面让我们共同分享一下制作吉祥图案的快乐吧。

提出要求，用剪纸的形式表达自己的美好心愿。外形简洁明快，剪出的线条要流畅，花纹设计要大胆。

学生创作，教师巡视指导（鼓励学生直接剪，不要画）。

（四）作品展示，评价

将剪好的作品，粘在底纸上，进行作业展示。

师：同学们，这里的每一个图案，都蕴含着一个美好的心愿与祝福，让我们来听听。

学生自评：让学生介绍自己的图案，要表达的心愿与祝福。

学生互评：让学生介绍自己最喜欢的剪纸，说一说理由。

教师点评：剪纸最好、最有新意的作品。

（二）泥塑

泥塑艺术是民间艺术中最古老而且非常常见的一门艺术。它是用泥土塑制的手工艺术品。泥塑主要以人物和动物为主，以捏的形式比较常见。有的是泥土本色，有的进行上色，颜色以民俗色彩为主，图案和花纹也多为体现民间艺术特色的纹样。在人类发展的历史上，泥塑一直伴随着我们的生活不断传承，以泥土为原料，从陶器皿、陶佛像，到儿童的玩具，从没有间断过。制作工艺素有"三分塑，七分彩"之说，且有天津"泥人张"彩塑、无锡彩塑、敦煌莫高窟的泥塑之分类。泥塑艺术是中华民族民间艺术的一种，它早已走出国门，成为中外文化交流的使者，远涉重洋，为越来越多的国家和人民所接受和珍爱。

▲ 学生作品

▲ 学生作品

泥塑艺术是我国独具特色的民间美术之一，运用好本土的文化资源，让学生了解和学习更多的民间美术知识是必不可少的教学资源。泥塑艺术教学能培养学生的美术情趣和修养，让学生充分感受民俗文化魅力、体会民间美术内在的艺术内涵，培养学生对祖国传统艺术的传承与创新精神。

泥塑艺术虽是一门简单的美术技巧性科目，但它还蕴含着深厚的文化和历史，具有悠久的历史和重要的艺术地位。它是我国民间美术中独具特色的一门艺术。由此可见，泥塑在小学美术教学中，具有非常重要的价值和意义。

总之，在日常的美术欣赏课教学实践中，要从多方面入手，善于利用美学给学生创设学习情境，让他们在美的熏陶中展开想象，理解作品的造型美和意境美，使学生在学习美术的过程中，情感得到升华，心灵受到震撼。学生都能从中有所学，有所获。这样，他们的学习兴趣和学习效率就会不断地提高，美术应用能力和综合能力就会日益增强。

【案例】

彩泥连连看

在《彩泥连连看》一课中，用彩泥代替了泥塑，多彩的颜色更能开启学生们的创作欲望。

一、教学目标

(1) 让学生了解树枝、彩泥的材质特征。

(2) 掌握运用彩泥和树枝进行人物、动物制作的技巧和步骤。

(3) 让学生感受不同材质的美。

二、教学重难点

教学重点：

运用彩泥和树枝制作出生动的作品。

教学难点：

怎样让这些作品粘稳。

三、教学准备

多媒体课件、彩泥、小树枝、剪刀等。

四、教学设计

（一）图片导入

1. 观看图片，激发学习兴趣

师：同学们，今天我们欣赏几幅图片。

2. 提出问题，引入教学

师：图片中都是什么？用什么材料做的？（彩泥、树枝）今天我们就来学习用彩泥和树枝制作动物和人物。

板书课题：13课.彩泥连连看

（二）观察特点

1. 认识彩泥和树枝不同的材质特点

师：同学们，我们现在用手摸一摸，用眼看一看我们课前准备好的彩泥和小树枝，两种材料有什么不同？

师总结：

彩泥：软软的，可随意造型，颜色也很鲜艳，色彩丰富。

树枝：表面颜色深，有自然的纹理；粗糙；有硬度；易折断；直直的，有的有分叉。

师：同学们，我们的小树枝是从哪里来的？（不能随意折断树枝，应拾掉到地上的树枝。这样的话我们的小树才会更加茂盛）

2. 认识树枝的作用

师：把长颈鹿的脖子和四肢换成用彩泥来做，会怎样呢？

小结：树枝在这里起支撑、连接的作用。（板书：支撑、连接）

3. 认识彩泥和树枝分别适合做什么

师：树枝在作品中代替细长的部位，彩泥在作品中是主体部位。

（三）欣赏感受

师：小树枝变成了刺猬的刺、太阳的光芒；为了让他能站起来，小树枝变成了他们的腿和胳膊。

师：小树枝的作用可大了，选择小树枝形状是很有讲究的，一会看谁最会利用它。

（四）尝试造型

教师演示方法，做小老鼠。

师：首先，捏一块彩泥，搓一个圆球，一头搓尖，头和身子就做好了。其次，做五官。

先做眼睛，分为黑眼珠和白眼球，黑色捏一点，搓圆，手指压扁。白色取得比黑色多点，搓圆，手指压扁。然后把黑色压在白色上面，一只眼睛就做好了，再做另一只眼睛。做耳朵，捏一点彩泥，搓圆，一半压扁。一只耳朵就做好了，再做另一只耳朵。做鼻子，捏一点彩泥，搓圆就可以了。最后，我们用树枝把这些部位连接起来，还要用树枝做小老鼠的尾巴和四肢并进行装饰。

师：老师做得好看吗？刚才老师在做的时候用了哪些方法？

总结：捏、搓、压、粘。(板书：捏、搓、压、粘)

师：树枝在这里起到了什么作用？（支撑，连接）

（五）学生练习

师：同学们，动手吧！用彩泥和树枝做你喜欢的动物和人物，注意色彩搭配、树枝的粗细。

(1) 教师引导学生设计出造型新颖独特的作品。

(2) 学生动手操作，组合动物和人物造型。

（六）欣赏评价

师：做好的同学自己拿上来，大家说一说这些作品的优缺点。

师：我们齐读这课的儿歌。

彩泥连连看

彩泥团，手中捏，

小树枝，把它连。

捏的动物蹦蹦跳，

做个小人笑开颜。

（七）拓展延伸

师：我们用彩泥和树枝做了有趣的小作品，让它们能站起来。看，我们还可以用石头等材料做出立体的东西，同学们，课下可以做一做。

五、教学反思

本活动的评价采用了全程性、多元化评价。评价一：学生在活动过程中的表现，评价学生过程中是否主动、认真，是否能与人合作，即自主、合作、探究能力。评价二：探究中的评价。在探究中，学生以任务如何完成为标准，自我调整学习行为，当出现意见不合、探究活动受阻碍等问题时,学会进行自我反思调整。评价三:探究后反思与评价。探究结束,学生展示成果,对自己和他人的整个探究过程进行梳理回顾和小结并进行自评与互评。

第三章
构建美育视角下的美术教育评价体系

第一节　国内外美术教育评价体系综述

进入21世纪,人类对自身的发展有了新的认识和要求。过去,人类是以教育发展科学;今天,人类在以教育发展科学的同时,更以教育不断地完善自我,健全美术教育评价体系。越来越多的人开始认识到美育评价体系在提高与完善人的素质方面所具有的独特作用,美育评价体系日益引起人们重视,进入其重要的发展时期。我国的基础教育课程改革正是在这一历史背景下展开的。这就要求我们要全面、清楚地了解这次改革的背景,完善教育评价体系,将有助于我们深入认识美术新课程的教学改革,进一步地促进在美育教学中构建评价体系。

一、中国美术教育评价状况

我国学校美育的历史,起源于19世纪下半叶,美术课程作为实用制图的辅助课程进入工业学校,是"西学东渐"的产物。最早开设图画科的是1866年左宗棠创办的福州船政学堂,学生被称为"画图生",学习船图和机器图,评价体系还未形成。随后,开设图画(制图)科的新式学堂逐渐增多,并扩展到师范学校和中小学。19世纪末20世纪初,中小学美术课程主要受日本美术教育的影响,以图画、手工为主要内容,自在画有素描、水彩、中国画,以写生和临摹为主;用器画包括平面几何画法、投影画法、透视画法等,美育也在逐渐渗透其中。应该说,这些是我国学校美育早期发展的雏形。这中间具有标志性的事件是1904年1月清政府颁布了我国近代第一个正式施行的学制《癸卯学制》,其中明确规定图画、手工为学校开设课程,我国从此开始了学校美育的历史。辛亥革命后,蔡元培担任教育总长并颁布了《普通教育暂行办法》,其中《小学教则》规定:"图画要旨,在使儿童观察物体,具摹写之技能,兼以养其美感……"《中学教则》规定:"图画要旨,在使详审物体能自由绘画,兼练习意匠,涵养美感……"很明显,美育经过历史的发展,随着人们的审美意识已逐渐完备,图画课由注重实用价值,开始转向审美价值,初步形成评价体系。蔡元培的美术教育思想在当时已经非常成熟和具有系统性,对中国美术教育以及审美教育的发展产生很大的影响,但由于当时中国政治、经济条件的限制,蔡元培的许多思想不能完全实现。

中国的20世纪上半叶民不聊生、战乱不止，教育事业的发展始终处在风雨飘摇之中。美育自然也波折迭起，时畅时滞，但总的成绩仍然很大。特别是在南方诸省，各种私立和国立的中小学都开设了美术课程，当时的国民政府教育部多次颁发有关美术教育的文件，从小学至高中均要求开设美术课程，但课程名称几次更改。1923年颁布的中小学美术课程纲要的学习领域开始拓宽，其中包括欣赏、制作、研究等三个领域。把"欣赏"列为美术的一个学习领域，说明人们当时已经认识到美术不是单纯的一种技能课，同时还应该强调其审美的教育作用，加强美育教学的关注度。1932年10月以后，国民政府教育部颁布了《小学美术课程准则》。其教学目标为：(1) 顺应儿童爱美的本性，以引起研究美的兴趣；(2) 增进儿童美的欣赏和识别的程度，并陶冶美的情操和培养创造的能力；(3) 引导儿童对于美术原则的学习和应用。这个标准较1923年公布的《小学形象艺术课程纲要》有所改进：一是把课程名称"形象艺术"改为"美术"；二是将欣赏内容拓宽了，如明确欣赏包括自然美（自然物品和自然风光）和艺术美（绘画、雕刻、塑造和其他美的物品）两方面的内容，为评价体系指明方向。

1940年12月，国民政府教育部针对美术教育教学颁布了《修正初级中学图画课程标准》和《修正高级中学图画课程标准》。其中，初级中学的教学目标为：(1) 启发学生审美能力，涵养其性情，使能了解美术与人生之间关系，以增进其生活意义；(2) 使学生练习对于人物、自然形态之观察力与描写技术；(3) 灌输学生艺术真理、常识、技术，以养成其应用艺术、适应环境之能力，逐步健全美术评价体系。

高级中学的教学目标为：(1) 继续培养美的兴趣；(2) 增进关于应用艺术之制作能力；(3) 提高图画程度，培养表现思想感情之创作能力。

1948年，国民政府教育部又修订了小学、初中、高中的美术课标准，把"图画"改称为"美术"。其中小学的美术教育教学目标为：

(1) 顺应儿童爱美的天性，使有欣赏美术、学习美术的兴趣。

(2) 增进儿童审美的能力，使有美化环境、美化生活的技能。

(3) 发展儿童关于美的发现力和创造力。

初中的美术教育教学目标为：

(1) 训练绘画及切合生活所要的各项作图能力。

(2) 灌输美术常识，便于人物、自然形态精确之观察。

(3) 指导欣赏各类美术作品，使有爱美之兴趣与习惯。

(4) 鼓励休闲时习作各种美术以涵养优良品性。

高中的美术教育教学目标为：

(1) 训练绘画及切合生活需要之各项作图能力，并求精进。

（2）灌输美术理论，使之构成美的因素。

（3）供给欣赏各美术作品之机会，提高爱美之兴趣。

（4）使能于休闲时自动欣赏各项美术，以涵养优美品格。

由于五四新文化运动的影响，一批有识之士把西方发展国家美术教育中的成功经验以及西方美术的基础训练方法引入学校美术课程，普及了美术教育，提高了我国总体美育水平。同时，这时期美术教育的目的已不仅仅是技能的学习，还包括对学生的艺术修养和高尚情操的培养。因而，这时期的美术教育已与清朝末年把绘画仅仅看作为了照图制造机器零件或制造船体的几何作图的美术教育有了本质上的区别。

中华人民共和国成立初期，政府对中小学美术教育基本上是稳妥发展政策，1950年印发《小学美术课程暂行标准初稿》，提出让各地制订切合实际的美术教学计划，1952年颁布的《中小学暂行规程草案》明确提出了美育的要求，对学校美术教育大有推动，激发了美术教师的工作热情，注重评价与教学的协调统一。当时专职的美术教师虽然不多，但敬业创业、搞好美育教学研究的风气浓厚，出版了一些美术教育的译著和专著，产生了良好的影响。1956年，教育部颁布《初级中学图画教学大纲（草案）》和《小学图画教学大纲（草案）》把已经粗具规模的"美术课"改成了"图画课"，照搬苏联的美术教学计划，主要以写生画、图案画、命题画为主，欣赏内容以教育学生爱祖国、爱劳动、爱清洁、尊重老师、助人为乐为主。中小学美术教育在学校教育中的地位逐渐削弱。1978年党的十一届三中全会召开以后，我国实行了具有深远历史意义的改革开放政策，短短的20多年间，经济建设有了长足的发展，社会面貌发生了深刻变化，同时带来了文化教育的复兴。学校美术教育迎来了蓬勃发展的春天。1979年，我国第一个美术教育研究机构——南京师范学院美术教育研究室诞生，由该研究室编辑的我国第一个以研究普通美术教育为主旨的学术刊物《美术教育通讯》（后改为《中国美术教育》）在国内公开发行。

1979年6月，教育部颁布了中华人民共和国成立后的第二个美术教学大纲——《全日制十年制学校中小学美术教学大纲（试行草案）》。这份大纲具有这样一些特点：首先，大纲正名为"美术"，而不是1956年所称的"图画"；其次，把基础美术教学课业明确分类为绘画、工艺、欣赏三大类；最后，开始重视欣赏教育，提出"通过欣赏中外优秀美术作品，开阔眼界""让学生了解各种画种的特点""通过中外绘画、雕塑、建筑等造型艺术作品的欣赏，提高学生对美的感受力"。因此，20世纪80年代中期以后，我国的美术教育开始从以往重技能的美术教育转向重审美的美术教育，开启了美育能力的着重培养。1985年，国家教育委员会又一次组织人员起草《九年义务教育全日制初中、小学美术教学大纲》。1988年11月，国家教育委员会颁布了《义务教育全日制小学、初级中学教学大纲（初审稿）》，后经多次反复修改，于1992年正式颁布，这是中华人民共和国成立以来的第三个美术教学大纲。其中，小学美术教育的目的、任务是：通过美术教学，向学生传授浅显的美术基础知识和简单的造型技能；培养学生健康的审美情趣、爱国主义情感和良好的品德、意志；培养学生的观察能力、形象记忆能力、想象能力和创造能力，完善评价方式方法。大纲规定，初中美术教学的目的、任务是：通过美术教学，向学生传授美术基础知识和基本技能评价体系；提高学生的审美能力，增强爱国主义精神，陶冶高尚的情操，培养良好的品德、意志；培养学生的观察能力、想象能力、形象思维能力和创造能力。

与前两部大纲相比，这部大纲更贴近中国中小学的实际，更切合学生的身心发展，注重美育评价体系的同时，学科体系也初显眉目。大纲规定，小学美术教学内容包括欣赏、绘画、工艺等课业，评价方式逐渐多样。各课业的大体比例：绘画占45%～50%，工艺占40%～45%，欣赏占10%。初中美术教学内容包括欣赏、绘画、工艺等课业，其中绘画占45%～50%，工艺占35%～40%，欣赏占15%，因此，小学与初中的绘画和工艺课的比例，都有5%的弹性，体现了大纲的灵活性。另外，小学和初中的大纲都规定，有10%～20%的课时作为补充乡土教材评价方法，以反映当地社会与经济发展的实际。

长期以来，美术教学评价中存在一系列的问题。

1. 以应试教育为指导思想导致的问题

（1）对少数美术特长学生以技能评价为唯一标准。少数美术特长学生以考取美术院校为奋斗目标，而美术院校的考试以美术基本功的扎实作为评价的主要标准，这也导致了学生们埋头苦练色彩、素描，他们对几笔画一个果子、某某石膏像的特征能倒背如流，他们能像机器一样迅速准确地画出写实物体，但所画的作品千篇一律，毫无生气，更无个性可言。而对于创作更是束手无策，不知从何做起。学生们的个性、激情早已被机械的教条湮没，艺术的灵感早已被扼杀在摇篮中。

（2）轻视普通中小学生的美术评价。对普通中小学生的美术评价，"小学重视、初中轻视、高中忽视"。随着年级的升高，离高考越近，"美术"就离学生越远。因为美术成绩对他们的毕业、升学和就业基本上没有意义，许多学校、家长、学生对美术评价的结果毫不在乎。占用美术课时的现象较为普遍，美术教师也就无可奈何，听之任之，凭感觉给一个皆大欢喜的高分。这样的评价从根本上失去了评价的意义。

2. 美术教师的评价素养难以适应新的形势

（1）长期形成的评价观一时难以适应当今形势，很多美术教师长期已形成了简单的、草率的评价模式。对新大纲、新课标提出的新要求一时认识不够，难以适应，在教学中不能自觉地充分地利用多元的、互动的评价方式。这是当今美术教学评价中的一大问题。值得庆幸的是，教育部办公厅在2011年发布了《关于在义务教育阶段中小学实施"体育、艺术2+1项目"的通知》，其中对评价问题作了明确指示，这充分说明了我国教育行政部门和美术教育界对评价的高度重视。加强美术教师素养,适应新形势的要求已刻不容缓,势在必行。

(2) 只重对结果评价,不重对过程评价。教学过程中学生只能无条件地接受教师灌输的知识,再通过做作业将知识巩固,最后作业的好坏也由教师说了算。使本无统一答案,借形、色表达情感的美术作业,变成了以教师个人审美情趣为评价标准,铸造出一批又一批以教师为模型的学生,像这样培养出来的学生,谈何"青出于蓝而胜于蓝",谈何历史的前进与发展。

(3) 只有教师个人评价观,不重学生主体性。只有教师个人评价观,没有学生发言权,这是美术教学中较为普遍存在的问题。对美术作品的欣赏,受欣赏者个人阅历、兴趣爱好、历史背景等诸多因素的影响,仁者见仁,智者见智,造成了不同的审美观。教师常常以教科书为唯一标准,用书中搬来的观点去统筹一代又一代的学生,不尊重学生个性,不让学生参与评价。当然学生的个人审美观不一定全都是健康的,教师应给予正确的引导,培养学生健康的审美能力。但审美标准不是唯一的。

以教师为权威的简单的评价方式,在美术教学中占主导地位,其实它是一种片面的孤立的评价方式,是师道尊严、唯我独尊的封建意识的体现,是对学生个性的不尊重。照此教育学生只能使"培养创新精神和实践能力,促进学生全面发展"的总目标成为一纸空文。

2000年,教育部又对中小学美术教学大纲进行了修订。这次修订增加了美术教学评价部分,在教学内容与要求中取消了按绘画、工艺、欣赏三大课业的分类,以及各课业分类的比例。小学的大纲改变了原大纲按年级列出知识点的做法,而采用了根据低、中、高年级开列知识点,降低了要求和难度,努力适应学生的学习兴趣与实际。在教学目的中则强调了"培养学生对美术的兴趣与爱好",如厦门市湖里区以《义务教育美术课程标准》中的评价建议为依据,进行了小学美术教学评价的实验。美术教师林老师设计了每一课题的学生美术学习评价表以及每一阶段的学生美术学习成长记录表。这一评价工具的特点为:第一,评价主体多元化。既包含以学生自身为主题的自我评价,也包括以同学为主体的评价以及以教师、家长为主题的评价。第二,评价内容比较合理有效,能紧紧围绕课程目标的三个维度(知识与技能,方法与过程,情感、态度与价值观),并能紧密结合美术学科特点来设定评价的项目。

中华人民共和国成立以后,高中一直没有开设美术课程。直至1995年,国家教委颁布了《全日制普通高级中学艺术欣赏课教学大纲(初审稿)》(以下简称《初审稿》),普通高中才有了美术课。《初审稿》中美术欣赏课的教学目的是:(1) 以审美教育为核心,培养学生健康的审美情趣和感受、体验、鉴赏艺术美的能力,树立正确的审美观念。

（2）突出艺术学科的特点，寓思想品德教育于美术教育之中，陶冶情操，提高修养。（3）在九年义务教育的基础上，进一步增强学生对美术的兴趣与爱好。引导学生学习必要的美术知识，掌握美术欣赏的方法，开阔视野，启迪智慧，促进学生身心全面健康发展，评价体系与课程内容相辅相成。

总之，从1978年党的十一届三中全会以来，我国的中小学的美育就迎来了百花齐放的春天，进入了一个重要的历史发展时期，美术评价体系的完善取得了前所未有的伟大成就。随着《美术课程标准》的出台，美术评价方式更是有了质的飞跃。

提倡采用与美术课程的多元化、个性化、创造性等基本特征相对应的多种评价方式评价学生的美术学习成绩。强调评价的诊断、发展功能以及内在的激励作用，弱化评价的甄别与选拔功能。

从评价标准体系的角度出发，一般分为绝对评价、相对评价和个人评价，根据评价内容不同，可以分为诊断评价、形成评价、综合评价等。

根据评价对象的不同，可以分为自我评价、互相评价、教师评价以及家长等人的评价等，根据评价的科学主义取向与人本主义取向，可以分为量性评价与质性评价。评价体系不断完善。

《义务教育美术课程标准》的"评价建议"：重视学生的自我评价，注重对学生美术活动表现的评价，采用多种评价方式评价学生的美术作业，建立促进美术教师不断提高的评价体系。

《高中美术课程标准》的"评价建议"：

（1）制定具有开放性的、促进学生发展和改进教师教学的以及推进美术课程不断发展的评价指标。

（2）提倡多主体评价。

（3）注重表现性评价。

（4）注重质性评价，提倡成长记录评价。

（5）采用多种评价方式评价学生的美术作业。

（6）建立促进美术教师成长的评价体系。

（7）以美术教师自评为主。

评价体系发展档案袋评价：也可以称作"成长记录袋"，档案袋评价可依据使用目的、提交对象以及对学生的帮助等划分为各种不同种类，分为理想型、展示型、文件型、评价型及课堂型五种，其中最有代表性的是理想型档案袋评价。

二、西方美术教育评价状况

西方美术开始兴起的时代,可追溯至古希腊时期。古希腊的雅典教育被后人称为"自由教育"和"完全教育",是对人进行全面教育的一种理想教育模式。美育在当时称为缪斯教育,以古希腊神话中司文艺、美术、音乐和诗歌的女神的名字命名,古希腊雕塑绘画、建筑艺术的兴盛繁荣与这种教育的实施有着密切的关系,对于评价的方式还处在萌芽阶段。自由公民的孩子们在7～14岁时可进入文法学校学习,当时的教学内容为阅读、书法、算术、图画。古希腊人极力推崇脑力活动,非常轻视体力活动,因此对于绘画、雕塑、建筑这些学科,人们的评价比较暧昧,一方面肯定它们在塑造人的精神和陶冶人的情操方面的作用,另一方面又轻视和贬低它们所具有的体力活动性质。因而,如果进行学校美术教育评价,其目的都不会是传授一种谋生的技艺,而是促进儿童的身心和谐发展。古希腊著名哲学家亚里士多德在西方教育史上最早试图根据学生生理发展状况进行年龄分期,实施基础教育进而进行美术教育评价。他认为儿童7岁以前应在家庭接受教育主要以鼓励性评价方式为主。他主张学校开设的课程为阅读、书写、体育锻炼、音乐、绘画。他认为绘画能够培养儿童对美的欣赏力和判断力,发展他们优美的感情。

古希腊哲学家们的理论见解和古希腊雅典学校的教育实践所体现出的扬弃狭隘功利主义、将美术教育视为美育的重要组成部分和以培养学生的高尚情操为目的的教育思想,对后世的美育评价体系产生了巨大而深远的影响。

西方进入中世纪,以宗教迷信、蒙昧主义桎梏科学和艺术教育的发展,美术教育沦落为纯技艺性的工匠教育,美育评价体系的发展相对来说并不乐观。直到文艺复兴时期,阿尔伯蒂、达·芬奇、丢勒等全才式的美术家,以自己的杰出成就和对解剖、透视及明暗造型方面的研究,改变了美术的地位,为美育的飞跃发展奠定了技法理论和教育理论的基础。人们在人文精神的感召下,重新承续古希腊全面教育的思想传统,主张在学校展开美育,对于美术的专业技术方面评价有了长足发展。

有"近代教育之父"之称的捷克教育家夸美纽斯深入钻研了古代思想家和人文主义者的著作,对中世纪的僧侣教育、教会学校进行改造,提出对学生实施"周全的教育"思想,构建全面教育体系,即从道德、知识身体和艺术等方面去发展学生。他主张通过艺术教育发展人的首创精神,培养人的艺术才能。他十分推崇美术教育的作用,认为美术对学生有较强的吸引力,能够诱发学生的内在动因,进行主动学习。夸美纽斯最早提出了普及教育的思想,设计了学校教育体系并拟定了各级学校的课程设置,划分出不同的教育阶段,提出了一系列教学原则,创立了班级授课制评价标准。同时制定了学期、学年和假期制为保障内容的有效贯彻。对美术学习,他提出:凡是应当作的都应当从实践去学习,要从雕刻去学习雕刻，从画图去学习画图。他主张艺术要模仿自然，通过循序渐进的教学获得模仿能力，他在《大教育论》中还提出要按一定的步骤临摹印刷品或雕塑的轮廓线，视觉——空间能力与评价标准，从基础技能层次、复杂技能层次、统整层次来设定评价标准。夸美纽斯的教育思想不仅开启了近代学校教育的新纪元、为完善教育教学评价体系提供了前提，而且为近代学校美术教育的出现提供了时空框架，同时为美育提供了新鲜的土壤。

18世纪初，欧洲的一些新式学校开始将美术课列入课程表中。到19世纪，西方主要的资本主义国家，如英国、德国、法国、美国以及俄国普遍在普通学校设置了图画课程。东方的日本则在明治维新（1868年）以后，大量引入西方文化和教育制度。1872年文部省正式颁布了日本近代第一个新学制，规定图画为小学14门必修课程之一，评价形式为表现性评价，是指观察及评定学生在美术学习环境中所表现的行为及学习结果的评价。

从19世纪到20世纪，随着工业革命的进一步发展，西方的学校美术教育与国家经济、商业的联系日益密切，首先是英国人在19世纪主张美术与社会生活、美术与工业技术联系，开展了工艺改良运动，影响到欧洲各国，评价体系进一步波动。这期间最引人注目的事件是1851年英国伦敦举行的万国博览会，一些工业国家的产品由于造型不美、趣味低下引起人们的批评。美国人看到英国人通过提高自己的工业设计标准，在趣味、风格和审美上满足欧洲人的需要，也开始认识到普及美育的意义，重视过程性评价体系。1870年美国马萨诸塞州通过了工业图画法案，要求向居民社区中15岁以上的学生教授图画，针对各年龄段制定评价方案。美国广泛的图画教育由此开始，但以机械训练为主，表现为工业美术的取向评价。工业社会的审美需求使一些资本主义国家的中小学美育逐渐普及，并促成了包豪斯教育体系的建立，给世界美术教育以重大影响，波及各个国家中小学评价方案。

在工业革命以前，"艺术"与"技术"是一种统一的存在，评价体系单独设立。工业革命后，由于大量的机械手段和生产机器的使用，最终使"艺术"和"技术"一分为二。"艺术"只为精神而存在，与人的实际生活不相干，搁置于象牙塔之中；"技术"则只是推进工业发展的手段，难入艺术的门庭，完整的评价方式制定难上加难。包豪斯的学者们洞悉了将"艺术"与"技术"结合起来的最佳途径就是将艺术手工业的艺术性与机械生产的机能性相结合，他们创设了工业设计体系，完成了"科学"、"技术"与"艺术"的结合，丰富了评价体系内容。包豪斯教育将建筑、设计、手工艺、绘画、雕刻纳入自己的理念范围，将现代美术诸流派的基本原理梳理成体系，加速了"视觉语言"与"造型语法"的产生，形成了20世纪人类共同的视觉国际语言，包豪斯的教育观念和造型理论、美育价值对普通美术教育产生了巨大的影响，内容更加丰富。从20世纪30年代初起，德国的包豪斯教学思想和方法对美国的中学美术课程影响日益增强，表现在摄影技术和照片的运用增多，材料的运用更广泛，建筑也成为美术教学计划的固定内容，确定了评价的方向。

在日本的学校美术教育中则形成了构成教育的热潮和评价的多样。1932年《构成教育》杂志创刊，1934年川喜田和武井胜雄合著的《构成教育大系》成为当时重要的教科书并为评价体系提供理论依据。

20世纪下半叶，心理学和教育学的研究日渐成熟，欧美有许多心理学家和教育家立足儿童美术教育的研究，并取得了许多卓越成就，注重评价体系的人文性。但科学对教育的影响使人们越来越关注数学和科学学科，中小学艺术教育受到冷落，评价体系受到冷落。这时美国的"零点计划"科研项目慢慢发挥了作用，说到它的起因仍然是经济和科学技术的竞争。20世纪40年代美国先于苏联4年成功制造出了原子弹，到1957年苏联却先于美国成功地将第一颗人造卫星送入太空，开创了人类星际发展的历史。此事令美国朝野备感震惊和耻辱，评价体系变得一钱不值。

10年后科学界和教育界经过认真反思，认为美国的科学教育是先进的，但艺术教育落后，两国科技人员不同的文化艺术素质导致了美国空间技术的落后，评价方式的重要性逐渐显现。为了研究艺术教育对人的作用，1967年美国哈佛大学教育研究生院设立了"零点计划"这个科研项目，现已投入了上亿美元，参加工作的科学家超过百名。他们在1000多个公立和私立的学校做实验，从幼儿园起连续进行了20年的追踪研究，到目前为止已出版和发表了几十本专著和上千篇论文。哈佛大学的研究者们认为，艺术思维与科学思维对于人类发展和认识世界具有同样重要的地位，评价方式对艺术具有促进作用。过去人们认为科学思维是逻辑思维，艺术思维是靠灵感、情感起作用，哈佛的研究者们却认为艺术思维也有其自身的逻辑，科学过程是发现、分析、解决问题，艺术过程同样需要发现、分析、解决问题，对于大脑的工作两者并没有质的区别，但对于评价方式的有效性起一定作用。他们认为形象思维和逻辑思维有很多共同之处，可以互相弥补、互相促进，这两种思维方式对人类评价方式来说都很重要。他们的研究成果对美国影响很大，以至于美国国会1994年通过了克林顿政府提出的《2000年目标：美国教育法》，在美国历史上第一次将艺术与数学、历史、语言、自然科学并列为基础教育的核心学科，评价体系的价值得以体现。

今天，美术作为一门基本课程在普通学校所具有的美育作用日益为人们所重视，具有一般教育学意义的美术教育思想逐渐深入人心，美术课时基本得到保障，美术教学内容也趋向多样化，评价方式更加人性化。如法国国民议会1987年12月投票通过了《艺术教育法》，其中规定美术为中小学的必修课：小学每周1课时，初中为2课时，高中为定向培养，重理科者选修美术，重文科者必修美术，评价体系为美术学科的开展提供了有力保障。美国的中小学美术课已不是单纯的绘画训练，还包括雕塑、陶瓷、编织、金属工艺、摄影、美术史、美术批评等教学内容。

人类对教育价值体系的认识是一个漫长而艰难的历程，它既受到政治、经济环境的影响，同时又被各种思想流派左右。欧美学校美育的发展同样存在各种思想流派对它的影响，以至于构成了今天的面貌。人类的思想史、文化史都是各自领域中不同学术风格的动态演化，美育评价体系的观念史同样是在本领域各种不同思想流派的影响下形成的。正是不同时期美术教育观念的变革，形成了美育发展的时代特征。

美国的早期美术教育从一开始就具有实用功利主义的色彩，美育的目的是为日益发展的资本主义工业生产培养劳动者。这一时期的学校美术教育主要采取严格甚至僵化的程序，训练学生的眼睛在观察形式、比例等方面的精确性，手的灵活性以及对形式的精确记忆。教学内容主要是徒手画、模特记忆、透视画乃至工细的几何图，临摹成为常用的教学方法，评价体系日趋完善。这一时期德国教育学家赫尔巴特主义教育理论影响着学校教育的课程及评价体系的制定。

19世纪末，以杜威为代表人物的进步教育运动兴起，在其观念的影响下，学校美术教育开始强调儿童的自我表现和创造性，但由于杜威实用主义哲学的影响和科学主义的日益盛行，没有根本改变美术教育的课程状态。杜威与其妻爱英琳建立了一个实验学校，他们将其变成一个合作的社会，以期发展每个人的能力和满足自我的需要，因此，在推进新美术课程的过程中，可以借鉴加德纳所倡导的"通过多元智能进行评价"。学习的主要任务是个人以经过思虑的行为习惯去适应新的社会环境，儿童本身成了教育活动的中心。杜威的实验学校也开展了美术和工业美术教育活动，但不是将其作为一门特殊科目，而是作为广阔的社会问题加以探索，并运用于美术教学实践，以提高美术教学评价的信度和效度，促进美术课程的发展。

在历史的发展进程中，弗洛伊德心理学的无意识理论对其教育产生了很大的影响，致使美术教育和进步教育联系更加紧密，表现主义的美育观念也推波助澜，强调要把儿童被压抑的情绪释放到对社会有益的方面。英国的美术教育家赫伯·里德和著名美术教育家罗恩菲德通过他们的著作，使这个理论体系得到完善并产生广泛影响。赫伯·里德在其《通过艺术的教育》一书中，将审美教育视为普通教育的逻辑中心，从美术、心理学和哲学的角度为自己的理论建构了一个庞大的框架，2012年的评估报告提出以下建议：第一，除了为学生提供直接接触艺术家、工匠与设计师的机会，还需关注教师对于二手资源的有效运用，例如，以学生的优秀作品或相关的高质量影像与图片资料作为案例进行展示；第二，教师可以根据学生的强项与弱点设计具有针对性的课程，并给予个性化指导；第三，创设真实环境，为学生提供应用知识和切身体验的机会；第四，培养学生对于艺术作品规模的灵活把控能力。罗恩菲德的重要著作《创造与心智的成长》则重新探究了欧洲儿童美术发展的历史线索，提出了自己的看法，该书的权威性及其可读性，使其成为影响广泛的美术教育经典之作，2012年的评估报告针对获得优秀与良好等级的案例，提出以下建议：第一,在设置全校课程时,要明确美术、工艺和设计对提高学生的创造性,促进文化发展方面的具体贡献;第二,学科带头人要提供强有力的教学指导,对非专业教师予以高质量的专业支持;第三,要定期和恰当地使用当地资源,包括艺术画廊和博物馆,发挥在当地工作的创意从业者的作用;第四,进行展示和示范,进一步提高教育教学质量;第五,没有错过学习中出现的相关技能开发与训练的机会;第六,自我评估和改进计划的基础是保证定期的严格审查的质量及其对成就的影响。他们的美术教育思想以"工具论"为概括,提倡通过美育活动以促进人格的健全发展,主张尊重儿童与生俱来的艺术潜质,尽量给学生提供自我表现的机会,提高审美能力,发展学生的个性和创造性。"工具论"20世纪四五十年代风靡欧美,至今仍然有较大的影响,课程设置优秀的"课程设置"具备如下特征:第一,在发展学科技能、知识和理解的结构性与不可预测的发现和挑战之间有着极佳的平衡;第二,明确艺术学科与其他学科领域的联系,根据学科学习目标开展相应的课程体验;第三,根据学习者的个人需要、兴趣和愿望提供丰富的资源和经验;第四,有效利用当地资源,帮助学生获得更多的体验机会;第五,与艺术画廊和创意从业者具有持续的合作关系。

　　但是,学校美术教育中工具主义的流行也造成了美术教学的极端放任,一些美术教育家对其弊端给予抨击,加之1957年苏联的第一颗人造卫星上天,1958年美国国会通过《国防教育法》,强调改善数学与科学教育,重新评价课程计划、更新教学内容,科学被重新推上了至尊的地位,人们不禁思索:为什么不用科学的智慧来改革学校呢? 如何构建适合各个年龄段的教学评价体系呢? 此时,以认知心理学为基础的结构主义教育思想应运而生,特别是美国心理学家和教育家布鲁纳的"科目结构"思想,对学校的课程改革产生很大影响,同时也促使学校美术课程逐渐寻找自己的科目结构。学生成就优秀的"学生成就"表现具有以下特征:第一,学习者能够巧妙地、富有创造性地选择、使用材料和技术,或利用意想不到的东西进行创作;第二,他们能够富有创造性地思考与行动;第三,学生追求有独特意义的美术、工艺和设计实践;第四,学生的作品体现出对知识的运用,对其他艺术家、工匠和设计师作品的理解和诠释;第五,大多数学生努力完成作品,能够明白创造性实践往往具有挑战性、目的性和合作性。1965年,美国宾夕法尼亚州大学召开了一个关于美术教育研究和课程发展的研讨会,艺术批评家、历史学家、哲学家和美术教育家首次聚会,重新评价美术教育课程计划的本质。这次会议反复重申美术应该成为科目,其目标应建立在帮助学生独立从事美术活动的要求上。布鲁纳以了解科目基本结构为主旨的教育思想,形成了以美国美术教育家艾斯纳为代表的"本质论"美术教育思想流派,直接催生了20世纪80年代风靡世界的"以学科为基础的美术教育"(简称DBAE)。本质主义的美术教育思想主张以严谨的美术课程来实现美术的自身价值,教学中则强调除了美术创作外,还必须导入美术的其他领域,即美学、美术批评和美术史的学科内容。艾斯纳从美术对人类的独特贡献出发，提出建构既符合美术学科知识体系，又适合教学的科目体系。同时他在提出美术教育的指导性目标时也提出了表现性目标，以适应学生在美术学习过程中探索多种可能的行为和艺术学习的特有气氛。由此可见，艾斯纳的观点带有一定的综合性，但其仍然是以科目为中心。

美术教育受到一般教育思想的影响，而一般教育思想又受到来自哲学、社会状况和经济发展等因素的影响。这些影响贯穿了整个教育的历史，表现为两种不同的思想倾向：一种是渊源于赫尔巴特"传统教育"的主知主义，讲究结构、要素、程序，追求严谨性、完整性和目标可测性；另一种是渊源于法国哲学家卢梭的自然主义教育观和美国教育家杜威的进步教育思想，讲究兴趣、情感、天性，追求自由发展和个性表现。一般认为当代美术教育思想体现的"工具论"和"本质论"与上述两种思想存在某种对应性。

20世纪70年代盛行于美国的人本化教育，是以人本主义心理学为基础的一种教育思想提倡评价体系。从理论上看，人本化教育在某些方面继承了西方人文主义的教育传统，受到20世纪复兴的各种人本主义思潮的影响，而且与实用主义教育、存在主义教育也有一定联系。其代表人物是美国心理学家马斯洛、罗杰斯、弗罗娃等。第一，学校领导者具有远见卓识，能够进行有效管理，围绕目标采取行动，保证课程有效实施；第二，学校在创新和相关方面有所成就，并得到认可或奖励；第三，学校领导者充分了解在教育、创意和文化环境中鼓舞人心的实践状况；第四，采取迅速果断的行动，能够有效利用资源，发现与解决影响学校教育质量的问题；第五，围绕促进学习者参与和获得成就为核心目标，努力提供高质量的课程；第六，与家长和外部机构具有良好的联系与合作，体现美术、工艺和设计的高标准和创造性，促进学习者蓬勃发展。人本化教育力图纠正20世纪以来教育领域的主知主义和主情主义两种偏向，从多方面考虑人的整体发展，无疑为教育理论带来了观念上的革新，并将对现代美育评价体系产生重要的影响。

第二节　核心素养背景下美术评价方式

我们知道评价的目的不是给学生的作业一个定性，区分作业的好坏，而是通过评价保护学生个性、培养学生的兴趣、提高学生审美。在评价中体现标准的理念和目标，充分发挥评价的激励和反馈功能，运用一切能用的方式、方法，让学生真正做到敢想、敢说、敢画、敢做，并以适当的方式向学生反馈评价的结果，突出多元化的作业评价方式。注重综合评价发展潜能,尊重学生个性差异,转变了学生对美术作业评价的误区,激发学生评价的积极性和主动性。随着新课程的不断深入与改革,小学美术课堂也逐渐受到广大人民群众的注意与重视,并且对小学美术作业的评价方式提出了更多的需求。老旧的评价方式不仅无法顺应如今教育的发展,还在一定程度上限制了学生对美术的学习与了解。对于此种情况,老师一定要对老旧枯燥的评价体系进行完善,主动借助多元化评价方式调动学生对美术的主动性与积极性。探索行之有效的评价方法,为核心素养背景下美术评价的方式做好基石,就显得尤为重要。

一、转变评价过程,建立课堂教学的全程式评价

所谓全程式评价,即是把教学评价贯穿于课堂教学的全过程,对整个教学过程中学生的兴趣表现、构想创意、课堂作业作全面评价。

课堂教学是最主要的学校教学方式,针对《美术课标》中美术评价的多维性和多级性要求,建立全程式评价,可将整堂课划分为三个阶段,多次对学生的表现评价反馈。

1. 初始阶段 (兴趣评价)

美术课教学内容新、美、趣,描绘手段十分广泛,大部分客观事物都可以成为表现的对象,具有比其他造型艺术更广阔的表现题材领域。在美术课的初始阶段,高度地评价学生的参与兴趣和参与热情,有助于学生将主动参与意识贯穿教学始终。对学生的学习热情报以肯定,表扬并保护学生的参与意识,鼓励学生动手尝试。这么一来,学生主体性体验越来越强烈,主体意识得以增强,从而使其向教学内容的深入方向发展,反过来又进一步提高学生参与整个课堂教学的积极性、自觉性。

2. 深入阶段 (创意评价)

在这一过程中,通过教师的引导,学生浓厚的兴趣、好奇心已转化为创造性思维。学生是活生生的,他们的想象丰富而有童趣,这些富于幻想的创新思维,教师就应十分尊重,而必须充分肯定其具有合理、创新因素的部分,哪怕那一部分是极其细微的,也必须充分肯定,甚至有时可以过分肯定。

3. 终结阶段 (结果评价)

一堂课的终结阶段这里主要是作业评价阶段。教师一定要把握好审美尺度,从作品中去发挥学生的创造性思维,并把它作为衡量好差的一个重要标准,那么学生的主体地位才能得到落实,创造意识才能得以增强。为探索美术作业的有效评价途径,我们把评价职责落实在师生双方。在对小学生美术作业开展评价的过程中,彼此点评的方式非常符合小学中高年级的孩子。由于这部分学生有一定的条理逻辑以及美术素养,会很快地

看出美术作业中存在的问题与优点。在对美术作业开展点评时，应该给学生提供充足的时间，让学生表达自己作品的创作理念与想法，也能够阐述自己作品中的优势和产生的问题，然后再将全班学生分成若干小组，小组内进行点评。为了开展高效的点评，老师还可以科学地制定几个点评的要点，比如："同学们最喜欢的是哪一幅作品？喜欢的原因是什么？"或者是："同学们认为这幅美术作品需要怎样进行修改呢？"借助此种有针对性的点评，不仅使评价人员体验了一把当小老师的感觉，激发其参加美术课堂活动的主动性，也能够让学生自主地探究问题，并且还有助于被点评人员依照评价人员的建议完成反思与学习。比如在讲解"巧用纸餐具"这节内容时，借助学生彼此点评美术作业的方法使所有学生畅所欲言。在彼此点评过程中，不仅让学生在美术作业创作中精雕细琢，还在某种程度上强化了学生的美术素质与审美水平。此外，借助美术作业彼此点评的方式还可以让学生看出与收获美术创作过程中的精华，进而使用到自己的美术作品中增加其创新能力。比如在讲解"漂亮的建筑"这节内容时，部分学生以颜色的运用开展点评，部分学生以整体设计开展点评，借助多种点评与意见能够把恰当的意见使用在自己的创作中，从而能够逐渐提高美术作品的综合效果。

二、转变评价方向，由横向评价变纵向评价

在现在的美术教学中，往往会存在着这样一个现象，就是用一把尺子去衡量所有学生，让全体学生都向着一个统一的标准看齐，尤其是在作业批改的过程中显得异常突出，这就是所谓的横向评价。但现在，我们在课堂教学中不要求学生过多地和别人相比，而是自己同自己的前期相比。比如有些学生由于自身能力所致，他也许在这堂课中只能画一条线，但下节课却能够画一个圆，这对于他来说已是不小的进步，那么，他就会得到一个相应比较好的评价，不是和其他学生的作业相比，一竿子标到底，扼杀了学生进步的动力，起不到评价的促进、激励作用。核心素养背景下的美术评价方式在结果上也和学生创作的过程息息相关，我们在日常的美术课堂教学中会有一部分学生因为工具不带或错带也会直接影响作品的呈现结果，那么这个时候我们就要灵活地动脑，鼓励学生利用手中现有的工具或学生擅长的表现方式去表达出结果。当然，也并不是说在我们的教学中完全放弃横向评价，因为横向评价是奋斗目标，而纵向评价是前进的动力。

三、改变评价模式，变单一评价为镭射状评价

评价内容应更加广泛，除关注学生美术知识技能的发展外，还要重视学生美术素养

的发展,侧重于创造性与个性、内容是否有情趣、是否显示出对周围事物的留意与好奇、是否有一定的想象和个性成分。

评价方法要切合学生实际,除考试或测验外,还要使用观察、谈话、评语等多种科学有效、简便易行的评价方法,综合评价学生在情感态度、价值观、创新意识和实践能力等方面的进步与变化。对学生的学习评价应树立增强自信、促进发展、提高能力、培养兴趣的观念。建立发展性的评价机制和评价体系,评价主体的切合性,能更全面地促进学生的发展。把学习过程评价与学习效果评价结合起来,把自我评价、生生互评和教师评价结合起来。改变以往单独由教师评价学生的状态,鼓励学生本人、同学、家长等参与到评价中来,将评价变为多主体共同参与的活动。多主体评价对于学生的发展是有利的。首先,鼓励学生进行自我评价能够提高学生的学习积极性和主动性,更重要的是自我评价能够促进学生对自己的学习进行反思,有助于培养学生的独立性、自主性和自我发展、自我成长的能力。其次,学生对他人评价的过程也是学习和交流的过程,能够更清楚地认识到自己的优势和不足。最后,多主体评价能够从不同的角度为学生提供有关自己学习、发展状况的信息,有助于学生更全面地认识自我。

1. 通过使用评价卡,为学生铺设"阳光大道"

受长期形成的评价观的制约,很多美术教师形成了较为陈旧的评价理念和简单的评价模式。他们认为评价是一种甄别过程,只有少数学生能够获得鼓励,体验到成功的快乐,大多数学生则成了失败者。失败者就如同大树下的小草,往往得不到阳光的普照。若想让那些大树下的小草能得到阳光的温暖,我们需要用上"评价"这把尺子为他们铺设一条"阳光大道"。因此,我们可以尝试着使用富有激励性的评价卡,以促进学生的发展。

教师要用发展的眼光看待学生,学生是有感情需要的,从上第一堂课开始,他们就需要从教师那里得到尊重、友爱、温暖、情谊和教诲。当这种情感需要得到满足后,他们便会以更大的激情上好课。这种情感建立在师生情感交融的基础上。教师和学生之间的感情互融包括情感和信息两个方面,情感和信息融通了,可以增强师生之间的相互信任感和了解的程度。这是教师经常运用的教育手段之一。由于学生的个性差异,在知识的理解与表现上会有一定差异,教师不能用成人的眼光去看学生的美术作品,更不能用"画得像与不像"来衡量学生的作品。

在教学中,画得特别好的学生,最大的期望莫过于得到教师恰如其分的评价和鼓励;某些技法差的学生,最害怕的莫过于受到教师的挖苦和冷遇。遇到上述情况,正确的做法应是:该表扬时,就实事求是地给予表扬,并提出新的期望,鼓励其向更高的目标迈进;画得差的,也要发现他的"闪光点",表扬他"想法好""用色大胆"等,并鼓励其进行大胆的创作从而激发其学习积极性。以勉励的口气布置任务,可以充分利用人的自尊心和荣誉感，使其潜在的能力得到最大限度的发挥。生硬的命令，一开始就剥夺了学生的主动性和创造性，降低了他们的学习热情。如布置学生作业时："你们必须给我把颜色涂均匀，涂不均匀的要重画！"学生听了心里非常不舒服，带着顾虑去练习，效果肯定不会好。如果换成勉励式布置："同学们要大胆地画，只要认真，我相信你们一定能画好。"这种实用性的话语，同学们听了不但乐意去画，而且练习时没有心理负担，作品效果肯定比前者要好。

每个人的审美观点不同，对美术作品的评价结论也就不同，在每次下课前给孩子们留点时间展示自己的作品并进行分组讨论、相互评议，学生不但可以在同学面前表现自我、评价自我，还可以相互借鉴学习，有利于培养学生的观察、判断、审美等方面的能力，并且学生在互动中学会了宽容，教师将经常听到"他画得比以前进步了""他的颜色涂得好，我要学"……

我们可以把美术评价卡中的评价内容细化，其中包括用具准备、大胆发言、带书情况、查找资料、作业情况等多方面内容。由各自小组的美术组长负责，组长要做好记录。我们在每堂美术课程中对每个学生的表现给予不同层次的奖励，累计在自己的评价卡中。学生还可以通过添加插页及时和教师、家长进行沟通、交流、反馈信息，以便及时了解自己、正确评价自己。

2. 建立艺术成长记录档案，搭建起"生命课堂"的平台

丰富评价途径，建立学生艺术档案，评价的核心是重视过程，学生的发展是一个过程，促进学生的发展同样要经历一个过程。发展性评价强调收集并保存表明学生发展状况的关键作品、资料，对这些资料的呈现和分析能够形成对学生发展变化的认识，并在此基础上针对学生的优势和不足给予他们激励或具体的、有针对性的改进建议。

艺术成长档案是给学生每个人设立的一个关于美术学习的档案，由学生在每次作业完成后，选择自己满意的作品或其他美术学习资料存入档案袋中，学生们还可以把自己的感受用文字或绘画的形式随时记录。艺术档案可以由学生保管，也可由教师代为保管，但不论怎样，教师要定期或不定期查看并作出评价。学生之间也可以定期相互交流、欣赏个人的档案袋，互相取长补短，达到共同进步的目的。

四、评价结果要多维互动

把评价权交给学生，有利于学生情感激励与能力的培养。美术课程的评价不仅要看学生的学习结果，还要关注学生在学习过程中的行为，所以评价包括了对学习结果的评价和学习过程的评价两个方面。从评价主体上说，又可以分为学生的自我评价、学生之间的互评和教师的评价等方法，而其中学生的自评与互评比教师评价更加重要。

学生个人艺术素养成长档案

姓　名		性别		年龄	岁	入学时间	年　月
班主任		班级	年　班	特长			

我想对现在的自己说几句话：	贴艺术方面的照片
	（如弹钢琴、画画等）
我想对未来的自己说几句话：	注：竖版照片

		音乐成绩	美术成绩	其他艺术类获奖情况及参与的活动
一年级	上学期			
	下学期			
二年级	上学期			
	下学期			
三年级	上学期			
	下学期			
四年级	上学期			
	下学期			
五年级	上学期			
	下学期			

我们评价一节美术课的效果如何，往往习惯于看这节课最后展示出来的学生作业的效果是否令人满意，所以评价结果在美术课中显得尤为重要。在教学情境中完成评价。这个方法较易调动学生学习的积极性，寓教于乐，富有游戏性、趣味性，比较能体现近年来美术课教学所倡导的"看看、想想、做做、画画、玩玩"的原则。

我们在评价结果时还应尊重学生程度差异，用儿童的眼光去解读学生作业，优等生提高标准，好中求异，优中求新；中差等生降低要求，寻找进步点，发现闪光点。对作品进行评价时要肯定每一个学生的努力，因为每个学生的画面都有闪光点。

五、教师进行语言式评价

随着新课程改革的不断深入，广大人民群众也愈加关注学生在课堂的主体地位。所以在对小学美术作业开展点评时，还要以学生的现实情况开始依照学生的真实能力、个性特征等使用不一样的点评模式，其中老师的语言点评是最为主要的。小学生天性活泼好动，拥有很强的好胜心理，只要老师对其中一位学生进行了赞美，其余同学就会竞相模仿，在班级中形成良性的竞争氛围。所以在借助评语开展点评时老师要在保障公平、公正、公开的前提下依照学生各不相同的个性与心理状态，写出恰当的评语。比如相对腼腆怯弱的学生，要对其给予肯定，像"你这次的美术作业创作得很好、色彩搭配十分鲜明，一定要保持下去"等。在此之外针对不一样种类的美术作业也要使用不一样的评语。比如针对手工创作的美术作品来讲，要在观察入微、材料使用、颜色运用等角度进行点评；而针对绘画作品来说，应该在学生的创新、理念、标题等角度写评语。巧妙地使用评语不仅能够提升学生的创作自信心，还有助于学生看出自身的问题从而不停改进自我、提高自我。

用积极的评价鼓励学生，每个人都渴望成功，成功能给人自信，成功能促人奋斗、催人进取。教师在教学活动中，要及时肯定、鼓励学生，激发他们学习美术的信心。积极的评价是一方对症的好药，几乎所有人都是喜欢被人夸奖的，而且学习兴趣的激发或维持往往都少不了外界的评价。

俗话说：好言一句三冬暖。特别是在学生没有信心的时候，我们做教师的就应该适时地鼓励并给予最大的帮助，只要学生有一丁点儿的进步便给予肯定，而这种鼓励不仅仅是在课堂之上，也体现在学生作业的批语上，简简单单的一句话，足以鼓起学生学好的勇气和学习的信心，比如："只要你细心，老师相信你会做得更好。""这一次比上次做得好多了，要继续啊。""你看，老师说得没错吧，你做得真好，如果再精致一点的话，你的作品可以参加绘画比赛并有可能获奖的。"这样就能激发学生的学习兴趣，最大限度地发挥学生的潜能。

六、采用分数评定法激发评价兴趣

美术作业是学生所学美术技能技巧掌握程度的一面镜子,直观反映教学目的要求是否顺利完成的效果如何等,往往是美术课的高潮和画龙点睛部分,因此美术课的作业评价方式也越来越受到美术教师的重视。在美术作业评价中采取分数评定方法,学生根据教师的要求给自己的作业打一个适合的分数,教师主要起引导调节作用。教师结合作业给予评语和分数的这种作业评价方法,通过让学生自己评估自己的作业,在培养学生观察能力、分析能力的同时,让其树立起只要努力我也会得好成绩的健康心理,应该说还属较有新意的一种作业评价方式,学生参与主动性、积极性非常高。

美术作业既反映出教师一堂课的教学效果,同时也是学生学习效果的展示。然而由于有些教师长期重视作业的结果,忽视学习过程的评价,导致评价作业中的种种弊端:

其一,作业成绩的评定是由教师个人确定的,具有很大的主观性,有的学生自认为很好的作业却被老师评定为不及格,严重挫伤了学生学习的兴趣。

其二,美术作业只重画面效果,忽视学生学习的全过程,尤其是那种积极参与、认真投入的学生,画面效果并非都好。

其三,在作业评定中以技能目标为依据,甚至技能要求过高,把多数学生推出门外。这种不顾学生实际情况,用一把尺子(统一的作业标准)来衡量全班不同个性、不同能力、不同进步大小的学生的做法是主观、霸道的行为。这种行为严重挫伤了学生学习美术的积极性,压制了个性,甚至侮辱了学生的人格。所以,重视学习过程的评价将有力地改变传统评价作业的观念。过程既是完成作业的保证,又是学生心理、智力、技能、情感等发展的重要环节,没有过程就不会有结果,缺乏动情的过程也不会有感人的作业。

因此,评价作业的范围应从结果转向过程,从静态发展为动态。学生在这个自主发展、动态变化的过程中,教师要注意观察学生以下五个方面。

(1)学习态度:包括学生在美术学习中投入的状态(无兴趣、应付、认真、开心、发挥出色等)、能否独立完成(不包括合作作业)等。

(2)主动性与创造性:包括能否主动探求学习、创造性地学习等。

(3)过程中的发展状态:包括学生学习过程中顺利或不顺利心情的发展与控制,尤其是如何转化不理想成分等。

(4)作业效果:包括对主题(课题)的理解、对材料的运用和发挥、对表现与制作技能的掌握(运用造型要素等视觉语言)、有否独创性等。

（5）进步情况：要提倡自己与自己比较，要减少或淡化横向比较，包括理解课业、学习态度的变化、技能的提高、合作效果等。

七、重视学生的自评与互评，把评价还给学生

教学是师生的双边活动，评价也应有学生的参与。采用激励学生相互评价的方法，完善教学评价。面对当前美术作业评价的方式方法，应该以促进学生全面发展为主要目的，以教师评价为辅，培养学生的评价。所以应该改变学生美术作业评价老师一人说了算的现状，让学生由评价自己作品的奴隶变成主人，可以尝试让学生在作业中采用自评、同学评和教师评价相结合的方法。在此过程中既调动了学生参与学习的兴趣，又提高了学生对美的正确评价能力、欣赏能力和认知能力。重视学生的自评与互评，反映出"以学生发展为本"的教育的主观和评价观。长期以来，一直是由老师给学生进行评价，因为教师掌握着评价的标准。而我们今天的教育任务已不再是向学生灌输多少现成的知识，必须让学生"学会学习"，形成一种"可持续发展"的能力，而自我评价和相互评价能力是学生学会学习的基本标志，所以我们必须重视学生这种能力的培养。评价主体，让学生通过自我评价重新审视自己的作业，培养学生自我分析、自我反思、自我评价的能力，促进学生健康发展，引导学生精益求精、积极向上、锲而不舍的精神。《学学构图》一课评价时让学生和同桌相比较，运用比较法分析自己的画面，从总体上看，本次作业评价中学生以简练的语言，根据画面内容从色彩、构图进行整体评价，有鼓励语言、激励语言。从学生实际出发，设计出既符合教学目标又符合学生心理特征，能引起学生兴趣的、切实有效的美术作业评价方法。

（1）学生自评。

学生自己根据教师的要求给自己的作业评定一个合适的等级，教师主要起到引导调节作用。

（2）学生互评。

可以让同桌之间交换作业，先把同桌的美术作业在心里做一个大致的评估，并找出对方作业中的优缺点，教师适当选出几对有代表性地在课的小结部分进行交流。这样的作业评价方法能使学生在过一把"小老师瘾"的同时，提高学习美术的兴趣，加深对本堂课教学目的要求的理解。

自然，美术作业的评价方法除了上面列举的类型外，还有其他多种多样的评价方式。比如，我们还可以在班级学习专栏中特设美术画廊，定期展览优秀学生或绘画水平进步较大学生的作业。只要我们多研究、勤探索，一定还会有更新、更好的作业评价方式。

（3）推优评价。

我们可以将全班学生分成若干小组，然后以小组为单位，评比出一张优秀作业，再派小组代表交流评比结果或请优秀作业作者谈谈完成作业的好方法，这样的评价方法有利于培养学生的自主能力，一定程度上体现了"以学生为本"的教育思想。

八、拓宽评价渠道，建立课外活动的全面化评价

课外活动是课堂教学的延伸，美术课外活动内容广泛、形式多样，学生能在自由的空间中进行各种美术活动。根据评价的多元化、多样化特性，将学生在此间的美术活动作为评价学生的一个方面，十分有价值地追踪确定每个学生的美术活动表现，而且能准确评价学生在许多情境中的表现。要建立课外活动的全面化评价，可采取以下方式：

方式一：活动记录。评价并不是一次性的，而是对每个学生在相当时期内成长、发展进行追踪的过程。活动记录即对学生的课外活动行为和美术表现作叙事式的描述，特别是课外的实践和综合性探索活动。明白学生的兴趣爱好，建立具体的活动档案，作为评价的一个指标。

方式二：代表作展览。大多数专业艺术家都有代表作品，艺术家的代表作品集中体现了其艺术才能和艺术造诣。我们在课外活动中可以开设一个美术长廊，以展示学生的代表作。这么一来，就可显示学生个人的绘画才能，证明他的进步和成长，更能以丰富的信息，准确地、系统地表现个人的成绩。

方式三：参加比赛。现今，各级各类美术比赛征稿通知纷至沓来，让学生根据自身情况参加比赛，并将其取得的成绩也作为美术教学评价的一个内容，有利于激发学生美术活动的主动性、积极性，并且健全了教学评价的机制。

美术评价不能只停留在对作业和结果的评价，对课堂学习活动的评价也应该作为美术学习评价的一项内容。学生在课堂上的美术活动，包括答题、演版、提问、随堂作业、组织纪律、行为习惯等，都应该是评价的内容，这类评价我们主张以口头评价为主，其特点是评价及时，有针对性，可以贯穿于整个教学活动中；评价范围可大可小，颇具灵活性，而且时间短、频率高。在学习活动中可以不断地利用口头的评价，对学生的发展状况进行评价和反馈，不断地激发学生的积极性，引导学生最终达到学习目标，尤其是高年级学生，此种方法的高频率使用能让学生收到许多意想不到的结果。

九、多角度、多层次综合性评价美术作业

在对小学学生的美术作业开展评价的环节中若是想让评价内容更加具体、客观、科学，就一定要多角度、多层次对小学生的美术作业完成点评，如此一来，不仅可以让评价方式愈加走向综合化、整体化，而且可以使学生从各个角度多种方面知晓自身的美术能力，然后能够更准确地反思自己、对自身存在的问题开展改正。所以小学美术老师在对学生的美术作业进行点评时不仅要在审美观念、绘画能力层次对学生作品开展点评，还需要对学生的创新、感情、状态、学习水平、对作业的态度等各个方面完成准确的考虑，结合所有因素对学生的美术作业开展公正的点评。比如在讲解《装饰瓶》这一课内容时，老师要支持学生切实体现自己的想象能力创作出自己认为的最好看的瓶子，对瓶子的外衣完成装饰并为其进行涂色，给予学生充足的展现自我的空间，提升学生的思维运用能力，强化学生的创造理念。在学生创作出自己认为是最好看的瓶子后，激励学生勇敢地

▲ 教师讲解《装饰瓶》

表达自己的创作历程,阐述自身创作的想法与意义。借助彼此沟通美术作业的心得体会,不仅在某种程度上拓展了学生的想象空间,还可以吸收其余学生的创作精华继而强化自己的绘画能力。与此同时,老师需要经过学生的表述知晓学生的创作理念、创新意识、绘画水平等,从而能够从各个角度对学生的美术作业开展评价、对学生的优势进行赞扬、给予学生充足的学习美术的自信心与积极性、对学生出现的问题提供指导,进而让学生在将来的学习环节中能够有针对性地对自己的不足之处进行完善,从根本上强化学生的绘画能力与技巧水平。

十、丰富课程研发,呈现多元评价方式

创造能力、审美能力和实践能力的培养既是教学改革发展的需要,也是美术教育改革的必然。培养学生的创新意识和实践能力,是当前教育改革的重点,也是呈现多元评价方式的途径。强调让学生动手、动脑,手脑结合,在其基础上发展美育眼光。因为学习过程是学生的思维活动过程,是一个主动建构认知结构的过程,这个过程必须依靠学生自己来完成,别人是无法代替的。任何高明的教师都不能代替学生的学习,代替学生的动脑、动口、动手等操作活动。培养学生的创新能力、审美能力和实践能力是以学生为主体的探索性解决问题的活动,它应该贯穿于美育教学的始终。

综上所述,在小学美术课堂上,美术作业点评对小学生的健康成长以及心理发展具有至关重要的影响。所以,一定要紧跟时代发展的潮流,主动使用多元化的点评模式多角度、多层次整体点评学生的美术作业,能够借助自评、他评等模式来强化学生美术认知能力与审美水平,推动学生全方位成长,从而为其将来的进步与发展打下坚实的基础。

核心素养背景下美术评价方式呈现的方式有多种但是在评价的过程中我们也要去思考以下几个问题:在过去的美术教学过程中,我们更多的是强调知识与技能的传授和培养。知识和技能虽然重要,但并非素养和能力,我们只有将如何获得知识与技能和如何运用知识与技能进入问题情境,解决问题,才有可能转化为素养和能力。这就需要在评价过程中通过教学实践发现,建立低标准、多层次、高发展的学生学习评价体系。

(一) 拓展评价内容

在过去的教学过程中我们主要是以作业、考试等来评价学生,这些完全不像是美术的评价方式,美术应该将美放在首位,只有在学生的作品中突出了"美",并且形成一定的"术",这才叫美术。所以我们的评价方式应该从"美"和"术"两个方面来进行。

例如,苏少版美术一年级《土与火的艺术》一课。泥塑是以自然形态的泥作为材料进行巧妙的构思截取、加工雕琢而成的工艺品。学生对泥塑的制作过程很感兴趣，可是大家精心制作的作品却因陶泥朴实的外表而使泥塑作为工艺品的装饰美作用大大减弱。就给学生两个评价标准：(1) 如何装饰美化你的泥塑作品使它漂亮起来，但使用装饰物切莫喧宾夺主（美）。(2) 根据自己家居的实际情况可以选用哪些展泥塑作品的方法，思考一下作品的位置安排（术）。大家经过一段时间的操作实践与思考，纷纷上交了自己的创意：有的建议用水粉、丙烯等颜料或彩漆、清漆泥上色装饰；有的建议为泥塑加上底色纸或涂画一个来衬托等。对于学生的美术表现、审美态度、创新能力都有着很好的培养和提升。

（二）个性化订制评价标准

现在的学生个性越来越强，一味地鼓励性评价会导致学生的过度拔高而带来学习畏难情绪，而一味地批评教育又会让学生产生严重的逆反心理。这些都不利于学生美术核心素养的养成，因此，在现在的课堂学习过程中，教师应该依托美术核心素养，充分发挥评价的教育功能，以美育人对不同的学生进行私人定制的评价策略和方式，以提升学生的学习积极性，培养学生的核心素养。例如，在对五年级学生进行的课堂评价中，笔者做了有针对性的教师一对一面批作业实验，以便教师更多地了解目标学生的具体情况并与之更好地沟通。其中有两名男生上课时经常随意下位、说话、吃东西，甚至打闹，普通的说服教育几乎起不了什么作用，在班内影响较坏。这就要通过教师的智慧去化解——主动谈话，拉近之间的距离，抓住男生争强好胜的特点，鼓励他俩展开作业比赛等。首先，引导他们愿意做展示个人魅力的兴趣类作业，在教师的不断肯定下再逐步转向能认真完成课堂类作业，并加大对其课堂作业的表扬力度。

（三）评价的角度从终结性转向过程性、发展性

过去我们的评价方式是一考定终，这种评价方式对于学生的发展和成长都是十分不利的。所以在核心素养的大背景下，我们的评价要转变为过程性评价和发展性评价，对学生的评价活动更多地指向学生的学习成长过程，而不仅仅是考试，从而有利于学生各个方面的发展，激发学生的学习兴趣和自信心，培养学生的美术核心素养。

继红小学哈西一校区楼与楼之间有许多的天井，空荡荡的并不美观且浪费空间。就这个问题，五年级同学展开讨论与实验：天井空着很难看，能不能美化？如何美化更合适？经过一段时间的讨论、亲手试验、翻阅欣赏名家名作、上网查资料等多种形式的探索，最后大家决定借鉴法国印象派的点彩法一起创作一幅关于美的家园的画。两个礼拜后，由学生集思广益、众人参与的美化天井任务完成了。天井的阳光配上同学们的创意，学

校的天井立刻呈现出了应该有的楼廊文化。冬季学生教师的雪雕活动、艺术节的环保时装秀活动等这些集体绘画活动，给了学生展示自己绘画才能、展示新颖创意、展示集体力量的机会。

▲ 学生装点校园

（四）评价技术从过分强调量化转向更加重视质的分析

教学评价实践中，如果过分强调量化，学生就会盯着单纯追求作业数量带来的高成绩，在学习中无心钻研探究。因而，我们更要关注的是做法和体会，是学生的学习能力与兴趣先靠低标准的量。要给予学生足够的研究学习的时间，而不是这节课一结束就急着让学生把作业交上来。同时鼓励学生，从师生身上汲取长处，力求尽自己全力把作业做得尽善尽美，靠自己的进步，在评价竞争中不断超越。

在教师的摸索学习与实践中，教师需要不断地随着课程改革的步伐而改进，不断地与同人交流学习，关注学生的成长发展过程，与学生一起成长，力求使教学成为自己的艺术享受，学习成为学生的快乐体验。

美术学习比一般的知识学习更强调个性化的特征，它不追求结果的一致而更关注学生在美术活动过程中如何发挥自己的主动性、想象力、创造力和交流、合作的能力。因此，我们要倡导个性化的美术学习方式，既关注学生掌握美术知识、技能的情况，更重视对学生美术学习能力、学习态度、情感与价值观等方面的评价，以此来真正发挥评价的诊断、发展功能以及内在激励作用。

美术评价卡、艺术成长档案是教师给予学生赞赏的"储蓄本"，是引领学生为之努力的"方向标"，是记录学生精彩课堂表现和自我欣赏的一本"影集"，让学生们体会到爱、体验到成功、感受到快乐。

总之，作为美术课程评价，无论是在功能和价值上，还是在学科内容、呈现方式以及对考核结果的处理上，都要力争体现新课程所倡导的"立足过程，促进每一位学生的发展"的评价理念和工作思路。这必须以新课程标准的评价建议为核心，建立多元主体参与多样评价方式、多元评价指标的美术学习评价体系。既关注学生美术学习的结果，更关注学生在学习过程的变化和发展；既关注学生知识与技能的理解和掌握，更关注他们的情感与态度的形成和发展。更新评价理念、改变评价内容和改革评价方式，会给学生带来一个广阔的空间，成为学生进步的起点。

第三节 美术课堂教学评价中的实践及运用

按照美术教学标准对美术课程总目标及分目标的设定，不同的课程领域和教学内容应当有不同的评价方式。这里我们分别从艺术档案的设立及美术课程分目标的四大领域"造型·表现"、"设计·应用"、"欣赏·评述"和"综合·探索"逐一举例说明。

一、艺术成长记录档案

在前面的内容中，我们对艺术成长记录档案做了简单的说明。艺术成长档案主要是收集、记录学生自己、教师或同伴做出评价的有关材料，学生的作品以及其他相关的证据与材料内容等，让学生自己决定艺术档案中收集资料内容，决定自己作品展示或过程记录，决定判断提高作品或资料的质量和价值等全程参与，使学生学会反思和判断，判断自己学习的质量和进步、努力情况等。对于学生来说，艺术成长档案不但记录了他们的成功与收获，同时也记录了他们的遗憾与感悟。在创立艺术档案时，可以将一些细节的工作交给学生们去做。每周可以组织小助手,协助教师指导学生将自己的点滴进步和成绩记入成长档案中,在学期期末进行整理。成长档案中装有成长评价卡、荣誉证书、美术作业等,代表着学生成功与收获的材料。通过回顾,让学生学会和自己的昨天比,和自己的过去比,让学生感到自己在进步、自己在成长。

（一）艺术档案的设计

艺术档案是凸显学生个性的评价方式,因此可以由学生自己设计封面,封面上写明班级、姓名,每一件作品的题目、创作时间和自评成绩,并做简单的文字介绍。

（二）艺术档案的使用

学生自己挑选认为最好的作品存放到档案袋中,这些作品可以是学生自选的优秀作业、作品的文字介绍、同学或老师对作品的评价、各种参赛获奖证书、作品发表的刊物、自己收集的有关美术方面的图片、文字资料等。存放时可以与前一次的作品进行比较,不满意的作品应拿出袋子或带回家进行修改。不宜放入的作品,如纸浮雕、雕塑和立体

▲ 艺术成长档案

构成等作品，可以拍成照片后存入。对档案袋中作品的数量可规定也可不规定。

（三）艺术档案的保管

可以由学生自己保管，也可以由教师统一保管。由教师保管时，教师应定期发给学生，存入新的作品，并带回家给家长观赏。

（四）艺术档案的评价

艺术档案的评价，是由以往侧重甄别向侧重发展的重要转换，学生在收集、整理、鉴别、欣赏的过程中不断完善自己，不断提高自己的综合能力，不仅增强了学生自信心，激励学生追求最佳的学习状态，而且提高了审美能力，获得了成功的美好体验，为学生的全面发展奠定了基础。

▲ 教师在评价

可以说，美术学习成长档案的建立既代表了学生最佳的学习效果，同时也是学生学习水平逐渐提高、美术成长过程不断细化和学生学习自信心不断提高的最好见证。

我们还可以根据各校的实际情况，为学生们设立电子艺术档案。

美术电子档案突破空间的局限，利用磁盘的大容量空间，充分展现出每个学生的美术学习过程与成果。电子档案袋的优点有以下几点：

一是在收集、储存、查看等方面显示出的高效率。电子档案的最大好处是它的高效率——易于操作并收集有关学生作品的资料和影像。电子档案可以清晰地显示一个成长记录图。传统的档案袋虽然也能做到这一点，但很难系统地按时间顺序进行组织，而且为了厘清顺序，教师要花费很长的时间去翻阅作品，而电脑上的页面却能方便地找到所要的内容。电子档案袋易操作、易携带，研究分析更实用快捷，并能对档案进行全方位的分类，可以很方便地共享同事间的信息，可以有效地就档案资料进行对话。

二是电子档案袋储存更方便。作品不一定要保存在学校，学生完成的作品可以马上带回去，而不必等着打分，对立体作品来说，这更是一大优势。电子档案袋也是储存、描述数码作品的最佳方法，尤其是动画和多媒体作品。另外，磁盘比美术教室的作品储存容量更是大多了。

除此之外，电子艺术档案具有评价优势。首先，电子档案袋有利于学生的自我评价。使用成长记录电子档案袋的学习者查看自己的成长记录很方便，他们比较关心自己的作品的数量和质量，同时通过对自己作品的回顾，看到自身的进步和不足。其次，电子档案袋是教师责任心的有力证明。大量的学生作品和完整的成长记录体现了教师的责任心。教师也可以通过对电子档案袋的分析，更全面地了解每一个学生的学习情况，不断调整自己的教学策略，做到因材施教。

电子艺术档案还有跨学科整合学习、激发学习兴趣、方便家校交流等优点。当今社会对信息技术能力要求日益提高，无论是生活还是学习，信息技术都能起到强有力的辅助作用。电子艺术档案的建构整合了美术学科和信息技术学科，这种综合的形式能够充分激发学生的学习兴趣。另外，对比以往的评价形式，学生可以把完成的作品带回家，这样父母就可以更好地了解学生在校学习的情况，学生可以根据自身情况巩固或提高相关知识技能，也可以利用课余时间相互交流，取长补短，共同进步。云端技术的运用，还可以使电子艺术档案伴随学生的一生。

电子艺术档案可以分为过程型、目标型、展示型和评估型。

1. 体现学生发展的过程型档案

过程型档案的目标旨在诊断学生在学习过程中所取得的成绩及存在的问题。记录学生在某一领域学习的进步过程或轨迹。培养学生的学习兴趣与积极性。帮助学生发展对自己的学习过程或经历进行思考和评估的能力。

过程型档案收集的内容与时间多由教师根据自己的教学目标与学生的学习现状来确定，由学生按照教师的规定与要求把作品收集起来，作为发展的证据。

学生要负责选择和提交符合要求的作品或其他有关材料，同时要检查在一定领域中取得的进步以及需要改进的地方（教师可以提供必要的帮助），对自己的成长进行基本的思考与评估。也就是说，学生的任务并不仅仅是收集汇总作品而已，他们还要对自己的成长进行基本的思考与评估。

2. 渗透评价标准的目标型档案

除了过程型档案袋中所涉及的目标外，目标型档案还应关注让学生学会制订计划与选择目标，有一个属于自己的创造空间培养学生自我监控学习的技能、自我反思的能力。

教师按照教学计划与内容列出档案袋的主题，对收集的内容不作具体、严格的规定，由学生自己编制其中的内容（与过程型档案袋形成了明显的区别）。这样，学生选择作品的标准与制订计划的设想就能展现出来，并以一定的形式加以表达。表达形式可以多种多样，既可以是伴有说明的一系列草图，也可以是在计划过程中录下的音频，但是要对作品产生过程加以说明。

目标型档案中的内容，是学生在完成某一学习计划的过程中创作的各种类型的作品集。如果说对一项作品产生过程的记录，表明了学生在某一学科领域中成就的深度，那么，档案中的系列作品则表明了学生取得成就的广度和范围。

3. 精选优秀作业的展示型档案

展示型档案袋往往是一种激励性的总结性评价，一般情况下用以展示学生在各个方面的成就与特长。由于每个学生所收集的都是自己满意的或最佳的作品，因而能够反映学生的个体差异或特长，激发学生的内在学习动机。展示型档案袋在整个学年中可以不断扩展，只要是能反映学生进步的资料都可以收集到他的电子档案中。在教师的指导下，学生在创建展示型档案袋的过程中，可以学会批判性地评价自己的作品，哪些地方是优点，哪些地方需要改进，哪些地方属于学生个人的特色。

展示型档案袋也称最佳成果型档案袋，是为了展示学生在某一学期或学年在某一学科领域所取得的成果，帮助家长与教师充分了解学生在某一时期内取得的成绩及进步。通过展示成果，关注学生的个体差异，让每个学生都有机会展示自我，由此增加自信与对学习的兴趣。

展示型档案收集的是学生自己选出的最好或最喜欢的作品，并配有他们对作品的自我评价与选择标准的说明。不论是在线上还是线下各种类型的展示会上，展示型电子档案都能清晰直观地达到展示作品的目的。

4. 用于总结的评估型档案

评估型档案袋是档案袋中唯一一种通过评价学生所收集的作品，来评定其在某一学科领域成就的方法，可用于水平性或选拔性评价。教师一般在征求学生意见的基础上，决定将哪些作品收进评估型档案。

评估型档案袋主要用于向家长、学校领导甚至是教育行政部门提供学生在某方面所取得成绩的标准化报告。在一般情况下用于期末或终结性评价。评估的标准是预先决定的。但由于档案是形成性评价的有力工具，因此，在评估标准中必须有学生进步及改进（如作品的修改）情况的报告。主要是由教师、管理者建立学生作品集。

评估型档案，一般包含所有在展示型档案中收集的学生作品，同时还包含过程型档案里收集的一些内容。过程型档案的目的是生成优秀的作品，展示型档案的目的是展示最优作品，这两者中也有很多评价性的内容也可以用于评估型档案。

评估型档案的目的就是评估学生在学校课程中到底学了什么，学了多少。一般来说，过程型和展示型档案，都可能收集一些超出课程内容的作品或资料，而评估型档案袋内容的选择必须严格依据课程内容和教学大纲，这样才能反映学生在课程领域内对于教学大纲中的知识点掌握的程度如何。它不仅可以作为教师给学生评定等级的依据，同时还可为后续课程安排及教学难易度调整提供依据。

总之，无论使用何种艺术档案都要伴随着一系列课程和教学观念、评定观念乃至学生观的变革。

二、"造型·表现"领域课堂教学评价的实践及运用

美术课程标准指出："造型·表现"学习领域不以单纯的知识、技能传授为目的，而要贴近学生不同年龄阶段的身心发展特征与美术学习的实际水平，鼓励学生积极参与造型表现活动。在教学过程中，应引导学生主动寻找与尝试不同的材料，探索各种造型表现方法；不仅关注学生美术学习的结果，还要重视学生在活动中参与和探究的过程。因此在评价方面，也要针对不同的教学内容，及时调整评价方式。

【案例1】

《点彩游戏》教学设计

（一）尝试发现

1. （课件：人物头像,点彩作品）看看谁的眼睛最亮，先看出它是什么？

2. 揭题、读题：好神奇啊，近看只是各种颜色的点，退远了就组成了一幅画，这就是奇妙的点彩画，今天我们就来学习：《点彩游戏》。

3. 老师课前先在纸上用蓝色和黄色点一些点。

4. 老师把画举到学生眼前：你们看到了什么颜色？（生：黄色和蓝色）

师：老师再把画拿远，这次你们看到的是什么颜色？（生：绿色）

师：为什么刚才有那么多同学看见绿色了呢？这是因为我们的眼睛会调色。其实，颜色不一定要在调色盘里调，我们的眼睛也可以完成调色的任务。

（二）探究形成

1. 色点的混合效果在生活中的运用（PPT出示毛衣局部图）

师：大家一起来看这件毛衣，它是用蓝色和红色的毛线编织的，远远看去，就出现了

紫色的效果。(PPT出示毛衣全景图)

师：这件毛衣上的混色效果还有很多，蓝色和绿色、绿色和橙色、橙色和蓝色等，产生一种全新的视觉效果。我们的生活和大自然紧密联系，大家一起来看！

2. 色点混合在自然界中的运用 (PPT出示花海图)

师：毛衣的颜色和大自然的颜色像不像？在这片花海里，你看到了哪些颜色？近看和远看颜色不一样吗？色点的空间混合，能创造出更加丰富的色彩。

师：如果把红色、黄色、绿色混合在一起，想象一下你的眼睛会把它们调成什么颜色？

3. 师：我们一起来欣赏几个色块 (PPT出示)，这两块颜色有什么区别？它们分别用了哪些颜色的点来表现？如果你来画，你会用什么颜色来表现？

师：在这块颜色里，你觉得哪种颜色的点会偏多一些？

4. 师：现在老师把小色块发给每个小组，4人合作，用手指来点，尝试一下，看看点出来的效果和你想象的一样吗？你会有什么出乎意料的发现？

师：同学们看了以后有什么感受？如果想要它再淡一点，你有什么办法？

总结：色彩可以有层次、叠加的效果，这样会有丰富的艺术感觉，产生一种新的视觉效果。

师：现在，老师想要用你们点出来的色彩创作出一幅新的点彩画。

(教师示范：用学生的作品来剪贴水果静物画。)

师：色彩的感觉真微妙啊，还有很多我们现在还不了解的色彩原理，等待我们不断去发现。

(三) 联想创造

1. 正是因为色点的混合有着这么奇妙的视觉效果，所以有个叫修拉的画家创造了点彩的画法，用颜色点啊点啊，点出了一幅很有名的画。大家想不想看？

修拉 (创始者)《大碗岛星期天的下午》

2. 点彩画还有一个专门的流派，那就是点彩派，它是由印象派发展而来的。那我们赶紧去认识几位点彩派的大师吧！

西涅克 (发扬者)、克罗斯 (水彩点彩)

黄亮 (中国的点彩派代表)

作业：在纸上点出色点，注意所有的颜色都不能直接画出来，要用两种不一样的颜色在画纸上点，点要小且密。

【评价建议】

根据课堂上教师的指导，学生的作品情况大致可以分为以下几种：

1. 造型能力薄弱的同学用点彩的技法画简单造型的物体,如苹果、西瓜、房子、星星等,着重体验点彩的技法。

2. 具备一定造型能力,但工具准备得比较单一的同学,用水彩笔画出具有完整构图的点彩画作品。

3. 具备一定造型能力,且能熟练使用除水彩笔以外的其他工具的同学,可以使用其他工具,如水彩、水粉等,创作具有完整构图的点彩画作品。

【点评】

本课的教学重点在于充分利用色彩和不同的点法创作点彩画,难点在于进行空间混合的色彩调配。评价的重点也应该针对教学重难点——色彩的运用。但是不论哪种绘画方式,造型和构图都是至关重要的,所以针对这三种作品,教师可以进行有梯度的评价:在评价造型能力相对薄弱的同学的作品时,教师可以侧重于色彩的运用和搭配,同时对画面如何进一步完善采取讨论的方式,让学生之间相互交流,提出不同的看法。也可通过对比作品的方式,帮助学生提升构图能力。具备一定造型能力,但工具比较单一的同学的作品,在评价时除了关注色彩运用和搭配的基础上,增加评价构图的部分。而熟练使用其他工具的同学,可以在评价色彩、造型和构图的基础之上,再评价工具使用的技法。如果学生的作业能得到老师的好评,学习信心倍增,学生对美术课的兴趣也就提高了。如果学生的作业中有不足之处,老师也应用"如果这样画,可能会更好看"等委婉的词语让学生修改作业中的不足,在美术作业中,有些问题用文字很难讲清,若采用教师直接修改的方法,会使学生更直观地认识作业中的错误,在比较中了解正确的方法。有梯度、多元化的评价方式,不仅能有效地帮助不同层次的学生发现画面的问题,更能帮助他们树立自信心,这样学生的主体地位才能得到落实。

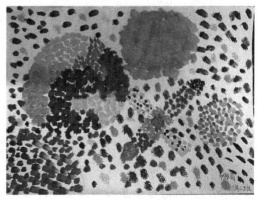

▲ 学生作品

▲ 学生作品

【案例2】

《画触觉》教学设计

上课前,我们来活动一下,让我们和身边的好朋友握握手。

谁能说说,你的好朋友的手,给你什么感觉?(柔软,温暖,冰凉)

我们都交到了好朋友,让我们为我们的好朋友鼓鼓掌吧!掌声再热烈一些。现在你的手什么感觉?(麻)

这些感觉都是通过我们的皮肤感受到的。这种感觉我们把它叫作"触觉"。触觉可以传递给我们很多信息。

老师这里有个盒子,盒子里面有两种常见的水果,谁能来摸一摸,告诉老师,你摸到的这个水果给你什么样的感觉?(光滑)你猜猜这是什么水果?

谁再来摸一摸第二个?这次老师有个小要求,摸到以后,先不要说。你能用简单的几笔画出你手上的这种感觉吗?

同学们猜一猜,他摸到了什么?

(菠萝、榴梿……)

那我们来看看,这是什么?(榴梿壳)

刚才我们同学说到的东西都有一个共同的特点——扎手,这是我们通过观察刚才这位同学画的线条感受到的,同学们想不想试一试啊?

我们身边的每个东西都有不一样的触觉,现在,每组同学的桌子上都有一个盒子,盒子里有各种各样的东西,请你摸一摸,然后尝试用油画棒画出来。

(学生初次尝试,教师巡视辅导)

让我们来看一看,猜一猜,大家都摸到了什么?

我们通过线条能简单地表现我们的触觉。那么除了线条,我们还能用什么来表现触觉呢?(教师示范冰冷)

色彩也能表现我们的触觉。

我们只感到了冷的感觉,但是我们说一个物体有时候不只是一种感觉,它有很多的感觉综合在一起。同学们注意观察,老师又添画了一些线条,这样的线条你能感受到什么?

好了,老师这里有一个东西,这是什么?(热水袋)热水袋给你的第一个感觉是什么啊?(热)我们怎么表现热?除了热,热水袋还有什么样的感觉?(软软的)那么你想怎样表现软软的感觉?谁来试一试?

老师这里有四个形容感觉的词,请同学们讨论一下,这四个词分别对应哪幅作品。(①软乎乎;②黏腻腻;③尖刺刺;④毛茸茸)

柔和的颜色,湿润的笔触,顺滑的线条和形状,都可以用来表现类似毛绒玩具、海绵、水之类的柔软舒服的感觉。

坚硬的线条,尖锐的图形,强烈的颜色,可以用来表现类似玻璃、仙人球、榴梿壳等尖锐扎手的感觉。

这幅图片,你能想到它表现的是什么吗?(沙子)

我们今天认识了这么多触觉,相信小朋友们已经迫不及待想表现一下了吧!别急!先看看老师的作业要求吧!

作业要求:表现印象最深的触觉感受;表现与众不同的触觉感受;用油画棒或水粉在你选择的纸上表现。

选择作业要求中的其中一种,根据你需要表现的触觉感受用油画棒或水粉在黑纸或白纸上表现出来。比比谁画的触觉最特别。

【评价建议】

本课在教的环节中,教师制造了各种游戏让学生参与,所以评价多以鼓励启发为主,鼓励学生大胆发言,参与讨论,为教学营造良好的氛围。对自己的作品能用简单的语言描述,解释自己的作品,在交流中对自己获得的艺术感受有所了解,增强自信心。学生完成了练习后急于得到肯定,本着"为促进学生的发展而评价"的理念,结合全方位评价,注意发现学生潜能,了解学生发展中的需要,注重差异,在知识技能上不强求一律,尊重学生富有个性的表达方式,让学生能够体验到将自己的感觉表达出来的参与感比作品的好坏更重要,在评价中注重学生的探索过程而不仅仅是学习结果。在互评中学习长处、提出建议,进一步评出本课评价能力最强的人。

▲ 学生作品

三、"设计·应用"领域课堂教学评价的实践及运用

美术课程标准指出"设计·应用"学习领域以形成学生设计意识和提高动手能力为目的。教学内容的选择应贴近学生的生活实际，将学科知识融入生动的课程内容中，密切联系社会生活，关注环境和生态，突出应用性、审美性和趣味性，使学生始终保持浓厚的学习兴趣和创造欲望。因此，在评价"设计·应用"领域的作品时，要着重关注学生是否具有创新意识和设计意识，设计的作品是否实用，是否能够贴近生活，融入生活，是否具有应用性、审美性和趣味性。

【案例1】

《贺卡设计》教学设计

（一）实物导入

教师拿出一张贺卡，请同学们说说，这是什么？适合在什么时候送给什么人？你自己有没有送过或者收到过贺卡? 给你留下深刻印象的是一张什么样的贺卡?

(二) 贺卡介绍

贺卡是人们传递友情的纽带,在贺卡上都有祝福的话,贺卡讲究喜庆、吉利。我们常见的贺卡有好多种:过年、过节、过生日以及所有的有纪念意义的日子,都可以送上贺卡作为祝福。你们知道吗? 贺卡是在我们国家最早出现的,相传在唐朝,唐太宗李世民在过新年的时候,用金箔制成卡片,上面御书"普天同庆"赠送给亲近的大臣,后来,迅速在民间普及,到了明、清时期,已经是非常普遍了。现在,老师想请同学们用1~2分钟时间,简单地设计制作一个贺卡好不好? 学生小练习。

(三) 作业讲评

学生作业讲评,分析贺卡的构成。

(四) 贺卡欣赏

欣赏一组贺卡。观察,在这组贺卡中,都运用了什么样的图案,图案在贺卡中所占的位置及大小。贺卡中文字的书写是怎样的,内容是什么。

(五) 教师示范

(1) 折,我们常见的贺卡一般都是对折的,我们可以先用剪刀头等工具先压出折痕,然后再折,这样折出来纸张会比较平整好看。

(2) 画,在贺卡的封面,封底和内页上画上风格相近、题材一致的画面,教师可以根据学生的回答,在一年级美术课中学习过的内容进行绘画演示:

①封面的画面可以大一些;

②封底可以有小幅的切合主题的绘画;

③内页要留有书写祝福语的部分。

(3) 写,书写祝福的话语,要求学生用水彩笔书写手写体文字,然后用细的签字笔等工具双钩描边。

(4) 教师展示制作完成的贺卡。

(六) 布置作业

教师布置作业,并总结本阶段学习要点。学生练习,根据教师的演示完成练习,教师巡视,进行指导。

（七）再次讲评

师生共同品评学生的作业，对学生作品中的优点要点评到位，不泛泛而谈，指出哪些地方是好的，好在哪里。哪里还需要改进，提出改进意见。

（八）贺卡欣赏

分成两部分：第一部分，运用教学课件，欣赏一组造型独特、更加具有设计感的贺卡；第二部分，贺卡实物欣赏，通过一组教师自己制作的贺卡，进一步打开学生的创作思路。

（九）教师演示

请同学们根据自己设计的贺卡，小组讨论，开动脑筋，设计出与众不同的式样。教师给予相应提示：贺卡的外观；运用小贴花为贺卡锦上添花；改变折页的方式等。

（十）完善贺卡

学生根据教师给予的提示，同学之间相互商量产生的结果进一步完善自己的贺卡。教师巡视，并提供帮助。

（十一）学生作品展示

我们的贺卡制作完成了，你想把它送给谁呢？现在，就将你的贺卡送给他吧。

【评价建议】

在本课的学习中对学生的作业，更多地偏重于学生能够将之前学习过的知识、技能进行融会贯通，在教师演示、范例的基础上创作出更有创意的贺卡。

在本课三个梯度的练习评价中，第一个梯度的练习，更多地采用学生自评、互评的方式，发现、总结贺卡的样式、内容。教师引导学生总结贺卡所表现的内容应该是吉祥的、祝福的。特定的节日所表现出的主题要突出。

第二个梯度的练习，教师的评价依然是引导学生观察学生制作的贺卡，发现学生自己设计制作的贺卡中出现的具有独特想法，制作别致的贺卡。另外，提供建议，帮助学生进一步完善自己设计制作的贺卡。学生自评、互评的重点也是这样，以鼓励、激励为主，要求学生准确说出好在哪里，最喜欢什么地方，还有什么地方可以进行改进。

第三个梯度的练习，师生共同对大家最终完成的作品进行品评，着重于贺卡制作的技巧、版面的设计，是否具有独特的创意。

【案例2】

《适合纹样》教学设计

（一）图片引入

师：老师课前收集了一些图片，我们一起来欣赏一下。在欣赏的同时，大家说一说你看了这些图片有什么感受？（PPT出示图片）

在我们的生活和大自然中，有很多有规律的重复排列组成的图案，表现了节奏美和韵律美，给我们美的享受！大家有没有发现这些图案有一个共同的特点，谁来告诉我？（都设计在一定的形状里）

美丽的图案设计在一定的形状之内，即使去掉了边框，也能显示出原来的形状，这些图案被称为适合纹样。今天我们就一起来研究学习适合纹样。

（二）师生互动

教师准备不同形状的彩色卡纸和不同形状的适合纹样。

师：谁能上来帮老师把这些图案摆放在合适的底板上呢？说一说，为什么这样摆？

学生上台拼摆展示。

（三）抛出问题

师：老师收集了一些适合纹样的图片，我们一起来分享一下。

在分享这些图片的时候，请大家思考几个问题：

(1) 我们可以用哪些外形来设计适合纹样？

(2) 可以设计什么样的图案来进行装饰？

(3) 发现了哪些图案的设计方法和规律？大家可以小组讨论，也可以独立思考。

（四）学生欣赏讨论，教师适当引导，总结适合纹样的设计方法和规律

(1) 适合纹样的外形可以设计成三角形、圆形、方形等几何形，也可以设计成不规则的几何形。

(2) 设计图案可以是花卉、人物、动物等，也可以用点线面组合。

(3) 适合纹样有两种设计形式：一种是纹样按一定规律重复排列的，表现一定的韵律美和节奏美；另一种是相对对称的均衡式。

（五）总结规律

师：图案的设计有哪些方法呢？看了这些作品你发现了哪些规律？

纹样按照一定的骨式重复有规律的排列，表现了一定的韵律和节奏。

（六）学生演示

师：要设计一个适合纹样应该先做什么？再做什么？哪位同学愿意上来示范一下？

学生边叙述边示范。（简单的部分让学生在实物投影仪上直接设计制作，对于有一定难度的地方，教师适当指导、讲解、示范）

（七）教师总结设计步骤

（1）选择一个外形。（可以是三角形的、方形的或者是圆形等）

（2）设计纹样，（可以是人物、动物、植物或者是点线面组合等）对称式要先画好基本骨线再进行图案设计，均衡式将图案按照形状的不同做相应的变形。

（3）上色。（合理搭配色彩）

（八）作品互评

师：老师这里还有一些同学们的作品，大家欣赏一下，这些作品怎么样？你最喜欢哪一张，为什么？

（九）布置作业

师：讲到这里，很多同学已经很想设计一幅属于自己的适合纹样的作品了吧！心动不如行动，大家赶快动手吧！

作业要求：选择自己喜欢的形式去设计相应的图案并上色。大胆想象，将自己的所想所感大胆表现出来。

 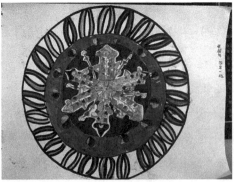

▲ 学生作品

▲ 学生作品

【评价建议】

《适合纹样》一课可以用多种方法进行表现,本课的教学采用了设计绘画,对于学生来讲比较方便,容易上手。如果在教学中能让学生在纸盘上绘画,或者利用黏土、彩纸、废旧材料等不同的方法去制作,将更能激发学生的创造思维和动手能力,单一开展教学或通过分组制作都能取得很好的效果。执教老师可以根据自己的特长结合学生实际情况进行选择。

本课具有一定的抽象性。所以在评价时一定要发挥评价的促进作用,多发现学生的优点,适当地多鼓励,帮助学生树立学习的信心。在对学生的"作业"和"学习过程"评价时可分为:学生自我评价、同学间的相互评价和教师的评价。这些评价可以以鼓励为主,目的是给学生自尊、自信,然后从存在的不足和需要努力的方面说一说,这样的多层次多角度的评价更科学、更全面、更有意义。

四、"欣赏·评述"领域课堂教学评价的实践及运用

美术课程标准中,"欣赏·评述"学习领域是指学生通过对自然美、美术作品和美术现象等进行观察、描述和分析,逐步形成审美趣味和美术欣赏能力的学习领域。学生除了通过欣赏获得审美愉悦之外,还应认知作品的思想内涵、形式与风格特征、相关的历史与社会背景,以及作者的思想、情感和创造性的劳动,并用语言、文字、动作等多种方式表达自己的感受与认知。对于这一领域学生学习成果的评价,应侧重学生能否清晰明了表达观点,能否在文化情境中理解美术作品。

【案例】

《玉石文化》教学设计

（一）创设情境，导入新课

师：同学们，看老师写了个什么字："王"。王在古代是什么人？王的腰间挂了一块小石头（写"玉"），美石为玉，为什么要挂玉呢？宝盖头有房屋的意思（写"宝"），家中有玉就为宝，为什么呢？从古到今我们中国人都是把玉视为珍贵的宝物，世界上没有一个民族像我们中华民族这么喜欢玉，玉一直伴随着我们这个民族的成长，并且形成了一种博大深邃的文化——玉石文化。（板书）

（二）探究新知，感受魅力

1. 师：你们喜欢玉吗？那我要考考你了：玉有什么样的颜色？

玉石是天然形成的一种石头，它受到地质中化学元素的影响就会形成不同的颜色，有的在一块玉料中就会有好几种颜色，人们往往利用这种天然形成的颜色进行巧夺天工的雕刻，这就是俏色玉雕。（欣赏原石和俏色玉雕）

2. 师：那玉石是怎么形成的呢？又是需要多少年才能形成呢？谁来猜猜看？

以我们新疆昆仑山出产的和田玉为例，看看它是怎样形成的。（视频）和田玉所经历的这些沧海桑田的地质变化是所有玉矿共同经历的。

3. 师：据考证，人类发现和使用玉至少有两万年的历史，那玉是怎样被人们发现并使用的呢？

远古的先民们最早使用的工具就是我们随处可见的石头了，后来他们从山上找到了一种特别的石头，你们猜猜它是什么？不过用着用着，这块石头慢慢磨损变小了，不好当工具了，你猜，他们会怎么处理这块石头呢？他们就把它作为装饰品戴在身上。直到现在新西兰的毛利人依旧把玉作为装饰品来使用。然而在中国，玉作为装饰品只是迈开了中华玉文化的第一步，它又将被赋予更高的神圣使命。是什么呢？我们来看这样一件玉器。

4. 师：这是1983年在辽宁出土的一件玉器，因为考古学家最早是在内蒙古一座叫红山的山后发现的遗址，所以这些被统一称为红山文化，距今有5000多年的历史了，这是红山文化中很有代表性的一种玉器。你们猜猜，它雕刻的是个什么形象？（生猜）

看视频，讲玉猪龙，在几千年前野猪是很凶猛的动物，所以有人认为，这件玉器源于原始先民对野猪的崇拜,把野猪的形象佩戴在自己身上,显示自己的勇敢和富有。但是经过考证,一些专家又认为,这是孕妇肚中胚胎的形象,在原始社会生孩子可是一件非常危险的事情,很容易怎么样?（生:难产死掉。）所以他们可能会把象征胚胎的玉猪龙放在女神庙中祈祷,然后再带回交给孕妇,保佑她顺利生产。可是答案是这样的吗?

5. 师:我们再来欣赏红山文化中的另一件典型玉器:C形玉龙。它的整体是个什么形?因为其龙的形象很突出,有人就称它为中华第一龙。

玉是很硬的,比一般的石头硬多了,在使用石器的落后的原始社会,他们为什么要费这么大的精力和时间去雕刻一件玉器呢? 难道只是为了佩戴? 到底是为什么呢?

6. 师:让我们带着这个疑问再走进另外一个原始玉器的发掘现场。1936年,考古学家在长江下游,就是我们江苏、浙江一带,发现了距今五千多年的良渚文化玉器,它的时间和红山文化属于同一时期。

玉琮:它是什么造型,是做什么用的? 师讲:外方内圆。上面还雕有一些图案,放大看一下,这是个什么图案,刻画的是什么? 在良渚出土的玉器中几乎都刻有这种神秘的图案,我们通过这件玉牌再仔细看看,上面这是一个人,看出来了吗? 他戴着大大的羽毛做的帽子,下面是一个有着大眼睛、大嘴巴、尖牙齿的野兽,考古学家把这种图案称为神人兽面纹。在当时只有石头工具,金属还没问世的时代,先民们用什么刻出这么精细的图案,至今还是个谜。那么他们费了这么大的劲去做这样一件玉器,到底是为了什么呢? 这上面的人又是谁呢?

7. 师:古话说得好:民以食为天。在今天如此,在生产力低下的原始社会更是如此,他们首先就是要保证自己不被饿死,那就要让自己的庄稼能有个好收成,庄稼能不能丰收最大的敌人就是干旱,就是不下雨,如果老不下雨,那就意味着颗粒无收,自己就会被饿死。那干旱无雨的时候,原始人该怎么办?（学生猜测）他们没有办法,只能祈求上天,祈求天上的神明保佑,这时候他们就会让部落中最聪明的人来当巫师,来和神明对话,并且还需要一件沟通天地的神器,这时原始人就想到了玉,玉产生于高山之上,质地坚硬,晶莹温润,富有光泽,这不就是天地精气的结晶吗? 于是,玉从此走上神坛,成为沟通天地的神器,这也正是原始人在条件、工具如此低下的情况下,煞费苦心雕琢玉器的原因。

红山文化中的玉猪龙、C形玉龙弯弯的造型正是天上闪电或彩虹的象征,是引来雨水的象征。良渚文化中的玉琮外方内圆的造型则代表天圆地方的含义,是祭天的法器。而神人兽面纹中的神人形象,正是巫师的写照。(看视频)

8. 师:巫师在玉器的帮助下最终变成了王者,玉器也被赋予了神圣色彩,从古到今一直为人们所追寻。你看,皇帝用的印章是玉做的,大臣们朝见皇帝时手中拿的是玉圭,咱们徐州博物馆中摆放的玉器都是汉代皇室用的,平时的百姓是没资格用玉的。所以玉是权力、地位和身份的象征。大思想家孔子就认为玉有11种美德，就像品德高尚的君子，君子比德如玉，在古代翩翩君子都要在腰间挂一块玉佩，以显示自己冰清玉洁的美好品德。直到现在人们都爱戴一块玉，因为它也是高贵和吉祥的化身。我们中国人非常爱玉，崇尚玉。你在生活中见到过什么玉器？

（三）欣赏玉器，开阔眼界

师：现在我们来共同欣赏几件古代的玉雕作品。

（四）欣赏学生作品，动手尝试雕刻

师：今天我们不仅欣赏美玉，我们还要尝试雕一雕。看看我们的材料和工具，就是用我们家里洗衣服的透明皂，因为它也有着这么晶莹的感觉。

怎么雕呢？我们来看看别的小朋友的作品，看看小朋友们都雕刻了什么呢？这是一只蝉，他是怎么雕刻的呢？（生说雕刻步骤，教师补充）这是小花，他又是怎么雕刻的呢？（生说，师补充）继续欣赏。

你们想一想自己可以雕刻什么呢？和同桌说说自己的想法。（提问几个学生，讲一下用刀注意事项）开始雕刻。

（五）展示讲评

师：请把雕刻好的玉器作品送到展台上展示一下，讲讲雕刻手法和雕刻的寓意。

（六）总结拓展

师：玉石文化博大精深，咱们刚才讲的红山文化和良渚文化玉器的功能和作用也是现阶段考古学家们的一种推测，可能还有别的作用，那就要你们长大后再去探究了。

以后小朋友可以让爸爸妈妈带你去博物馆去欣赏玉，出去旅游的时候也可以到玉器商店看看各种玉器。

【评价建议】

本课的教学对象是二年级的学生，善于观察，积极发言，但对玉石文化方面的知识了解较少，在教学中，教师积极引导学生来观察，来思考，来表达，在文化的传达上深入浅出，提高学生的积极性和对玉石的兴趣。本课的作业——雕刻"玉器"，其实是对玉石文化的一个学习和消化的过程，学生能感受到雕刻中的乐趣和雕刻中的不易，其实就是心灵的一次成长，所以评价一定要以鼓励为主，当然也可以提出改正的意见，这样可以促使他们课后再去探索雕刻，"你很好，你还可以更好"，是对学生最好的评价。

五、"综合·探索"领域课堂教学评价的实践及运用

"综合·探索"学习领域的教学需要教师改变思维定式,寻找美术各门类、美术与其他学科、美术与现实社会之间的连接点,设计出丰富多彩并突出美术学科特点的"综合·探索"学习领域的课程。在教学过程中,应特别注重以学生为主体的研讨和探索,引导学生积极探索美术与其他学科、美术与社会生活相结合的方法,开展跨学科学习活动。

【案例】

《瓜果的想象》教学设计

(一)游戏激趣,导入课题

师:今天老师带来了一件礼物——百宝箱,里面装有许多瓜果,下面做一游戏,请同学上来摸一摸,说一说你摸的感觉,猜一猜是什么瓜果?想一想它像什么?猜对了就送给你。

让学生上来摸,分别说出自己摸的感觉,学生猜对了瓜果,得到了奖励。

师:同学们,你们喜欢看动画片吗?(播放动画片《瓜果娃娃》,几个瓜果踩着"四小天鹅"舞曲来到舞台中间,在舞蹈中几个瓜果变成了瓜果娃娃。)

师:动画片好看吧!现在瓜果娃娃被老师请来了,他在哪儿呢?我想如果大家一起喊瓜果娃娃请出来,他一定会闪亮登场的。

生:瓜果娃娃请出来。

师:出来啦,出来啦!请大家仔细观察这个可爱的瓜果娃娃是由哪些瓜果组成的。

生:香瓜、蛇果、柠檬、葡萄、西红柿。

师:对了,几个简单的瓜果经过我们的想象,将它们组合在一起就变成了一个个可爱的形象,今天我们就来学习《瓜果的想象》。(教师板书课题:瓜果的想象)

(二)欣赏作品,探讨方法

1. 摆放游戏,初步探索

师:请看大屏,老师这里有许多瓜果,看能将它们变成什么?(老师迅速摆出一张笑脸,又摆出一个栩栩如生的牛头……)

师:请同学们想象一下,能用手中的瓜果摆放成什么形象?(教师板书:摆放)

思考后，学生尝试拼摆。

小练习：学生用手中的瓜果摆放出具体的形象。

教师适当点评。

2. 深入欣赏，探究方法

大屏展示瓜果想象的作品图片，让同学们欣赏。

师：请看第一幅，这像什么小动物？是由什么瓜果做的？

生：这是小乌龟，是由菠萝做的，非常可爱。

师：请看第二幅，这是什么瓜果做的，想一想，是用什么方法做的呢？

生：这几个小动物，是用橘子来做的，耳朵是用刀切割而成，眼睛是用豆子插进去的。（教师边听边板书：切割、穿插）

师：你真了不起，方法一下子就被你看出来了！

师：再看下一幅这几个可爱的形象，是怎么做的呢？

生：嘴巴是用刀"切"开来的，牙齿是用白瓜子"插"进去的，眼睛是用黑豆子"插"进去的。

师：再看这一人物造型是怎么做的呢？

生：这是由哈密瓜、葡萄组成的头像作品，它是用哈密瓜做头，葡萄做头发，豆角做嘴，水萝卜做眼睛，这几种瓜果是用牙签拼接起来的。（教师板书：拼接）

师生欣赏一组拼接的瓜果作品。

师：请大家仔细欣赏这一幅作品，说说它是怎么做的。

生：我喜欢这幅苹果做的人物作品，它雕刻得非常精细，惟妙惟肖。（教师板书：雕刻）

师生共同欣赏一组雕刻的瓜果作品。

（三）师生合作尝试创作

1. 师生合作示范

师：请看老师手里拿的什么？想象一下，你能把它变成什么？

学生们各抒己见，畅所欲言。

师：好的，下面我们用西瓜做一个笑脸，想想怎么做。（教师出示荔枝、胡萝卜、香蕉等辅助材料）

生：用刀切一个弯弯的口子做嘴。

师：为什么要弯弯的呢？

生：口子弯弯地向上翘，表示嘴在笑。

师：眼睛、鼻子、头发怎么做呢？

生：用荔枝做笑脸的眼睛，鼻子可用胡萝卜做，长长的显得非常可爱，头发用香蕉皮代替。

请学生上来和老师一起创作笑脸头像，在切割时注意用刀方法与安全。

还可以用西瓜创作可爱的小猪。西瓜藤做尾巴，切一段藕做猪鼻子，切两块瓜皮做猪耳朵。

2. 看瓜果，畅想自己的作品

师：今天大家带来了许多瓜果，说一说你手中的瓜果长得什么样子，想一想，你能把它变成什么？用什么瓜果联想的？利用瓜果什么特点来做的？用哪些方法来制作的？

3. 实践创作，展示评价

作业要求：选择合适的瓜果，通过想象创作出新的形象。可以独立创作，也可以几个人合作，做好分工。注意用刀安全。

学生在音乐声中创作，教师巡视指导，并提醒学生将创作好的作品放到中间的展示台上。

展示评价作品

自评：介绍自己的作品，说创意特色。

互评：说说自己最喜欢的作品，也可以提出更好的改进方法。

在学生自评、互评中教师适当点评，以便及时纠正学生在评价中发生的偏差。

4. 拓展延伸，回归生活

生活中的瓜果想象设计。

师：我们可以将瓜果想象作品用于生活，来设计美化日用品，进一步美化我们的生活。

师：今天这节课同学们玩得非常开心，因为这些普普通通的瓜果，经过你们的奇思妙想变成一个个可爱的形象，我建议你们将自己的作品带回去给爸爸妈妈欣赏一下，让他们也来分享我们成功的喜悦。

【评价建议】

瓜果想象是学生非常喜欢的一节美术课，在欣赏中，让学生主动探索瓜果想象的制作方法：摆放、切割、穿插、拼接、雕刻等。在师生合作示范中，发现学生用刀不稳定，有安全隐患，教师及时发现问题，解决问题。

探究方法由易到难，循序渐进。首先根据瓜果特征，简单摆放出一个个生动形象，学生在第一次小练习瓜果摆放游戏中，表现不俗：有花朵、帆船、笑脸等。此时教师应给予鼓励式和启发式的评价，让学生在欣赏中总结瓜果想象的其他方法，如切割、穿插、拼接、雕刻等，让学生在探究方法中充分感受到主动学习的乐趣，及时肯定他们的成绩，树立他们的自信心。

　　本课设置递进式两次作业：第一次小练习，摆放瓜果。只要发挥好想象力，就可以轻松便捷地摆放出一个个生动形象。第二次作业，运用综合技法，进行瓜果想象创作。桌上琳琅满目的作品，大大出乎老师意料，不得不佩服孩子们新奇的创意，没有做不到，只有想不到。在评价中让学生自己介绍作品创意和做法，互评中让学生选出自己最喜欢的作品，也可提出修改意见，在评价中共同促进，共同成长。

　　以上就是针对不同的学习领域内容给出的评价建议。如今美术课程内容丰富多彩，不论哪种类型、哪个内容的课程，在评价时，都要保持评价的多元化。

　　首先，多进行正面激励。不同目标达成后，赞赏性评价，优中求新；信任性评价，好中求异；鼓励性评价，寻找进步点，发现闪光点。不同层次学生达到各自不同的学习目的后，老师就应及时给予肯定、表扬，让学生获得成就感，强化更进一步的愿望。

　　其次，适当进行多元化评价。多元化评价要根据作业的特点和性质，结合实际，评价可以是老师，也可以是学生个体或者是组与组之间做出的小组结论评价。这样师生之间就没有了严格的等级之分。课堂中的每位成员既是评价者也是被评价者，凡是获得成功的人、小组都能得到全班或老师的肯定，这样学生可以立即了解自己的学习结果，及时调整和修正自己的学习行为，使每个人都能享受成功的喜悦。通过自我评价、小组评价、学生间的相互评价和全班交流评价等多种的评价方式，可以及时反馈教学效果，激发了学生的交往欲望，增强了自我表现意识。学生为了完成这样有趣的学习任务，会更主动地接受学习，自觉地按照学习目标去努力。

第四章

提升教师美育能力

第一节 当代美术教师必备的能力与素养

教师是教育工作的最终实施者,直接影响教育教学质量和学生的成长成才。美育工作也是一样,建立一支合格的美育师资队伍,是落实美育工作、提高美育教学质量的最终保证,所以加强和改进美育工作的关键在教师。我国有着世界最庞大的教师队伍,在我国教师是一种"专业化"和"职业化"的工作,美术教师是学校美育工作的具体实施者,要做到"脚踏两只船,胸怀大世界","两只船"是"学科"与"教育","胸怀大世界"即要有格局,开阔眼界,需要关注自然、社会、个人。首先要以意识为先导,树立美育意识,用意识的引领做出行为上的改变,改变以往狭隘的美育观念,领悟其内容与本质,认清实施方向,从而运用于美术研究与教学实践之中。用新的美育观,引领并改变自己的教育观,重新认识与审视学科教学,发掘教育内容与教育方法中的美。面向全体学生融合美育,选择基础的、有利于学生发展的美术知识和技能,结合过程和方法,组成课程的基本内容,并通过有效的学习方式,帮助学生逐步体会美术学习的特征。在问题情境中引导学生选择和获取知识并学会解决问题,进而形成学科核心素养,为终身学习奠定基础。通过发挥美术教学特有的魅力,以灵活多样的教学方法激发学生的学习兴趣,并使这种兴趣转化为持久的情感态度。要"建立促进美术教师不断提高的评价体系",以对教师教学行为的评价,提高教师自身的专业素养,以评促教,营造良好而有效的美育教学氛围。

在新的课程理念下,对于教师的要求越来越全面,而整个国家对于美育的重视程度也是与日俱增。美术课是一门基础文化课,是对学生进行审美教育的主要手段和途径。现代社会、经济的飞速发展,对美术教育提出了新的要求,美术课程也相应发生了深刻的变化,而美术教师是对学生进行美育的直接实施者,必须及时了解有关美术教育的最新动向,对美术新课程标准做深入的学习和领会,以指导今后的美术教学工作,从而更好地发挥美术学科在素质教育中的重要作用。

作为美术教师,面对的是人生观、世界观还没有形成的群体,我们只有全面提高自己的素质才能更好地教育在当今社会成长起来的孩子们。美术教学工作,要不断完善自己、提高自己,只有先充实自己,才有资格教学生,在充实自己的过程中,自己的能力越强,自信心也就越强,学生才更敬仰你、尊重你。俗话说:严师出高徒,但我认为,只有严格还是不够的,作为美术教师,还要具备相当高的艺术造诣、艺术功底以及集教学和科研为一体的多种综合能力。

一、转变教学观念，培养基本素养

首先，要改变过去那种老师唯一唱主角的方式，提高学生的主体地位，提倡师生关系平等，注重师生之间情感的交流。在课堂上，教师应是学生学习知识的引导者。要以学生为主体，采用启发式教学，引导他们积极主动地参与到学习过程中去。教师要放下架子，以平等的心态对待自己的学生。其次，教师要用宽容的心去接纳学生。宽容学生在学习中出现的错误，宽容学生在生活中出现的问题。加强师生之间的情感交流，与学生建立深厚的师生情谊，用一颗宽容之心包容呵护每一个学生，使他们在学习生活中改进不足，不断进步。再次，在学习过程中，教师要关注学生的感受、自身体验，以及个性差异，因地制宜，因材施教，充分发挥学生的学习积极性、主动性，尊重学生自己对知识的理解、认知，不断启迪学生创造、创新，点燃他们智慧的灵光，引导他们走上一条自由而正确的学习之路。最后，教师还要重视学生在学习过程中的态度和表现。学生学习的过程就是掌握知识的过程，结果固然重要，但由于学生之间的个体差异，并不是所有的学生都能得到好的结果，对于有些学生在学习过程中积极的态度和良好的表现，即使没有取得好的结果，教师也要给予充分的肯定和鼓励，使学生增强自信，充满信心，促使其在今后的学习中不断努力，从而取得进步。本次课程改革对教师提出了新的要求，教师的角色发生了历史转变。教师不仅是知识的传授者，更是学生学习的促进者；教师不仅是传统的教育者，还是新型教学关系中的学习者和研究者；教师不仅是课程实施的组织者、执行者，也是课程的开发者和创造者。新课程对教师提出了更高的要求，教师的工作也因此更加富有创造性。

美术教育的关键在于教师，一个合格的美术教师除了要有较高的美术专业知识和技能外，还要有多方面的文化修养，这是时代对中、小学美术教师提出的要求，也是现代美术教育区别于传统美术教育之所在。那么，美术教师都需要哪些素养呢？

1. 教师职业道德

热爱教育事业，热爱学生；积极上进，具有奉献精神；公正、诚恳，具有健康心态和团队合作的团队精神；了解学生，能全面了解、研究、评价学生；尊重学生、关注个体差异，鼓励全体学生充分参与学习；进行积极的师生互动，赢得学生的尊敬。美术教师必须是一位热爱教师职业、热爱学生、为人师表的教育工作者。如果选择了美术教师作为职业，仅仅热爱艺术是不够的，更重要的是要热爱教育、热爱学生，要有为社会造就人才的大志。同样，如果我们仅仅把美术教师看成谋生计的职业，那么我们的付出将是十分有限的，得到的回馈也会很少。作为一个教师，一定要明了自己所承担的责任。

2. 专业文化素养

有较好的美术专业基础知识和活动组织能力；能根据学生的兴趣和需求设计美术活动；提供有效的直观教学信息；教师有较好的范画能力和语言表达能力；引导学生进行美术欣赏和美术创作，有健康的审美品位和评价标准。能确定教学目标，设计教学方案；能较好地实施教学，使之适合于学生的经验、兴趣、知识水平、理解力和其他能力的发展；与学生共同创设学习情境，为学生提供讨论质疑、探究、合作、交流的机会；积极利用现代教育技术，合理选择利用校内外学习资源。美术教师必须具备扎实的专业知识、较高的文化修养和宽广的知识。作为美术教师，要掌握专业的知识、技能，对专业知识和技能，应有"精通"和"泛通"之分，要广泛地涉猎各种艺术形式，懂得欣赏和评鉴。要树立终身学习的观念，不断地积累知识和技能。

基础美术课程改革，十分强调美术课程的人文性和跨学科联系。美术教学要与一定的文化情境相联系，因为每一件作品都承载了它的时代背景和时代精神，融入了作者的情感和价值追求。教师的教学要有意识地在美术作品中挖掘人文精神，使学生从美术作品中理解不同的文化价值取向，获得人文精神的感染。

这些都要求教师有较强的文化修养，对于艺术学、美学、哲学、宗教等有所研究，对文学、戏剧、音乐有所熏染，甚至对自然学科也要有所涉猎。

3. 参与和共事的能力

能积极参与学生的美术活动和学校的教学活动，参与教学评价，能较好地与同事合作，及时发现自己和他人教学中的问题，与同事讨论并能共同提高。

4. 交流与反思的能力

积极与学生、家长、校长、同事交流和沟通，能对自己的教育观念、教育教学行为及专业水平进行反思，并制订改进计划。近年来，教师的自我反思能力成为世界各国普遍关注的影响教师专业成长的核心因素。为促使教师主动参与教学研究、提高教学效果和专业素质发展，反思成为重要的积极手段。

自评能促进教师反思。因为评价通常会带来压力，压力会促使被评价者进行反思，当评价的权力掌握在自己手里时，自评带给被评价者的压力则变得具有建设性。这将有助于教师增强自觉性，促进其反思能力的提高。同时，自评改变了教师原来消极被动的被评价地位，使其成为评价主体的一员。这一转变将激发教师的主体意识，以一种主人翁的方式主动、自觉地研究自己的教育教学，重视自己的行为的转变和学生学习活动、学习行为之间的关系，注重教育教学观念和技艺的内化，促进自己向专业化方向发展。此外，通过自评，对自己的工作表现、进步和努力状况进行全面的分析与评价，不仅是一个自我提升、自我反思、自我教育和促进成长的过程，同时还有助于学校全面掌握信息，客观分析来自其他渠道的信息，对教师做出公正的评价。但教师自评在实施中也存在一些限制，例如，教师自评的客观性如何——毕竟那是教师个人的主观评价与报告，人都有追求被社会认可的本能，如何避免教师自评步入"报喜不报忧"的误区等。

5. 教师的教育科研意识

有较强的教育科研意识，了解国内外美术教育教学的动态和各种信息，并能根据教学需要合理地借鉴和运用，有自己的研究课题，有独到的见解，并积极总结教学实践经验，撰写论文。

总的来说，教师评价集中体现在对教师教学的评价和对教师素质的评价两个方面。我们可以根据学校的实际情况和发展规划，制定更为详细的教师评价方案和制度，结合教师的实际教学工作，促进教学能力的提高，从而促进学生的全面发展。新的课程标准对教学过程的要求是师生交往，积极互动，共同发展。教学是教师的教与学生的学相统一的过程，教师与学生都是教学过程的主体，这种交往是双向互动的。面对新时代的教学环境，特别是师生共同面对互联网，完全是开放的、平等的信息资源，教师所起的是引导者的作用，对学生的信息获取既要有一定的指导，避免迷失方向、浪费精力，又要避免学生对信息的过分依赖，滋长惰性，抹杀创造力。

美术教育最能培养人的创造精神，促进人的个性形成和全面发展，一个懂得艺术心理学的教师，一定不会忽视美术对学生的重要作用。教师要善于把美术教学与学生的生活经验相联系，要引导学生在实际生活中领悟人类社会的丰富性，通过感性的情感体验，激发学生对美术学习的内在兴趣，发展知、情、意。有效把握学生在各年龄阶段的发展特点，让教学有较强的针对性，既不能超越了学生的认知水平，否则会使学生失去兴趣，也不能滞后，没有新鲜感，同样会没有学习积极性。新课程的内容较以往有更大的灵活性，给予了教师和学生更多的创造空间，教师可以因地制宜、因人制宜地展开教学，但这同时也要求教师对儿童、青少年的认知心理有更多的认识。

二、研究学习，提高内涵

美术教师必须要有学术修养和团结协作精神，学术精神促进美术教师成长。学术精神包括学习精神、敏锐的批判精神和创造精神。学习精神对教师的重要性是不言而喻的，从有限的师范教育学习跨入广阔的社会环境中，面对的是众多的信息资源和视觉文化，一个教师必须终身学习，在美术领域和教育领域中继续深入地研究，才能给自己补充新鲜给养，把握住时代的脉络，更好地服务于教学。

美术教师要有创造精神。美术本身是极富创造力的科学，新课程标准给予教师更多的自主空间和创造空间,要求教师积极开发课程资源。如何利用身边的材料和资源,如何用自己的头脑来建构新的知识,是富有挑战性的。

教育是一项系统工作。每个教师都是这项工作的工程师,需要通过合作,相互团结,共同为实现教育目的而努力,这也是教师职业的道德要求。具有这种师德,教师才能在工作中处理领导和被领导、个人和集体之间的关系。如果教师之间相互不团结协作,文人相轻,必定导致工作相互扯皮拆台,最终影响教学目标的完成、教育质量的提高。

要当好一名称职的美术教师要具备的素质是多方面的,上面只概括地论述了几个方面。"盖己立而后立人,己达而后达人也。"即要教学生向前进、向上进,非自己向前进、向上进不可。美术教师只有在教学与生活中,不断地积累知识和人文修养,运用自己的头脑来思维,培养敏锐的眼光和批判精神,才能真正做好塑造者、启迪者、策划者的角色。教师必须具备一定的教育科学理论知识。美术教师一定要掌握教育学和心理学的知识和规律,在普通教育学和心理学的基础上,还要通晓美术教育学和艺术心理学,因为美术教育有着自身的独特性。美术教育学和艺术心理学是在普通教育学和心理学的基础上发展而来的交叉学科,有着较强的针对性,可以很好地指导教学。

作为美术教师,我们的工作连接着美术教育和美术课题研究这两个板块,这是两个不可分割的范畴。美术教师的工作思维如果单纯局限在教学,那新意义上的美术教学就缺少相应的广度和深度,因此,在新意义上的教学活动中,美术教师的工作范畴主要有绘画艺术、论文撰写和美术教育等领域。

1. 绘画艺术

绘画作品的创作过程是作者的一种活跃的、丰富的、深刻的内心活动,它伴随着强烈的情感情绪,是作者对于生活的感受、观察和思考。而最后产生的绘画作品是作者借助一定的物质材料和艺术媒介,运用艺术技巧和艺术手法,将自己的艺术构思物态化。美术教师经常进行这样的艺术活动,这样可以真正体现他的专业水平,而我们应提倡美术教师结合自己的艺术实践进行科研。将自己对艺术创作,或艺术实践中的感性体验和艺术创造上升到理性分析层面上进行思考,从而挖掘出有艺术价值的新论点、新课题。构建起从感性体验到理性分析,从形象思维到逻辑思维的完整思维运转网络。

2. 撰写美术研究论文

当今社会对美术教育的发展提出了更高更新的要求,和美术教学一样,科研也是教师个人的主体行为。要充分发挥自己的独立思考能力,力求有所创见,论文是一种主要表达方式,所以美术教师应倡导提高论文撰写水平,运用论文这种理论性的文章,在一定的篇幅中,集中探讨某一美术创作或美术教育方面的新问题。

3. 涉猎广博的知识

美术研究论文，离不开继承和创新，因此，在撰写论文时，需要懂得欣赏经典美术作品，吸取文化教育的多方信息，善于在前人研究的基础上成就自己独到的艺术见解，善于吸收他人思想当中有价值的艺术观点。一代绘画奇才达·芬奇就是这样一个涉猎广博、独立创新的大画家。他的画作之所以美得无与伦比，是由于他具有广博的知识去充实自己，绘画便是这种综合的研究能力的展现。除了是画家，他还是雕刻家、建筑师、音乐家、数学家、工程师、发明家、解剖学家、地质学家、制图师、植物学家和作家。这些广博的知识，无不丰富和培育了他的感知力、想象力和创造力。

由此可见，树立正确的教育观，全面提高自身的艺术、文化修养，提高多方面的综合能力，是当前美术教师必须调整的观念和执着坚持的学风。

三、树立科学的教学理念，构建完善的教学思想体系

美术教师必须具备科学的教学理念和教学思想，只有不断地完善自己的教学思想体系，才能不被迅速发展的教学形势淘汰。首先，教师要有宏观的艺术鉴赏理念，具备较高的绘画能力，熟练掌握正确的绘画技法，有较新的艺术观念，熟悉经典的绘画风格。其次，要有敏锐的艺术感受力，能对学生的作品迅速作出准确的专业评价和指导。再次，训练方法科学合理，对学生的构思构图、色感色调、表达方式、材料表现及技能技巧等，及时对学生的作品创作作出调整指导，解决学生在创作过程遇到的难题，并使之有所提高。完善科学的教学思想，不断地调整充实自己，紧跟时代的发展，紧跟新的社会需要，紧跟艺术的发展方向，是每个美术教师必须直面的现实和必须达到的要求。

四、建立有学生、家长共同参与的评价制度

学生和家长是不可忽视的两大群体，来自他们的评价反馈和学校内部评价反馈将形成全面、客观的意见。学生作为教师工作的对象，是教学活动的直接参与者，他们对教师在教学活动中的表现有着最直接的感受和判断，我们要重视和给予学生评价教师的权利。同时，家长也十分关心学生在校的发展和受到了什么样的教育，家长评价教师有利于形成家校教育合力。健全的教师评价体系增强了对学校美术教学活动的监控，有助于教师反思习惯的形成和能力的提高。

学生、家长参与教师评价是在新的教育观念指导下出现的新事物，对学生和家长参与教师评价进行引导是必要的，通过一定的方式帮助学生、家长了解评价的目的和内容，

熟悉评价的过程和程序使他们逐渐参与进来。

总之，美术教学工作，是一个动态的过程，是教师不断完善自己、提高自己的过程，只有先充实自己，才有资格教学生，在充实自己的过程中，自己的能力越强，自信心也就越强，学生才更敬仰你、尊重你，反之，则怀疑你的能力，"树人先树己"，不是一句空话，它要求美术教师要构建新的教学理念、和谐的师生关系并利用当代社会高度的信息化使美术教育在完善个性、培养创造力、增强学生独立性等方面有所作为。

第二节 树立美育教学观，提升评价的技术与艺术

《美术课程标准》提出要"建立促进美术教师不断提高的评价体系"。评价在美术课程实施中占有重要的作用，《基础教育课程改革纲要》明确要求："评价不仅要关注学生的学业成绩，而且要发现和发展学生多方面的潜能，了解学生发展中的需求，帮助学生认识自我、建立自信。发挥评价的教育功能，促进学生在原有水平上的发展。"多元智能理论认为，每个学生都存在智能强项与智能弱项。教师的责任应该是使每一个学生的优势智能得到充分的展示，并将其优势智能领域的特点迁移到弱势智能领域中去，从而促使其弱势智能领域得到尽可能的发展。评价是美术教学的有机组成部分，对美术学习具有较强的导向作用。在美术教学评价中，教师应树立以学生发展为本的评价观，强调评价对教学的激励、诊断和促进作用。注重科学性、整体性和可操作性，综合运用观察、交流、实践操作、作品展示、自评与互评等多种方式，建构起学生美术学业成绩与成长记录相结合的综合的、动态的评价体系。全面关注和反映学生的成长过程，促进学生发展，改进教师教学，推动美术课程的不断发展。因此，在评价中，要以学生发展为本，注重全面发展，应具备"以人为本"的评价价值取向，即必须以学生终身的、全面的发展为根本；不应以评价指标套学生，而是将评价伴随于教学过程之中，使形成性评价和终结性评价相结合，全面评价学生的学习过程和结果，促进学生的自主发展，促进学生潜能、个性、创造性的发挥，使每一个学生具有良好的心理素质和持续发展的能力，为终身学习奠定良好的基础。对于大多数学生而言，美术的学习主要是让他们形成兴趣，为他们的全面发展和终身学习打好基础。学生美术的评价可以看作促进和激励学生上进心的有力手段，通过多元的评价和考核方式，让学生能树立起自信、自尊，是我们美术教师应该着力关注的话题。在评价过程中，我们不只是检查学生的知识、技能和水平，更应该关注学生掌握知识、技

能的过程和方法，以及与此相应的情感、态度与价值观。提倡激励作用，不仅可以增强学生的自信心，还能让学生养成反思的习惯，让学生做到在评价反思的过程中，认识学习结果和知识、技能掌握的程度，认识教师及同学对自己的肯定、期望和批评，让学生学会自我分析、反思、评价、决策等能力，最终让学生获得自我持续发展的能力。

一、促进教学相长，美术教学评价具有重要意义

冯平在其《价值论》中指出："人类的一切活动都是为了发现价值、创造价值。实现价值和享用价值，而评价就是人类发现价值、揭示价值的一种根本方法。"所以说，教育评价是教学常规中必不可少的组成部分，而美术教学评价就是检验和改进我们课堂教学，促进美术课程不断完善和发展的重要环节，它对于激发学生学习美术的兴趣，促发成就感，并以此提高学生的艺术修养具有不可低估的作用和独特的价值。

1. 有利于巩固知识技能、发展学生潜能

我们对学生进行教学评价时结合美术学科的特点，明确评价是美术教学过程的组成部分，它不是美术课程的外加装饰，而是美术学习持续的过程。贯穿在美术教学活动的具体环节的评价因目标而生，美术教学中的评价是为了检验美术新课程的学习目标是否达成或学习目标相对于学生的适应性。以发展性教学评价来评价学生的美术作业是以教学内容、目标和作业要求为基础、为依据进行的。评价过程必定涉及所学甚至概述所学，可起到巩固所学内容的作用是显然的。另外，通过积极评价，会让每个学生深信不疑：自己具有一定的潜能，甚至是优秀的潜能，只要积极努力就能挖掘出自己的潜能。

2. 有利于学生中的弱势群体获得成功感和了解自己尚需改进之处，促进学习兴趣

教学评价提供和反馈给学生的是强有力的信息和指导，旨在促进学生的发展，提高学生的兴趣，是学习的动力和源泉。另外，教学评价要关注学生的处境和需要，激发学生的热情，以促进学生更好的学习。其中特别关注对于弱势群体的教学评价。所谓弱势群体，包括学习上的落伍者、智能上的滞后者、家庭条件上的困难者，一般表现为自信心较弱甚至缺乏自信心。教师利用积极的教学评价，让学生始终保持一种积极的学习态度、创新意识和实践能力。

3. 有利于学生理解美术，认识和理解形式风格的多样性

评价学生作业时，面对黑板（或展板）上琳琅满目的不同面貌的作业，经过师生对其正确的甄别与评价，可以加深学生对作品形式风格多样性和美的多样性的认识与理解，加深对美术表现性的认识与理解，提高审美能力和判断能力。

4. 有利于学生良好的学习习惯及品格的形成

对学生美术活动表现和学生的美术作业进行评价,如果能结合学生动态学习过程的表现,如认真的态度、克服困难的情况、合作的精神予以肯定和表扬,都有利于学生形成良好的品格。同样在对学生美术活动表现中的评价也可促进其形成良好的学习习惯及品格。

二、转变思想观念,"走出"传统教学评价的误区

教学评价是完整的课程结构的组成部分,也是教学过程的一个重要环节,应该对之予以足够的重视。但是,教学评价不仅仅是一个技术问题,更是一个观念问题。现在普遍的情况是只注意技术的一面,而忽略观念的一面。其实,教学评价的技术只有在正确的观念统摄下,才会发挥积极的作用,否则效果只会适得其反。因此,探索适应一定美术教育目的的评价方法是我们的一个极其重要的任务。传统的教学评价过分强调了甄别与选拔的功能。对于学生来说,知识只有对、错之分,学习结果只有上、下可言。旧的评价体系禁锢了教师的思维,这些都是旧的评价体系不科学、不完整所造成的。以往的美术教学,由于过于注重美术专业知识技能的培养,而使得美术教学评价相对滞后,使教师对学生的美术评价步入了误区。教师以传统的眼光看待作品,往往以画面干净、比例适当、涂色均匀为标准,忽视学生的想象力、创造力及表现力。同时评价形式单一,影响学生个性与能力的培养,不利于学生对学习方法的掌握。教师只重视作业评价,对学生期末美术成绩的评定,采用简单的一幅画决定成绩的做法。即让学生临摹一幅画,然后给出一个成绩,未能很好地体现培养学生多方面素质的要求,忽视了美术评价的全面性。因此这就要求教师在美术教学的过程中积极探索美术教学的评价方式。面对新的目标要求,如何以一种新的理念、科学的评价方法促进学生美术素养的发展,以提高美术教育质量,成为需要我们每个教育工作者深思、探索和研究的迫切问题。我们要以义务教育《美术学科课程标准(2011年版)》为指导,深入贯彻美术学科核心素养,树立学科育人新理念,立足小学生的学情基础,正确培养审美观,提高学生感受美、欣赏美、创造美的能力。在构建科学有效的评价体系时,我们的总体方向是:为学生们确定个性化的发展性目标,要不断收集学生发展过程中的信息。我们不仅要考虑学生的过去,还要重视学生的现在,更要着眼于学生的未来,要更多地体现对学生的关注和关怀,通过评价促进学生在原有水平上提高,更好地让学生发挥潜能,发挥学生的特长,帮助学生认识自我、建立自信。评价应体现以人为本的思想,评价要贯穿于教学的每一个环节,评价将成为学生学习的动力和源泉。总之,评价的宗旨就是发挥评价的激励功能和促进作用,促进学生的发展,我们可以从以下几个角度去转变观念。

1. 教学思想的转变

思想是行动的指南，在传统的教学模式下，我们经常把自己放在至高无上的主导核心位置上，教师的权威性的"神圣"不容置疑，而把学生视为知识的被动接受者，是灌输的对象，在这种思想的支配下，教学评价的主要对象是教师，评价的内容都是围绕教师的"教"展开的。而这恰恰违背了"以学生发展为本"的现代教育理念。新的教学评价的主要对象是学生，当然也对教师进行评价，但评价的出发点从教变成是否有利于学生的学，是否为学生创设有利于学习的环境及是否能引导学生自主地学习。评价的标准也从知识转向了能力——学生自主学习的能力，教师已经从中心主导地位转变为学生美术学习的帮助者、促进者和引导者，成为学生学习的伙伴，所以作为教师必须改变以往旧的思想理念，要自我审视：看自己是否为学生创设了一个有利于学习提高的情境，是否能激发学生的学习动机、主动精神并使其保持学习兴趣，以及是否能引导学生加深对基本理论和概念的理解等。至于一些表面形式的东西真的需要彻底摒弃了。

2. 评价方式的转变

随着教学环境的变化，教学模式由以教为主转变为以学为主。美术教学就应尽量使每个学生积极参与美术学习，并且促使每个学生在各自的基础上获得不同程度的发展，而不是制定一个所有学生必须达到的硬性发展标准，并用一种统一的尺度来衡量学生的发展水平。对学生美术行为的正确评价，应是从素质教育的内涵的情感、认知、操作、能力几方面进行的综合评价；应是贯穿教学全过程的评价，是师生互动、学生互动、从表象到内心的和谐的、深刻的体验，要体现出它的科学化、全面化、多样灵活的特点。例如，在上小学美术第一册《我的太阳》这节课时，教材以儿歌的形式对学生提出作业要求：画一画自己喜爱的太阳，它新奇又美丽。这样的作业要求很"宽松"，孩子们兴趣很浓，表现得无拘无束，他们创造的太阳有的戴帽子，有的扎小辫，有的瞪着大大的眼睛，有的张着红红的嘴唇，色彩也是五颜六色的，充满了儿童特有的气息，他们表现的就是自己内心的感受，我们不一定能看懂理解，甚至无法定出高低。所以，作业完成后某教师让学生把它们张贴在作业展示台上，然后评价提问，一是："你认为谁画的太阳既神奇又美丽？"二是："说说自己的小太阳。"这样的问题设定是让学生自己做老师，从自己的角度去分析、评价自己或他人的作品，发现创造的价值。这样既锻炼了学生的语言表达能力，也提高了他们对美的鉴赏能力。第二个问题教师提供给动手能力相对"差"的学生，让他进行自我评价，说说自己为什么喜欢这样去表现太阳。(说出自己的所思所想，以便教师能够了解他绘画时的心理过程，以引导其心理向健康的方面发展，使作品的客观评价阐发出深刻的内涵，为学生的人格发展奠定基础)通过学生积极的参与，学生可认识自己的价值所在。这样就减少了我们美术评价的盲目性、主观性和随意性，并促使我们由此来优化教学过程，提高美术教学质量。

3. 站在评价者的角度评价教学

前两点是笔者个人的实践学习体会,当我们站在评价者的角度去评价一节课时,同样要以科学的、客观的标准去评判、去规范我们的美术教学工作。看一看教师是如何教的,他的教学目标是否十分明确;看一看这一节课里学生理解了什么,学到了什么,创造了什么,发展了什么;看一看学生的主体地位和参与度、情绪和思维反应、个性化的学习成果。每一位美术教师都要敞开心扉,多做交流和探讨,充分发挥教学评价的积极功能,以促进美术课堂教学的整体的进步和发展。

著名特级教师李吉林曾说过:"孩子的创新活动是在宽松的无拘无束中进行的。老师的期待、激励以及正确有效的评价,会促进师生间真情的交融,小伙伴的合作互动。在这样亲和、互助的环境中,培养起创新的勇气,乐于创新的热情,'我能创新'的自信,最终使创新潜能得以激活。"在美术教学活动中,不仅要考虑学科自身的特点,还要设计贴近孩子生活的游戏情境,把积极有效的评价融入美术课堂当中。让学生尽情尽兴地玩,在玩中学,在玩中悟,孩子们毫无顾忌地自由选择,自由活动,自由表达,自由创造,这大大挖掘了孩子大脑潜在的能量,使各种新的想法、新的点子蜂拥而出,从而主动积极地把自己的内心世界表现出来,学生在这种自由的氛围中,必然能迸发出创造的火花,创作出有新意、自由的美术作品来,使创造性思维得到自由伸展和尽情发挥。本节课孩子们在乐学的气氛中学到了知识,变被动学习为主动学习,真正成为课堂的主人。

三、提高学习意识,做教学评价过程中的引航者

"水能载舟,亦能覆舟",评价亦复如此。评价并不总是具有积极的意义,只有促进学生向正确、适当的目标发展的评价才是有价值的,否则其效果只会适得其反。因此教师只有通过多种途径提高自身的素养才能正确引导学生展开有意义的评价。

1. 切实提高自身业务文化素质

首先,美术老师应该多阅读美术理论、美术史、美学等方面的理论著作或学术论文,以提高对美术学科的认识。其次,应从多种渠道接收美术信息,美术教师应该经常参观美术馆、博物馆所举办的展览,学会鉴赏、学会评论,以加深对美术的理解。也可以通过上网查阅,获得各类美术信息,以开阔自己的艺术视野。此外,还应积极思考,加强交流,不断地提高自身的艺术素养,以迎接美术课程改革提出的挑战。

2. 要高质量地完成教学任务

美术教师不是画家,而是美术教育工作者;美术教师不是裁判员,而是欣赏者;美术教师不是单一型的,而是复合型的。美术欣赏课,除了使学生正确理解作品的有关知识外,

还要进行比较深入的艺术分析，以增强学生感受和鉴赏艺术美的能力。要鼓励学生积极参与教学过程，组织学生从自身实际出发开展对不同作品的比较和作品的评论。充分利用各种现代化的直观教学手段，最大限度地强化学生的视觉审美感受。结合实际可以将课堂欣赏教学与参观当地博物馆、美术作品展览等活动相结合，使美术欣赏教学与课外实践活动相结合，提高欣赏水平。

3. 必须掌握现代教育技术

在教学中，教学手段要不断更新，多媒体进入课堂成为必然。传统的美术教学模式中知识的传授、素质的培养，主要以教师的讲解、学生练习巩固为主，理性知识太多，感性材料太少，不能充分发挥学生认识的主体性。而计算机的运用则可变单纯理性知识的传授为由感性材料到理性知识的传授。我们可运用多媒体教学技术，把一些抽象的事物形象化，最大限度地调动学生学习的积极性，使美术课堂真正做到寓教于乐，美中育人。

4. 应有较高的审美素质

我国九年制义务教育《中小学美术教学大纲》将美术学科规定为是对学生进行美育的重要途径。美术欣赏学科教育可充分发挥特有的认识功能、审美功能和形象表达能力的训练，对学生进行审美教育，使受教育者通过美术学科教学提高对美的感受力、鉴赏力、

▲ 学生在欣赏作品

表现力和创造力。以美引善，提高学生的思想品德；以美启真，增强学生的智力；以美怡情，增强学生的身心健康，促进学生全面和谐的发展。美术教师的审美水平，直接影响到学生的审美能力，因此作为一名美术教师必须具备较高的审美素质，才能对学生进行高层次的审美教育。

四、注重美育心理，关注学生身心全面发展

在美术新课程中，极为关注全面促进学生身心健康发展，美术教师必须自觉遵循教育规律，防止教学活动中"野蛮装卸"和"揠苗助长"。教育学是研究教育现象的科学，通过揭示教育规律，阐明教学方法，从而指导教育实践。教育学是美术学科课程的教育理论基础，是一名合格的美术教师必须掌握的基本理论。研究教育的目的、性质、形式、内容、原理和方法等，可以帮助我们深刻理解课程改革的意义，加深认识课程标准，对美术新课程的教学实践具有指导意义。教育学虽然确实是美术学科教育的基础理论，也是构建美术学科课程的理论基础，但是教育学仍然需要不断研究和发展，而且学科领域的研究往往会走在教育学的前面，教育教学的实践成果会丰富和补充教育学的内容。在我们实施美术新课程时，从内容的确定到教学方法的选择，都需要研究学生的心理及其规律，在课程改革中，心理学将起到把改革理论与改革实践相统一的关键作用。我们在美术教学中经常说，"要符合学生的身心发展，要促进学生人格的全面发展"，这些美术教育功能的发挥，完全离不开心理学理论的武装。相比之下，西方的教育学者比我们更注意对心理学的研究，西方许多教育学家同时也是心理学家。我国现在的美术教育借鉴了不少外国心理学研究的成果，美国著名美术教育家维克多·罗恩菲德也是心理学家，他的著作《创造与心智的成长》在我国美术教育界有很大影响。不少美术教师曾在这一理论指导下，通过美术教育保护儿童的"天性"，发展儿童个性，以美术教育为工具促进儿童的身心发展。同时，也是在这样的教学实践中加深了对儿童心理的认识。心理学主要是研究人的心理活动形式和规律的科学，它包括个体心理和群体心理。我们

▲ 学生在创作

163

的教师在一段时期每天都面对同样的学生，这对于有心研究心理学者是极好的机会。教师能够在工作实践中获得大量心理学研究的第一手资料，加上对心理学基本理论的学习，课程改革完全可能锻造一批具有心理学理论武装的中小学美术教师。可以预计，21世纪的课程改革必将对教育学做出新的贡献，特别是一线教师的创新实践将极大地丰富教育学的课程论和教学论。我们也期望着中国中小学美术教育学的诞生。

总而言之，为了更好地适应新形势下的环境，满足社会发展对于人才需求的现状，进一步提高我国的美术教学水平，提高美术专业教师的素养，是十分有必要的措施。换一句话来说，每一位美术教师时刻需要紧跟时代的潮流，保持积极学习的心态，不断去涉猎相关领域的知识，提高自身的综合技能，只有这样才能进一步赢得学生的尊重与敬仰。

第三节　优化课堂教学，提升教师专业能力

新课程改革下的高效课堂注重的是培养学生的自身素质能力，让学生自己动手完成教学任务，让他们变被动为主动，推动学生德、智、体、美、劳的全面发展。而作为一名美术教师应该具备过硬的专业知识和较高的文化修养。只有掌握了过硬的美术专业知识才能有较高的文化修养，才能在艺术中融会贯通。

《中国教育改革发展纲要》中指出："美育对发展学生健康的审美观念和审美能力，陶冶高尚的道德情操，培养全面发展的人才，具有重要作用。"可见美育是培育学生认识美、鉴赏美、创造美的能力的教育，在实践中，在人的全面发展中美育占有重要的地位。

2011年的美术新课标中的总目标为："学生以个人或集体合作的方式参与美术活动，激发创意，了解美术语言及其表达方式和方法、运用各种工具、媒材进行创作，表达情感与思想，改善环境与生活、学习美术欣赏评述的方法，提高审美能力，了解美术对文化生活和社会发展的独特作用。学生在美术学习过程中，丰富视觉、触觉和审美经验，获得对美术学习的持久兴趣，形成基本的美术素养。"总目标定位与旧课标对比，更加重视了学生的实践参与，更加重视了学生能力的构建，更加重视了学生美术素养的积淀。

在新课标中，美术课程以社会主义核心价值体系为导向，弘扬优秀的中华文化，力求体现素质教育的要求；以学习活动方式划分美术学习领域，加强学习活动的综合性和探索性，注重美术课程与学生生活经验紧密联系，使学生在积极的情感体验中发展观察能力、想象能力和创造能力，提高审美品位和审美能力，增强对自然和人类社会的热爱及责

任感,形成创造美好生活的愿望和能力。我们了解了这些目标和要求,总结教学经验,提升自我教学能力,就会在设计教学时考虑到如何向这些目标迈进,设计出符合新课标的教学方法,从而优化课堂教学。

一、合理设计教学内容的能力

在美术教学中,为了能够进一步提高美育能力,需要教师合理设计教学内容,具体可以通过两个方面来了解。第一,部分教师在进行美术教学的过程中,没有在教材内容基础上拓展教学内容,导致学生的创新能力没有得到提高。为了提高教学的有效性,需要适当地调整教学内容。例如在选择教学内容时,需要以"以学生为本"的理念,并结合美育教学的知识,丰富教学内容。另外,在教学的过程中,教师还需要将理论性强、概念模糊的内容删减,使教学具有生动性、形象性的特点,满足学生的学习需求,提高教学的有效性。第二,为了能够达到美育渗透的目的,教师需要规划教学整理。这样,教师能够明确一个阶段的教学重点,提高教学内容设计的合理性。另外,教师还可以将教学内容与生活联系起来,例如教师可以引导学生创新动物形象,使学生能够将动物特点展示出来,激发学生的想象力和创造力,达到美育渗透的目的。学生是整个教学过程的主体,教师在这个过程中起主导作用。因此,教师要充分发挥其作用,要重视"怎么教"和"教什么"的问题。学生缺乏学习美术的兴趣,跟教师"怎么教"和"教什么"有很大关系。

【案例】

京剧脸谱

一、教材分析

《京剧脸谱》一课以历史悠久的脸谱艺术为学习主线,使学生们了解它的起源与面具有密切的关系。了解京剧脸谱图案和色彩的象征意义,能够根据谱式绘画一个京剧脸谱。京剧兴起后,脸谱造型日臻完善,在构图上奠定了基本谱式,各类角色的脸谱进一步精致化、多样化,但仍然保持着传统脸谱的基本特点。通过对京剧脸谱知识的学习,培养对京剧脸谱的欣赏能力,激发学生关心、热爱中国传统艺术的情感。

二、教学目标

1. 通过对《京剧脸谱》一课的学习,激发学生关心热爱中国脸谱艺术。

2. 使学生初步了解中国京剧脸谱艺术的特点、谱式、色彩等方面的基础知识，独立临摹或根据人物性格、形象创作京剧脸谱。

3. 培养学生对京剧脸谱的欣赏能力。

三、教学重难点

教学重点：

培养学生对祖国传统艺术的认识和热爱。

教学难点：

京剧脸谱的谱式及颜色与人物性格的关系。

四、教学设计

（一）导入新课

师：在上课前，请同学们先来观看一段录像，在观看时思考一下，它是哪种剧种？它有何特别之处？

生：京剧，唱腔……

师：京剧是我国的国粹，它是我国民间传统艺术的一种，也是我国全国性的主要剧种之一。京剧不仅唱腔美、服饰美，脸谱更美。京剧脸谱是我国戏曲中特有的化妆艺术，又是一种富有装饰性的图案艺术。今天我们就来共同学习京剧脸谱（粘贴课题）。

设计意图：新课导入中，现代化影视光碟可谓一种有效而生动的信息载体，对视觉、听觉的刺激，可将学生的有意注意转向无意注意，并为学生营造一种传统文化的艺术氛围。通过对影碟内容的欣赏，对所提问题的思考、分析，促使了学生对祖国传统文化产生热爱之情，使学生的眼睛由"生理感官"转化为"审美感官"，为新课教学做好了铺垫。

（二）讲授新课

师：课前老师请同学们收集了京剧脸谱的有关资料，谁能告诉大家，你都收集了谁的脸谱？

生：在少儿百科全书上查到了关羽的京剧脸谱。

师：在收集京剧脸谱的过程中，你都知道了有关京剧脸谱的哪些知识？

师：同学们课前准备非常认真，而且收集的资料也非常丰富。

设计意图：这一环节的设置，充分调动了学生自主学习的积极性，在课前收集资料的过程中，促使了学生自主地学习了有关京剧的各方面知识，并在回答中畅所欲言，培养了学生的表达能力,使学习气氛高涨。

师:我国的京剧脸谱艺术,具有悠久的历史,在不断的应用和发展中,形成了一定的模式,我们称为谱式。京剧脸谱的谱式有十余种,老师这里有最常用的5种谱式(粘贴谱式范画)。这5种谱式的名称在老师的手里,名称的后面有很多问题,我们每小组选一名同学到前面选择一种谱式名称,小组讨论你们拿到的问题,咱们比一比哪一组解答得最好。

师:哪一个小组讨论好了?

生:我们组拿到的谱式名称是整脸,问题是……

(1)哪一组脸谱是整脸谱式?

(2)整脸谱式有什么特点?经过我们组的讨论我们认为……

师:我们每个小组回答得都非常好!

(1)整脸:面部只有一种主色,在主色上画出眉、眼、口、鼻的纹理。

(2)三块瓦脸:前额、左右面颊呈现三块明显主色,平整得如同三块瓦。

(3)十字门脸:从额顶至鼻子尖,一种颜色的立柱纹与眼窝大体呈"十字形",额头涂白,有灰色小眉圈。

(4)相形脸:一般用于神话戏,代表一定的形象。(这四种谱式图案、色彩都是左右对称的)

(5)歪脸:色彩、构图不对称,表现人物形象反常、丑陋。

设计意图:通过这一游戏性的提问,打破了传统传授知识的乏味性,顺利地使学生接受了新课的知识。学生间相互讨论、分析、比较,促进了学生个性的发展、思维的形成,并增强了群体意识,取长补短,在众多议论中达成共识,培养学生的团队精神。

师:京剧脸谱不但谱式多样,颜色也非常丰富,你都见过哪种颜色的脸谱?

生:红色的……

师:在京剧脸谱中,我们经常用一种颜色象征一类不同品质、性格的形象,这样的颜色称为"主色",这里有五种常用为主色的颜色,谁收集到了有关京剧脸谱颜色方面的资料?

生:在京剧脸谱中红色代表……

师:(出示颜色转盘)黑色代表公正(如包拯),白色代表阴险(如曹操),黄色代表凶暴(如宇文成都),蓝色代表刚强(如窦尔敦),红色代表正直(如关羽)。

设计意图:充分运用学生查找的资料,使学生拥有成就感。在学习京剧脸谱颜色知识中,结合中国传统的颜色运用,使学生领悟我国传统艺术用色的独特之处。注重学生审美意识的培养,激发学生内在的审美情趣,逐步树立良好的发现美、感受美、鉴赏美的行为习惯，力争真正形成可持续发展的审美气质和审美理念。

师：现在请小组同学之间讨论一下你们收集的脸谱是哪种谱式的？它是以什么颜色为主色的？代表了这个人物的什么性格特征？

（学生小组讨论。）

师：谁愿意说说你收集的脸谱的谱式及以什么颜色为主色的，代表了这个人物的什么性格特征？

生：我收集的是……

设计意图：充分发挥学生的主体性，结合所学知识思考、分析、比较自己收集的资料，巩固新课所学知识，扩大了同学间的影响范围，使同学间通过多种渠道获取新的信息及知识，这一环节力求达到掌握新课知识的目的。

师：绘制一幅京剧脸谱要分为哪几步呢？

生：（1）确定人物。

（2）确定谱式。

（3）刻画细节。

（4）着色。

师：我们每个同学就在老师发给你的脸谱作业纸上，绘制一张自己喜欢的脸谱，可以临摹，也可以根据人物形象创作。老师手里有五个人物——窦尔敦、典韦、关羽、曹操、张飞，每个小组选择一个人物，选出一名同学扮演他，再选出一名化妆师为他化妆，化完妆后还要表演节目，哪一组要演窦尔敦……老师这里还有几个泥脸的泥塑，谁愿意尝试在这上面画？

设计意图：灵活多样地布置了作业任务，目的在于调动学生学习的积极性，使全体学生都能够参与实践过程中，感受动手过程的快乐。

（三）学生作画

师：及时点评，充分肯定同学的想法，并提出合理建议，使他们的方案更为完善，注意学生的个别差异性。学生画完后可粘贴在黑板上。（放《说唱脸谱》音乐）

设计意图：选择了与本课内容有关的音乐，能够烘托传统艺术的艺术环境，让学生在自由、民主、活跃的气氛中表现自我，提高动手能力、培养学生的创新能力。

（四）小结

师：今天我们每个同学都能够用一种谱式画出一个京剧脸谱，而且学会用不同颜色代表不同的人物性格，还有的同学画出了这节课我们没有讲到的谱式。如……

生：自编自演小节目。

设计意图：学生自编自演，演唱"蓝脸的窦尔敦……"并配以京剧的动作，在这一过程中，学生充分感受着劳动成果的喜悦，主体意识增强了，参与能力提高了，增强了对传统文化的喜爱。

师：希望同学们以后多听听京剧，从中不断发现我国这项传统艺术的独特魅力，发扬我国京剧艺术，使它永远成为世界艺术奇葩。

▲ 学生作品

▲ 学生作品

美术教师在教学设计中，开始重视制定引导学生学习美术语言的教学目标，更多地关注对于美术学科大体特征的把握，而不仅仅是简单地迎合学生的兴趣指向和情感需求。从教学流程设计来看，不再仅仅关注环节设置与手段选取的多样性，而更多地关注教学的针对性和实效性，在切实提高学生的美术素养上下功夫，追求教学结构的合理性。同时，教师要多了解学生，了解他们眼中、心中对于美术的理解，可以让他们对于重难点美术知识进行讨论，对自己喜欢的美术作品或者动画节目进行讨论。总之，在进行教学内容设计时，教师要结合教学目标，把学生们喜欢和感兴趣的东西拿到课堂上来，对课程内容进行设想与规划。教师要从学生的实际情况出发，经常与学生进行沟通，逐步培养学生的观察力、创新力和审美能力。

二、对教学模式的研究能力

自21世纪初开始的新一轮课程改革犹如和煦的春风吹进了校园，从"三维目标"到"课程标准"，再到"核心素养"，给广大师生带来了充分展示自我的空间，提供了相互交往、共同发展的舞台。一方面，教师的教学理念在不断地变化，学生的学习方式更是在不断地变化。由教师的"以教定学"向"以学定教"的转变带来学生的"以被动的死气沉沉的学习"为"主动活泼的自由学习"的变化；由教师"重视现成结论的传授"向"重视学习过程的体验"的转变使学生由"接受知识的容器"变为"获取知识的快乐鸟"。

1. 建构主义理论

建构主义理论认为，人的认识本质是主体的"构造"过程，即主体借助自己的认知结构去主动构造知识。知识的获得是学生在一定的学习情境中，借助他人（包括教师和学习伙伴）的帮助，利用必要的学习资料，通过意义建构的方式而获得。因此，教师必须给学生提供具体经验，通过学生积极、主动地参与去获得知识。小学美术教学就是要提供这样的机会让学生去体验，从而发展学生的审美创造力。

2. 生命教育理论

生命教育理论认为，人人都是平等的，每个学生都是独特的生命个体。受应试教育影响，教育崇尚精英的倾向仍然十分明显，导致语文、数学等主课学业成绩出色的学生备受教师的关注，而那些富有艺术天赋的学生则长期被忽视。生命教育面向全体学生，因此，美术教学必须考虑学生的情感、态度和人格等因素，让学生的人生有方向，生活丰富多彩，成为具有美术素养、有审美创造力的人。

3.《美术课程标准》

义务教育阶段的小学美术课是一种国民素质的教育，而非专业性教育。《美术课程标准》明确指出"它对于陶冶情操，启迪智慧，促进学生全面发展，具有重要作用"，"是对学生美育的重要途径"。这一性质决定了小学美术教育必须结合本学科特点，坚持"素质教育"的大方向，努力把学生培养成为具有一定审美文化素养、高尚的思想道德情操和多方面综合能力的高素质人才，以促进学生的全面发展。

4. 美术学习理论

读书是学习，实践是更重要的学习。美术课程在小学各科中是活动性、实践性最强的课程之一。因此，小学美术教育不应该理性化、学术化，而应该在一定程度上使美术生活化，让学生在丰富多彩的实践活动中，兴趣盎然地掌握基本的美术文化知识和技能，获得审美的愉悦体验，进一步增强学习美术的信心，做到"从做中学""从乐中学"。

【案例】

有趣的汉字

一、教材分析

《有趣的汉字》一课属于"造型·表现"学习领域，其内容具有综合性的特点。以"学生与汉字文化"为切入点，教学内容既有美术的特点，又体现了语文学科与美术学科的融合。学生通过语文学科的学习，对汉字已有了一定的认识和理解，但象形文字离学生生活实际较远，学习有一定难度。因此，教师在教学中仅仅抓住"有趣"二字，利用多媒体等教学手段便可将汉字的学习理解变得简单而又轻松。利用汉字本身的特点和规律，借助象形化、趣味化的教学手段，使学生通过观察、联想、比较、思考，进而在游戏中大胆地将自己对汉字的认识和感受表现出来，引导学生在情感体验中提高想象力和创造力。让学生在了解一些有趣的象形文字的同时，体会汉字丰富的形象内涵，挖掘字与画之间的联系，提高对图形的表意能力。

二、教学目标

1. 了解汉字的演变过程及其艺术特点，能够利用字的形态特征进行艺术创作。
2. 探寻字与画之间的联系，发现变化的方法和规律。
3. 通过艺术的角度认识汉字，感受汉字的形、意之美，激发学生对中华艺术的热爱。

三、教学重难点

教学重点：
了解汉字的演化过程，探寻字与画之间的联系。

教学难点：
根据汉字的形态特征，展开联想，大胆创作。

四、教学设计

（一）尝试发现

1. 创境激趣

（1）出示带有甲骨文的兽骨图片。

师：①同学们，你们看这是什么？原来是一块神秘的兽骨，只要你认出上面的字，就能发现汉字的秘密，想试试吗？（学生回答兽骨上刻的是"马"字）

②你是怎么认出来的？

③欣赏"马"字演变，注意观察马的身体变成了字的哪部分？

④这些不同书体的"马"字你认识吗？喜欢哪个？

⑤你能按照各种书体产生的时间帮它们排排顺序吗？（甲骨文—金文—篆书—隶书—楷书）

(2) 出示带有"羊"字的甲骨文图片。

师：①为什么这是"羊"字？（羊角）

②对比图片，"羊"字为什么要突出羊角？（夸张的表现手法）

2. 体验感悟

(1) 欣赏动画视频，找一找影片中都出现了哪些象形文字？

(2) 边欣赏边把找到的文字写一写、画一画。

(3) 你认识它们吗？可以与同学互相交流，猜一猜你看到的是什么字？

设计意图：创设教学情境，从汉字的形态入手，以猜一猜的形式，引导学生自主尝试探究，激发对本课学习内容的兴趣。通过汉字的演变过程，发现不同书体的艺术特点。通过趣味的动画影响以及字与画的对比，在体验中逐步感悟汉字变化的规律。

(二) 探究形成

1. 交流探讨

师：(1) 你是怎样认出"象"字的？（长鼻子、四条腿、长得和大象一样）

(2) 你发现了哪些汉字的秘密？（夸张特征、依形变化）

(3) 看"鱼"字游来了，它要告诉我们什么？（欣赏课件）

(4) 原来字也可以变得像画一样，那我们就来玩字画游戏吧！

(5) 你想尝试变化哪个字？由字的哪部分进行变化？为什么？

（"鱼/魚"，𠂊——鱼头；田——鱼身；灬——鱼尾。"火"变化成火苗，更加形象。）

2. 演示探究

(1) 师：请同学们运用笔墨，对感兴趣的文字尝试创作。

展示学生作品，说一说为什么这样变化？突出了哪些特征？

(2) 师：①同学们刚才写的字真有趣，想一想它们之间有关联吗？你能把这些字变成一个小故事吗？

②字的故事真有趣，老师也跃跃欲试了，真想把这些字连起来，变成一幅更加完整的

画，我来试一试。(教师演示将学生尝试创作的作品连字成画)

设计意图：通过对"鱼"字变化的欣赏，了解字是如何变成画的，深入探究字与画之间的联系。以字为例，互相交流，体验字画结合的乐趣，学习运用汉字的形态特征进行创作的方法。从学生对单独汉字的尝试创作，到通过教师演示连字成画，这一系列的教学过程都引导了学生进行有含义、表达自我想法绘画创作。

(三) 联想创造

1. 欣赏提升

师：(1) 很多的画家也喜欢玩这个有趣的字画游戏，(欣赏图片) 我们一起看一看。

(2) 猜一猜，画家表现的是哪个字？从哪里看出来的？

(3) "日"字中为什么要画一只鸟？

(4) "火"字在表现上主要运用了什么样的线条？

2. 想象创作

(1) 师：你想用哪些字来设计一幅画呢？如何表现出字的特点？

(2) 作业要求：尝试把自己感兴趣的字变成一幅画或连字成画，合理运用色彩，突出字的形态特征，表现出字的文化寓意。

(3) 学生创作，教师巡视辅导。及时对学生作品进行点评，发现共性问题，激发学生的创意与灵感。

(4) 展示评价：

①请同学们猜一猜你表现的是哪个字。

②比一比谁的作品最有创意。

设计意图：通过对画家作品的欣赏进一步学习字与画变化的方法，学会运用字的形态特征进行艺术创作。在创作中通过自己的大胆尝试，挖掘出对汉字独特的理解，并运用美术语言进行合理的创作，激发对汉字以及书法艺术的热爱。

【点评】

本课依托美术学科教学模式进行设计，并于教学中凸显了教学模式的有效性。教师通过图片、课件欣赏，引导学生了解、体验象形文字的产生和发展过程，了解汉字的悠久历史，激发学生的爱国情感，引导学生抓住表现对象的重要特征，学习运用象形字的造型方法进行夸张的设计表现，进而表达文字的独特寓意。

1. 直观体验、渐进感悟

教师通过有效的情境创设，激发学生的探究欲望。"马"——形象到字、"鱼"——由字到画，汉字与形象之间演变历史的动态展现，帮助学生进行由具象到抽象，再由抽象变具象的形象思维构建。在对象形文字的渐进式欣赏中,引导学生逐步感悟象形文字的魅力。

2. 趣味探究、尝试变化

在探究形成板块中,教师运用学生喜闻乐见的形式,通过对动画片段、小视频的欣赏,化难为简。通过视觉的感知,引导学生在趣味的欣赏交流中探究、发现象形文字变化的规律。

3. 字画结合、创意表现

汉字是抽象的符号,而美术是视觉的传达。美术课的学习需要对物象进行视觉感知,才能进行理解与创作。教师引导学生将汉字的笔画结构与自然物象特征相结合,启发学生联想和想象,设计创作"图画文字"并尝试"连字成画",让学生体验图画文字带来的乐趣的同时,也尊重了学生自主性与个性化的发展,从而创作出有创意的作品。

▲ 学生作品

三、正确运用教学评价的能力

重视学生的美术学习评价是本次参评优秀课例的亮点之一。许多美术教师改变了以往仅仅关注美术学习结果即美术作业的评价方式，灵活运用自评、互评等方式开展课堂教学评价。美术课堂上多了一些亲切、鼓励的话语，学生也可以大胆地发表自己对美术创作与美术欣赏的看法，从而真正实现美术教学评价主体、内容和方式的多元化，建立起激励学生学习美术、促进学生美术能力发展的机制。美术教师们还巧妙地利用课堂环境充分展示学生的美术作品，开展以学生为主体的表现性评价活动。例如《各种各样的鞋》以走秀的方式让学生充分展示自己设计和制作的鞋，有助于增强学生艺术表现的自信，并使学生充分体会成功的喜悦。

【案例】

各种各样的鞋

一、教材分析

本课属于"综合·探索"领域，选择各种各样的鞋为探索内容，贴近学生生活，让学生在生活中发现美、感受美、创造美，培养学生热爱生活的情感。

以"鞋"为主线，初步训练学生搜集资料、选择资料、运用资料的能力。让学生了解文化，了解"鞋"除了具有实用价值以外，还具有审美价值。

了解各种各样鞋的结构和款式，感受鞋的装饰美，学习用彩纸或各种材料设计制作"鞋"，培养学生创新精神和动手操作能力。

二、教学目标

知识目标：

知道鞋的历史和变化，知道鞋与生活的密切联系，了解不同类型的鞋有不同的用途，了解鞋的基本结构款式和材料。

能力目标：

培养学生的创新精神和动手操作能力。

情感目标：

让学生在生活中感受美、发现美、创造美，培养学生热爱生活的情感。

三、教学重难点

教学重点：

初步了解鞋的文化背景，了解各种各样鞋的结构和款式，感受鞋的装饰美。学习用彩纸或各种材料设计制作"鞋"，培养学生创新精神和动手操作能力。

教学难点：

作品的评价方法，创新使用材料设计制作，体现审美性和实用性。

四、教学设计

（一）导入

师：首先请同学们欣赏一段到鞋店的录像，思考鞋有多少种类？介绍一双你最喜欢的鞋。

生：男鞋、女鞋、童鞋、运动鞋、休闲鞋、布鞋、皮鞋、单鞋……

生：喜欢休闲鞋。

设计意图：用一段录像激起学生的兴趣，了解生活中的鞋，感受鞋的美感。

（二）讲授新课

师：你们喜欢做游戏吗？快速抢答，看哪些同学回答得又快又准？（看老师带来的图片）（组织小组交流调查结果）

师：鞋在我们生活当中是必不可少的生活用品，从小到大，从春到秋，一年四季都要穿，你对鞋有哪些了解？老师在课前布置了对鞋各个方面的调查和研究，你们组是怎样调查和研究的？各个小组汇报一下。

生：第一组，我们小组调查的是少数民族的鞋。

生：第二组，我们小组调查的是各种功能的鞋。有龙岘防寒鞋、电子报警鞋、电脑计程鞋、水面滑行鞋、晴雨变色鞋、隐形鞋。

生：第三组，我们小组调查的是关于鞋的文化。

生：第四组，我从书中查到鞋也叫履屐。

设计意图：交流信息，走进生活，了解市场，初步学习调查方法。集中交流，扩大信息。

师：老师也长了不少见识，老师也在课前调查和研究了，我带来好多图片一起来欣赏一下（课件），了解一下古代鞋的图片，原始时期的鞋是用树皮做的，起到了什么作用？

设计意图：让学生了解一下鞋的历史，让学生了解"鞋"文化，了解"鞋"除了具有使用价值以外，还具有审美价值，激发热爱生活的情感。

生：保护脚，有保暖的作用。

师：（板书：实用）可以说是鞋的实用性，观看课件，古代的三寸金莲鞋和现代的鞋起到了什么作用？

生：三寸金莲鞋，图案、花纹、刺绣起到了美观的作用。

师：欣赏课件，荷兰木鞋、土耳其高卷头的凉鞋。

生：实用美观，大千世界无奇不有。

生：把人们打扮得漂亮。

设计意图：了解鞋的相关知识。训练学生的观察力和分析力。

师：体现了劳动人民的智慧。鞋花样繁多，色彩艳丽，充满魅力，给人美的享受。我们学了好多文化知识和历史知识，这节课主要发挥你们的聪明才智，设计一双精美的鞋。

设计意图：知道鞋的历史和变化，知道鞋与生活的密切联系。

师：同学们想一想你们在设计鞋时有什么问题要考虑，好好想想？

师：老师汇总一下，有这么几个问题补充一下，看课件。

生：……

A. 鞋由哪几部分组成？怎么让脚穿上去？

B. 可以设计什么样的鞋？

C. 用什么材料制作鞋？

师：课前同学带了鞋，以小组讨论的形式观察和研究。

师：刚才做了认真讨论和研究，哪个小组汇报一下，说说讨论结果？

生：经过我的观察，鞋有鞋帮、鞋带、鞋底、鞋跟，符合这些特点都能穿上。

设计意图：了解鞋的基本结构、款式和材料。

师：研究得非常好。

师：著名的设计师都是怎样设计鞋的呢？看课件。

一组著名画用到了鞋上，所以板书：构思巧妙，造型新颖。老师还给你们带来礼物呢，带来什么礼物？请一名幸运的同学打开这只盒子，看带来什么礼物，这可是老师亲自做的。

师：发给各个小组，大家仔细观察用了什么材料和什么方法制作？

师：以小组讨论的形式观察和研究，好！现在开始。

生：用卡纸粘贴的方法。

师：观察得非常仔细。

师：色彩搭配给你什么样的感觉？

生：色彩协调。

设计意图：送给学生小礼物，看老师亲自做的鞋，培养学生自主探究的能力。

师：板书：造型新颖、色彩协调。

师：老师给你们带来一个消息想不想听？远大鞋展邀请我们做小设计师，亲自设计鞋，你们小组设计什么样的鞋，什么样的品牌，有什么作用？讨论开始，欣赏课件。

生：设计报警鞋、虎头鞋、防滑鞋、可以飞的鞋。

生：为妈妈设计的鞋。

师：表扬体会妈妈的辛苦。

生：警察抓小偷的鞋。

师：板书：设计制作鞋时，要注意安全、卫生、做工精美。

设计意图：创设教学情境，调动了学生的好奇心和竞争欲。设计这一环节，使学生愿意主动参与，并充分展现和表现自己的才能。

（三）艺术实践

师：设想提出来，发挥你们的想象力，设计有特色的鞋，让我们开始吧，把你们小组制作的鞋举起来介绍一下。

（四）组织学生展示自己的作品

生：冬暖夏凉。

生：为后羿做的。

设计意图：用眼神、语言给学生带来了创作欲望，在实践中加深理解，启发学生大胆创新设计。

（五）组织评价活动

师：这节课了解了很多鞋的知识，同学们用灵巧的双手制作出了许多精巧和有创意的鞋，希望在不久的将来，大家能设计真正的鞋送到商店去体验设计意图成功的快乐。

（六）延伸部分

师：你能说出多少种有关鞋的成语？

设计意图：激励学生继续思考。

四、积极创设教学情境的能力

小学生有着非常强烈的情感需求，他们希望得到老师的关爱、集体的认同，同时也希望获得新的体验，获得更多对新事物的认识，而这些需要的满足必须通过一定的环境和适当的方法来达成。过去，美术教科书偏重按照知识体系编写，趣味性不足，如今教材从学生喜欢的生活场景、情境入手选择内容，每个课题都是一个情境主题，教师要根据教学内容，创设各种不同的教育情境，使学生获得更加丰富的体验。如《小鸟的家》一课，过去只要求学生能用不同形状组合成各种动态的鸟，并为鸟设计不同的家园。如今，还要求教师要创设不同的环境与情景，使学生体会鸟在笼子里失去自由、森林被砍伐及当猎人手拿猎枪鸟儿害怕的不同情境的不同感受。同是画一幅画，不同的要求让学生获得的情感体验大不一样。同是一节课，每位教师都可以根据课程设计不同的教学情境。具体生动的情境教学具有强大的感染力，可以加强学生的情感体验，使其对事物的认识依托一定的情境，激发学生的学习兴趣。教师还要善于给学生创设问题情境，想方设法引起学生认知的不平衡，激发学生的求知欲和探究的热情，让学生主动地发现问题，一步一步地解决问题，从而将教师的教学目标变成学生的学习目标，并在师生双向的交流过程中水到渠成地实现。例如，在学习欣赏《兵马俑》一课中，教师没有直接讲授，而是让学生静静地欣赏图片，然后让学生分组讨论：你想了解有关兵马俑的哪些问题，兵马俑原来是有颜色的吗，兵马俑到底有多少种不同动态，什么是"俑"等问题。设置问题，首先要注意从学生的角度出发，符合学生的年龄特征和认知规律，让学生自己产生兴趣，引起学生学习的主动性。其次要注意难易适度、问题的解答学生一般能通过自己的思考获得。在学生独立思考的基础上，对于难以理解的问题，教师可适当地点拨。让学生展开讨论，这也是培养学生与他人合作、多渠道获取信息的能力的过程。情境教学能够有效解决书本知识与生活实际的联系，使小学生通过学校学到的不仅是知识，而且获得运用知识的能力，因此我们大力提倡美术教师在新课程中展开情境教学，通过师生教学过程中情感上的相互沟通、相互影响、相互补充，达成共识，共享、共进。

第四节　激发创新潜能，提升教师专业素质

21世纪将把全面开发人的创新潜能作为素质教育的主旋律，培养学生的创新意识，释放个人特有的创新潜能。首先，需要涌现出大批具有开拓、创新精神的教师。面向未来的教师应当成为新课程教学的研究者、开拓者，只有认真总结亲身经历的实践经验，在理论的指导下进行有目的、有计划的专题研究，才能使自己的教育教学水平发生质变，形

成有自己特色的教学思路和教学风格,从而成为学者型教师。我们以优化课堂模式,提升教师专业素质为目的,从而达到美育的培养与发展,这就要发挥主观能动性,不断探求、不断思索、不断改进,在实践、反思、再实践、再反思的过程中提高自身素质,使自己成长为21世纪的开拓创新型教师。

一、策略与理念:教师的发展与教育研究密切关联

"教师即研究者"已经成为教师发展中的一个重要观念。"教师即研究者"的早期倡导者布克汉姆曾经表达过这样的看法:研究不是一个专有的领域,而是一种态度,它与教育本身没有根本的区别。这对我们今天理解教育研究和教师的发展仍然具有重要的启示。教师的工作是否具有研究的性质,关键在于我们如何理解教育和如何理解研究。如果仅仅从知识的传递出发去理解教育,教师只能是一个教书匠的角色;如果从每个学生的成长出发,那么,教师的工作就是在实现着文化的融合、精神的建构,永远充满着研究和创造的性质。当我们把研究看作教育实践中的一种态度、方式,体现着教育的根本意义,那么,教师就是教育的研究主体,他们的研究意识是教师发展的重要支撑,教师的教育实践包含着研究的意义。教育的研究是离不开实践的,许多教育理论工作者都必须建立自己的实验基地,以保持研究的实践性。教育研究如果脱离实际,可以说毫无价值。而我们的教师天天处在教育实践之中,每天都有研究的新信息、新素材,只要具有研究的心态,对出现的问题进行研究,对自身的行为进行反思,对积累的经验进行总结,这种研究的结果将直接带来教师教育行为的改变,使教师的工作越来越符合教育的规律。

二、新型学习方式与探究方法相结合,提升教师专业能力

学习方式以研究与利用课堂教学中的人际关系为基点,以目标设计为先导,以师生、生生合作为基本动力,以小组活动为基本教学形式,以团体成绩为评价标准,培养学生主动学习的能力,促进学生形成良好的非认知品质。但任何一种教学模式都不是万能的。合作式学习更适合于在规模较小的班级中实行,同时在教学中,有时课堂气氛难以控制,产生看似热闹其实混乱的局面。这时就需要教师有较好的驾驭课堂教学的能力,控制课堂教学过程,充分保证教学计划的执行和教学目标的达成。

【案例】

面具

一、教材分析

《面具》这一课例是人民美术出版社出版小学第五册的内容。根据《美术课程标准》所确立的阶段目标，这一课属于"造型·表现"学习领域。

面具有着悠久的历史，它的演变与发展，与种族的信仰、社会文化的发展密切相关。它最早体现在原始乐舞、武术、图腾崇拜上。随着社会的发展、人类的进步，以及地域种族的差异，形成了各自的体系，风格迥异，争奇斗艳。它们在形态与神态的表现上给人造成的感觉也是多样的，有的滑稽怪诞、有的粗犷奔放、有的狰狞恐怖、有的质朴天真，这充分体现出人类丰富的想象力和创造能力。同时，它的装饰艺术表达的内容广泛，表现的形态也是千奇百怪的，因此，它给人们的文化生活增添了无穷的乐趣。

面具与学生生活也有着紧密的联系，从小学生们就戴着孙悟空、猪八戒等面具嬉戏玩耍，因此，本课题的内容可以充分调动学生的学习积极性，有助于他们对传统文化的了解以及想象、创造能力的提高。

二、学情分析

本节课要面对的教学对象是小学三年级的学生，这一时期的儿童是想象力与创造力非常丰富和活跃的时期，结合小学儿童的学龄特点，教师在教学一开始就头戴怪兽的面具来到同学们的身边，让同学们猜一猜我是谁？猜谜游戏这个情境的设立，不仅激发了学生们的学习兴趣，还让同学们欣赏到了教师自制的面具，使学生在头脑中形成了最初的自制面具的形象，为后面设计面具做好铺垫。

三、教学目标

显性内容与目标：

通过观察、分析多种不同风格的面具，了解面具的文化，感受它的艺术特点，学习表现特点突出的面具。培养学生的造型能力、想象能力、创造能力和合作学习的能力。

隐性内容与目标：

引导学生在小组学习氛围中，相互交流，资源共享，培养学生的合作意识。通过学习活动，培养学生对美术学习的兴趣。

四、教学重难点

教学重点：

通过不同地域、不同种族多种风格的面具欣赏，了解面具的文化，感受其艺术特点。学习表现面具的方法。

教学难点：

如何表现造型夸张的面具。

五、教学方式、手段

在教学中，为了更好地突出重点、突破难点，体现课程设计注重人文关怀，侧重学生的体验过程，针对小学三年级儿童的心理特点和认知规律，遵循"教为主导，学为主体"的教学思想，通过情境创设，激发学生的学习兴趣，引导学生主动探究，体验学习的过程，培养自主学习主动探究的意识；通过评价激励，引导学生积极互动，体会创作的快乐，发展学生的想象力、提高学生的创造力、培养学生的造型能力和合作意识。

六、教学设计

（一）快乐游戏，导入设计

教师头戴自制怪兽的面具来到同学们的中间，让学生们猜一猜我是谁。在学生们的猜测中摘下头上的面具。(展示本课的课题)

（二）自主探究，掌握新知

A. 课前老师请同学们收集了关于面具的文字资料和图片资料，先请同学们说一说自己都收集到了哪些有关面具的文字资料。同学们把自己收集到的内容读给大家听，有的同学收集到了面具的种类，有的同学收集到了面具的表现形式，有的同学收集到了面具的起源等内容。最后教师播放录像短片，让同学们加深对面具起源的了解，了解面具的文化。

师：面具的历史悠久。很久以前人们对自然现象还不理解，以为是鬼神在作怪，所以就利用面具驱鬼辟邪，祈求生活的美好与幸福。随着科学的发展，人们认识到了世界上本来没有鬼，面具成了一种艺术形象深受人们的欢迎。

B. 教师展示收集到的两个由古代的面具演变而来的面具实物，让学生了解面具演变到今天是什么样，和我们的现实生活有着什么样的联系。我们可以把面具放在家里来装饰我们的房间。这都是很不错的装饰品！

师：老师也搜集到了两个由古代的面具演变而来的面具实物。它们一个代表着家里喜事连连，另一个有着镇宅驱邪的作用，我们可以把它们放在家里来装饰我们的房间。这可是很不错的装饰品哟！

C. 接下来教师请同学展示收集到的有关面具的图片资料。并把收集到的图片资料粘贴在黑板上，让学生更清晰地看到不同地域的面具。接下来教师利用课件播放中国的、外国的不同地域的面具，请同学们欣赏。在欣赏面具的同时让学生寻找不同面具的共同特点。

师：同学们收集的面具图片可真多啊！让我们又了解了这么多新奇的、有创意的面具。老师也收集到了一些有意思的面具，你想知道我都收集到了什么样的面具吗？让我们一起来看一看吧。

师：我们看了这么多的面具，每一个面具的形象都不一样。你能不能找到这些面具都有什么样的共同特点呢？

D. 在同学们还没有完全从精美的面具图片中回过神来时，教师拿出自制的面具请同学们欣赏，适时抓住学生们的注意力，鼓励他们根据以前的制作经验，相互交流，积极互动，讲解自己的制作想法，了解不同的方法步骤。凭借自己的经验寻找出制作面具的方法、过程。

师：当我看到了这些面具后我产生了想做面具的冲动，然后我就制作了一个这样的面具。(教师展示自制面具)

师：很有意思吧！有谁能猜出来我是用了什么样的方法把这个面具做出来的呢？(课件展示制作步骤)

师：同学们猜得太正确了，老师太佩服你们了！经过这样的制作过程，我们就可以制作出来有特色的、新奇的面具了。

(三) 开拓思路，大胆创作

教师以召开化装舞会为契机，利用小组合作共同探究的形式，让孩子们充分发挥自己的想象力、创造力，大胆构思，说出以什么形式、方法制作完成有特点的面具。在学生创作作品时，会遇到各种各样的问题，我引导学生相互讨论，大胆发表自己的看法，学会解决问题。

设计要求：选择不同材料，大胆设计制作自己喜欢的面具。

作业要求：选择自己喜欢的材料，以个人或合作的方式做一个面具，然后进行表演。

师：今天我们又知道了这么多关于面具的知识。我提议，为了庆祝我们今天的收获，一会儿我们戴上自己做的面具召开一个化装舞会，大家说好不好？

师：你想做什么样的面具呢？现在就和你的小组成员好好商量一下。

师：下面我们就以小组为单位，选择自己喜欢的材料共同制作面具，然后进行表演。

（四）全情投入，激情展示

制作完成后，学生以小组为单位，以表演的形式，展示自己的制作成果。同学们经过讨论，每个小组都有自己的主题。有的是以怪兽为主题，表演了驱鬼的场面；有的是以藏戏为主题，表演了歌伴舞；有的小组自编、自演了一小段关于小丑的话剧。

师：哪个组先来展示呀？（学生分组展示）

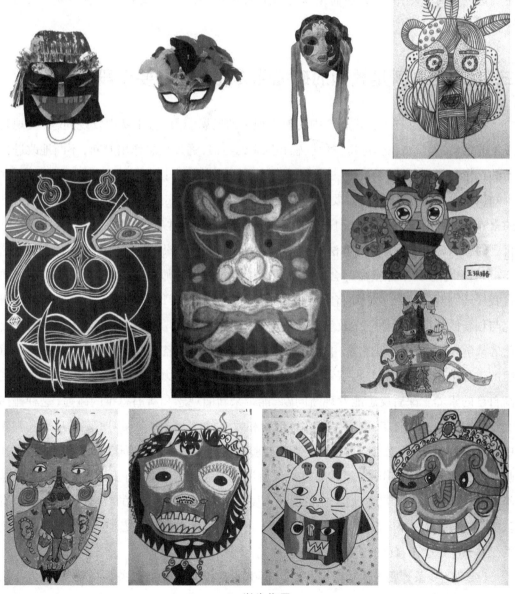

▲ 学生作品

师：同学们的展示太有创意了！那就让我们在这欢快的气氛中戴上面具一起去参加化装舞会吧！

（老师戴着面具和同学一同表演《幸福拍手歌》）

七、教学反思

在新型学习方式下，自主探究过程中也将合作式的学习穿插于学习之中，这样大家互相帮助，共同制作，最后再一同完成一个插花作品，每个人的喜悦自然洋溢课堂。潜能得到进一步的开发，学习方法的选择也不是绝对的，也可以是几种方法在一节课上的综合运用。

三、反思与判断是教师的研究能力提升的必要手段

首先表现为对教育实践和周围的教育现象的反思能力，善于从中发现问题、发现新现象的意义，对日常工作保持一份敏感和探索的习惯，通过反思作出判断，不断地改进自己的工作并形成理性的认识。中国著名教育家叶澜曾指出：教师要提高自己的素养，除了知识层次需要提高外，更重要的是要在教学实践和教学实践后的反思中不断提高自己的素养。教师应长期全身心地投入教学实践中去，通过经常反思，不断总结，来不断调整自己的思想观念和教学方式方法等，在不断的反思、钻研、探索和体验中不断地创新。这样，教师和学生的个体生命都会自动地得到持续发展。教师在完成教学任务的同时，要自我提高，自我发展，就必须将学校视为自己"进修"的天地，将课堂视为自己实验、研究与创新的场所。教师应在教学实践中学习，不断进行教学反思与判断，反过来改善自己的教学实践，不断自我完善、自我变革，对自己的学识和经验进行优化重组。在优化重组的过程中去重新体验与再探索，不断提高自己反思的能力，不断在新的基础上逐步提高自己的素养。课后反思能发现新问题，能带来新旧观念和新旧思维的碰撞，这种碰撞经常能闪出创新的火花，凝聚生成教育创新和教育智慧。教师在长期不断的反思和判断中才能真正地成长和发展，真正地实现由经验型、反思型教师到科研型、智慧型的美术教师的转变。在实际工作中，经常通过写课后记的方式反思教学，对于已经具有一定教学经验的教师，甚至觉得写课后记比备课还重要，对于很有研究价值的教学课，它不一定有教案，但是一定有课后反思。这里可以看一则美术教师的课后记，其生动的表述和深刻的见解只能产生于自己的实践感受之后。

《会动的线条》属于"造型·表现"学习领域，是以会动的线条为拓展点，激发学生的想象力。结合对教学模式的研究，某教师将本课设计为三个学习板块："感悟发现"板

块——学生随着音乐舞动线条,感悟线的动感,并在生活中图片的欣赏中发现哪些线条会动;"探究形成"板块——通过尝试了解如何用线条表现画面动感,探究动感表现方法;"联想创造"板块——请学生通过联想设计一幅具有动感的画面。

该教师所在学科组将研究的重点落在了"探究形成"板块,因为这一板块的学习承接"感悟发现",联系"联想创造",是承上启下的重要环节。而在"探究形成"板块中,该教师设计了三步式教学环节,即"交流探讨"——学生尝试运用线条表现动感,交流如何表现,探讨表现方法,教师修改;"演示探究"——通过一条曲线展开联想,教师演示,将曲线变化成具有动感的画面;"欣赏提升"——欣赏梵高《星月夜》,体会线的组织排列带来的动感与美感。

这样的教学设计充分地激发了学生的表现力,给学生创作的素材,学生由点到图形到画面,逐步地积累创作的基本素材并在绘画中尝试灵活的运用。同时在本课的设计中陶罐与《飞天》的欣赏也获得了大家的关注,陶罐上抽象的线条使学生想象古代先民的生活,感悟他们是如何创造的。而"飞天"形象的欣赏更加突出了美术学科对于文化的传承,突出了美术教学的文化性。

同时,在交流中学科组的教师对于"探究形成"板块的教学有了更加深入的探讨,首先"探究方法"并不准确。教学应以学生为主体,以学生角度进行板块的设计,所以将第二板块更名为"探究形成"。其次通过学生作品的反馈,发现在学生的创作中虽然注重了动感的表现,但是却有部分学生忽略了画面的构图与色彩,画面有动感但无美感,在展示评价中要引导学生注意,同时在学生作品的欣赏中也要对这一问题进行强调。不同的教师针对同一教学模式的教学会呈现不同的风格与理解,但模式的形成都要遵循着美术教学的学习规律,最终都要以学生的获得为准则。由此可见,教师的判断能力、反思能力,是要在一节节常态课中,不断被锻炼,不断被提升的。

四、教师角色要实现从单纯的知识传授者到学生学习、身心发展的促进者的转变

教师本身必须是一位积极有效的教育教学的研究者。作为教师的研究并非指专业性、理论性的学术研究,而主要是指在实践基础之上的研究,以调整教育教学行动为目的的研究,即"行动研究"。"行动研究"是近年来世界课程改革中极力提倡的一种教育研究形式,对此,中外学者提出许多不尽一致的观点。概括起来,教育行动研究是一种以参与和合作为特征、以教师为研究者、以实践情境为研究场所的研究形式。它以如下三个特征区别于其他方式的教育研究。

1. "对教育行动"开展研究，即行动研究的对象是教育教学的实践者所遇到的实际问题，这就要求研究者具备问题意识和研究意识，通过反思和合作，学会发现和界定问题，并探讨可能的解决策略。

2. "在教育行动中"研究，即它是"行动"和"研究"的统一、"理论"和"实践"的统一、教育活动和探索活动的统一。

3. "为教育行动"而研究，即研究的目的指向教育行动的优化和行动者的理性自觉。行动研究旨在不断革新和改善教育行动；同时，它将有助于教师个人行动理论的产生和发展，因此，行动研究是一种学习途径，一种教师专业发展的途径，并且有一个不断发展的过程。因为"行动研究"与学校的关系密切，接触实际会有许多意料之外的问题，并非如其他专业研究那样单纯，有时也可能遇到困难和尴尬，对此美术教师应有思想准备。

过去有些人受传统教育思想的影响，把课堂教学当成只传授知识的场所，没有做到教书育人、培养才干、开发智力。而是教法简单化，教师讲，学生听，墨守成规，满堂灌，学生思想僵化不开窍。老师这样讲课，限制了学生的思维能力和创造能力的发展，所以，教学方法必须改革。在大力强调素质教育的今天，教学方法的改革势在必行，要探索出一条新的教改方法，根据不同年龄特点，采取不同的教学方法。

如教低年级学生认识三原色、三间色，要用一般的抽象的方法讲，学生们是很难接受的。于是教师就考虑出这样一种做法：用水彩颜料调成红、黄、蓝三种原色彩水，分别装在三个玻璃试管内，再拿三个空试管，一齐放在试管架上。课堂上让学生认识三原色时，把三种彩水展现在学生面前，讲到什么是间色、间色是由哪两种原色调配成的，就拿试管做演示。当教师把两种原色彩水倒入一个试管内一晃动立刻变成间色时，学生边拍手边喊出声来。做法虽然很简单，但形式较为新颖，学生们像看魔术一样看老师演示，兴趣很浓。让学生做实验，红色+黄色＝？红色+蓝色＝？蓝色+黄色＝？两种原色的量的多少不同调成的间色有什么不同？这样学生记得牢、记得深，又证明了知识的科学性，同时学生又学会了调色方法。

【案例】

三原色三间色

一、教材分析

《三原色三间色》属于"造型·表现"学习领域，本课将目光投入缤纷的色彩世界。

在一年级《七彩生活》《春天的颜色》两课中，已经让学生对色彩有了感知和认识，本课学习可以帮助学生过渡到较为专业的色彩分析，学生们能学会调色、用色，感受生活中的色彩美。把握色的原色和间色的特征与联系，从而为后面的色彩学习奠定基础。

二、学情分析

二年级的学生对颜色知识有了初步的了解，喜欢用原色和间色表现大千世界，但原色的运用，间色的调配，对于他们来说还是有一定难度。可以根据这个学段学生的年龄特点，引导学生感受大自然，适当设置尝试、体验、游戏等活动，让学生在"玩"中发现色彩的秘密，从而认识三原色、三间色，让学生在轻松自由的学习环境中体验色彩的美。

三、教学目标

知识与技能目标：

认识三原色与三间色。

过程与方法目标：

学习使用颜料、毛笔等绘画工具，尝试用三原色调配三间色。

情感、态度和价值观目标：

培养学生认识色彩世界的兴趣，感受色彩的美。

四、教学重难点

教学重点：

认识三原色和三间色及其色彩特征。

教学难点：

了解原色与间色的色彩关系，掌握用原色调和间色的调色技能。

五、说教法、学法

依据"教学有法，教无定法，贵在得法"的原则，结合学生的特点采用如下教学方法：讨论法、游戏法、实践练习指导法。

在学习的过程中将学生视为教学的主阵地，我准备让学生采用自主探究学习和小组合作学习相结合的学习方式，在学习过程中进行分析讨论，在操作中发现并进行自主探究和评价，从而有效地培养学生自主学习的意识。

六、教学设计

（一）激趣导入

A. 放《颜色歌》，小猫找到了哪些颜色？

B. 色彩无处不在，装点生活，请观察四季有哪些颜色。总结出色相的定义。

C. 生活中带有红黄蓝的物品有哪些？

（二）探究发现，尝试体验

A. 魔术表演：红黄蓝变橙绿紫。

B. 尝试体验，同桌合作。

（三）佳作欣赏，拓展思维

A. 欣赏色彩图片，学生作品。

B. 教师示范。

（四）实践展评

A. 创作要求：以三原色、三间色为主，画一幅作品，可以表现水果、蔬菜、花卉、衣物等。

B. 展示评价：学生展示，自评互评。

（五）小结作业

用画笔描绘我们美丽的祖国。

七、教学反思

二年级学生活泼、好动，有效注意力时间短。如何才能吸引学生的注意力，这就需要教师精心设计符合本年段学生的特点的教学流程。因此，本课的教学我以体验、合作、游戏的形式为主，这样的设计能有效地抓住学生的注意力，让孩子们在玩的过程中，发现色彩的秘密，认识三原色和三间色，让学生在轻松自由的学习环境中体验色彩的美。

生动有趣的环节设计，能使学生沉浸在快乐的体验中，激发学生的创新精神，让学生既动手又动脑，从而完成教学任务，所以我们要主动打破固化的教学模式及教学角色，追求更高效的课堂教学模式。

▲ 学生作品

▲ 学生作品

五、开发能力是对教师专业化的最高要求

　　绝不是每一位教师都具备这种能力,但也不意味着教师在实际教学中进行课程开发,需要多么高深的水平。基础教育课程改革,就专门给学校留出了课程的开发空间。"学校在执行国家课程和地方课程的同时,应视当地社会、经济发展的具体情况,结合本校的传统和优势、学生的兴趣和需要,开发或选用适合本校的课程。"(引自《基础教育课程改革纲要(试行)》)因此,每一所学校都应有教师从事课程的开发工作。课程开发的原则有三条:结合当地社会和经济、结合本校传统和优势、结合学生兴趣和需要。新课程提出了课程资源的开发和利用的要求,教师是利用课程资源和课程开发的重要力量,教科书已不可能作为唯一的课程资源,利用学校其他资源转化为课程内容,可以使新课程教学更加生动活泼,更加贴近学生的生活经验,更加有利于学生获得学以致用的能力。哪些是课程资源呢?目前可以利用的主要有三种:一是校内的课程资源,如实验室、图书馆及各类教学设施和实践基地;二是校外的课程资源,包括图书馆、博物馆、科技馆、工厂、农村、部队、科研院所等广泛的社会资源及丰富的自然资源;三是信息化课程资源,如校内信息技术的开发利用,校内外的网络资源。

　　我们美术课平时的教学就要充分地利用这些资源,我们要去进一步挖掘更有教育价值的内容,形成更有特色的美术教学课程。美术课程资源需要教师去组织、去开发、去利用,教师应当学会主动地、有创造性地利用一切可用资源,为美术教育教学服务。教师还应该成为学生利用课程资源的引导者,引导学生走出教科书,走出课堂,充分利用校内外各种资源,在自然和社会的大环境里学习美术、学习探索人生。新课程对美术教师提出了教育专业工作者的要求,我们已经不是传统意义上的教师形象,而是要成为学生成长的引领者、学生潜能的唤醒者、教育内容的研究者、教育艺术的探索者、学生知识建构的促进者、学校制度建设的参与者、美术课程的开发者。课程改革任重道远,美术教师确需努力,努力对综合能力的提升。

六、教师要善于掌握多种能力及多种教学方法的运用

　　有时我们看到一节美术课上得热火朝天,但教师究竟教了什么,学生究竟学了什么,让人费解。教师应该让学生每上一次美术课都能有所收获。这种收获是从课程总目标考虑的:知识与技能、过程与方法、情感态度与价值观。在教改中要处理好知识技能和创新的关系,处理好过程与方法的关系,情感、态度与价值观的关系。只有在掌握了一定的基本知识的基础上才能谈得上探究与创新。

在《色性》一课中某教师充分准备，从教学的用具到学习问题的设计都对传统的接受式的学习赋予了新的含义，使学生对于抽象的色彩的色性的问题有了新的认识。并且把色性变成了画、变成了直观的形象，不再难以理解。因为色性知识就在我们的身边，就存在于我们的生活中。这样的讲授就不再乏味枯燥了。

《色性》一课也让我们看到了接受式的学习作为人类认识世界的基本学习方式和相对于其他学习方式的优势。

接受式学习是传承文明、保持文化传统的基本方式。面对大量的文明成果，在有限的学校课堂教育时间之内，不可能将大量的信息、知识由学生通过"发现""体验"等方式来掌握，主要的方式还是接受式的学习。教授式的学习的教学内容是现成的、以定论的方式呈现的，可以使学生在相对短的时间里学习并掌握大量的、系统的科学文化知识，这对我们的文化传承是十分有利的。同时，接受式的学习有助于知识的积累和系统化，从而有助于学生理性思维的培养，这一点是无可厚非的。

【案例】

制作藏书票

一、教学目标

知识与技能目标：

认识藏书票这种独特的艺术形式，了解藏书票的来历、特点及其作用等相关知识。

过程与方法目标：

学会用绘画或纸版画、拓印等形式制作藏书票。

情感、态度与价值观目标：

感受藏书票的艺术美感与文化内涵，体验创作的乐趣。培养学生动手能力，激发学生多读书、读好书的情感，增强文化意识和文化修养。

二、教学重难点

教学重点：

了解藏书票的相关知识与文化内涵，掌握藏书票的构成及制作方法。

教学难点：

设计制作票面内容完整、符合特点的藏书票。能体现自己的性格和爱好。

三、教学设计

课前导学清单

1. 老师课前下发自学导学单,学生可以通过阅读资料自学藏书票的相关基础知识。

查一查:请你在家提前预习,收集资料,并完成下面的题目。

①藏书票起源于哪个国家,是做什么用的,通常贴在书的什么位置?

②藏书票的票面上包括哪几个要素? "EX—LIBRIS"(拉丁文字),是什么意思?

③藏书票有哪些美称?

2. 制作体验:微课自学,动手制作一枚藏书票,将遇到的问题写下来,课中小组共同解决。

①在第一步起稿、反拓中遇到什么问题了吗?

②在第二步装饰背景中遇到什么问题了吗?

③在第三步上色、拓印中遇到什么问题了吗?

3. 思考:人们为什么要舍易求难,用藏书票这种形式来标明自己的书?

设计意图:下发导学清单,有针对地指导学生进行课前自学,让学生提前了解藏书票的相关知识,这样带着知识储备会更好地在课堂中掌握新的知识。学生可通过微课自学尝试制作一枚藏书票,在制作过程中发现问题,以便在课堂中通过小组合作和老师的讲解解决自己的问题。

(一) 激发兴趣、导入新课

同学们好! 这是老师非常喜欢的一本书,而且在这本书里我还发现了一件小礼物。看,就是它。有同学认识它吗,它有什么作用呢?

不知道没关系,跟着老师一起来了解一下吧。(播放课件视频) 这回你知道它是什么、有什么作用了吧!

想不想拥有一张属于自己的藏书票呢? 这节课我们就来尝试一下如何制作藏书票! (出示课题)

设计意图:用设置悬念的方法调动学生的有意注意,激发学生的好奇心,初步了解藏书票的作用和特点。

(二) 探究体验、获取新知

1. 同学们不要小瞧这些小小的藏书票哟,猜一猜它已经有多少岁了? 从世界上第一枚藏书票在德国诞生至今,已经有561年的历史了。它经历了手绘、铜版、现代印刷、电子版等几个不同的时期,形成了多种多样的风格与面貌。

2. 在这些藏书票上，你都看到了哪些种类的图案呢？（课件：票面素材）

3. 除了精美的图案，藏书票上还有什么呢？你真善于观察，最重要的是一定要加上藏书票独有的拉丁文标志以及票主的姓名，这样它才是一张真正意义上的藏书票。

现在老师要考考你们，怎样将一幅普通的作品变成藏书票呢？真聪明！是的，正像你们说的那样，在画面适当的位置上添加上代表藏书票的拉丁文字或者标注"某某藏书"就可以把一幅普通的作品变成藏书票了！

4. 藏书票不仅票面图案异常精美，还藏着非常有趣的故事或者独特的内涵（图片举例）。

（1）世界上第一枚藏书票：一个聪明的德国人突发奇想，为自己的爱书设计了一枚小小的木刻版画，我们看看他画的内容是什么？一只可爱的刺猬口衔鲜花，正在落叶丛中散步。飘动的缎带上，幽默地写着"谨防刺猬随时一吻"的字样。意思就是说，如果你借了不还的话，刺猬就会刺你一下。

（2）关祖章藏书票：在中国，藏书票的创作起步较晚，现今发现的第一枚藏书票约出自1914年。1990年7月一位姓吴的先生在北京琉璃厂淘书时，从一部1913年版的《图解法文百科辞典》封面内正页发现了它。票面上是一位头戴方巾的书生，正在烛光下翻箱倒柜，展卷阅读，遨游书海。工致的图案与秀逸刚劲的"关祖章藏书"五个字，使整张票面极具中国古典韵味。

（3）牧童：瞧，这枚藏书票上有什么故事呢？

一个小牧童悠闲地骑在牛背上吹着笛子，悠扬的笛声似乎就回荡在我们的耳边，更有趣的是老牛的犄角上还挂着一本书。小牧童在放牛的时候也不忘把自己喜欢的书带上，与书为伴。我想，这枚藏书票的作者一定是从清代顾炎武的诗句"常把汉书挂牛角，独出郊原更与谁"这一句上获得的灵感吧。

（4）小莹之书：你能说说，在这枚藏书票上读到了什么呢？

真棒！你的感受跟老师不谋而合。我们都感受到了这枚藏书票充满了美妙的想象力，书中开满了鲜花，带来阵阵书香。

同学们你们知道吗，正是因为藏书票上这些生动有趣、令人回味无穷的小故事，才让藏书票拥有了"书间精灵，纸上宝石，版画珍珠"的美称。它和我们之前学习过的邮票就像一对双生的姐妹花，都是在方寸之间展现着世界民族文化的无穷魅力。

设计意图：新课程倡导探究性学习，让学生带着问题进行探究性的欣赏与观察、比较分析，便于学生理解藏书票的诞生历史、票面结构、表现内容、结构特点等知识。这一环节通过让学生感受作品，组织学生讨论，以此来引导学生观察、思考，认识藏书票这种独特的艺术形式，了解藏书票的特点，激活学生们的想象思维，在图像识读的基础上，引发了学生对这一独特艺术形式的了解与喜爱,学会欣赏、解读藏书票中蕴含的丰富文化内涵,从而提高他们的审美能力。

(三) 创作指导,解决制作中遇到的问题

看到这里,相信同学们一定都很着急制作属于自己的藏书票了吧! 来,一起看看藏书票的制作过程和方法吧。(视频)

同学们学会了吗? 那么让我们来自己尝试制作一枚构思精巧、图案精美的藏书票吧!

1. 了解学情:说一说课前制作过程中是否遇到了什么问题,想到什么办法解决了吗?

2. 带领巩固:要想制作一枚成功的藏书票,制版和拓印都非常重要,教师播放视频,带领学生把制作步骤和要点进行巩固,在播放中及时提问并解决制作中的难点。

3. 共商解决遗留问题:如果还有不理解的地方,请其他同学共同帮助解决。解决不了的,再请别的组或老师帮助解决。

设计意图:课前的微课自学让学生提前学习了本课的难点——如何制作藏书票,将不会的地方在导学单上写下来,在课堂上请同伴和老师帮助解决。通过观看视频、自学探究、反馈问题和教师指导,共同解决本课的教学难点,不仅创设了自主学习情境,提高了教学效率,同时也留给学生更多的想象、创作、表现自我的空间。让学生按照自己的想象去独立创作,把自己内心的感觉表现出来,培养了学生获取信息及分析解决问题的能力。

(四) 独特展示,多元评价

1. 同学们,你们的藏书票做好了吗? 现在请你将做好的藏书票贴在自己课前带来的书的扉页上,将书展示在教室前面的书架上。

2. 老师用"希沃授课助手"将学生作品进行直播,请同学们说一说自己喜爱的藏书票,从构图、制作手法、色彩等多种角度进行自评、互评、师评。

设计意图:通过独特的展示方法,让学生把课堂中学到的知识、制作的东西带入了生活中的书上,从课堂引申到了生活中,体现了美术与生活的联系。通过多元评价,让学生更全面、多角度地了解了自己和别人的作品。

(五) 文化渗透,情感提升

同学们,今天我们学习了解了什么是藏书票,它有什么作用和特点,并且亲自设计出了属于我们自己的精巧别致的藏书票。

藏书票不仅是对书籍的装饰，它还具有很高的艺术欣赏与收藏价值。欣赏一枚枚小小的藏书票，就像在微型艺术王国里畅游。由爱书而藏书，由藏书而有藏书票，由藏书票而衍生出一个专门的艺术门类。

同学们，你们说人们为什么要舍易求难，用藏书票这种形式来标明自己的书呢？是因为他们爱书、爱读书、爱书中的知识，知识是我们成长的养分和力量。我们从小也要做个爱书、爱读书的人，成就自己未来的书香人生。同时，老师更希望看到你们的每一本爱书上，都能有一枚彰显自己个性的藏书票。

设计意图：渗透情感，关注美术与文化的联系。渗透人文精神，为学生的终身学习埋下文化自信的种子。

当然，发现式学习和接受式学习作为两种学习方式，二者本身无所谓先进与落后，好与坏，关键在于运用的效果。接受式学习重视学生的共性发展，发现式学习注重学生个性张扬与实践能力、创新能力的培养。接受式学习与发现式学习应该有机结合，扬长避短，使我们的课堂走向多样化教学模式。

七、教师要具备与时俱进的能力，善于捕捉当下最前沿的信息，以此优化课堂模式，激发创新潜能

与时俱进的意思我们可以这样理解：

（一）准确把握时代特征

始终站在时代前列和实践前沿，始终坚持解放思想、实事求是和开拓进取，在大胆探索中继承发展。

（二）观念、行动和时代一起进步

做一名与时俱进的教师，才能跟上时代的步伐，才能顺应时代的要求，才能教出处在新环境中的学生。

应试教育下的教师，基本上属于记忆型、传授型，他们机械地把人类科学文化知识灌输给学生，妨碍了各种人才的培养。21世纪所需的教师素质，既包括高水平的思想政治素质、敬业爱岗的职业道德，也要求教师通过不断的学习和接受培训，充实和更新知识，提高水平和能力，成为教书育人的专家和从事教育教学研究的复合型人才。

1. 科学文化素质，21世纪要求教师除了具有精深的专业知识、必备的现代教育理论

以外，还必须具有较广博的现代科技知识、人文知识。教师在继续进行学历教育的同时，必须与时代同步，打破传统的知识结构，不断调整、更新、丰富、充实，以先进的科学文化知识武装自己的头脑，掌握现代化的教学方法、教学手段。

2. 能力素质。新型教师除具有传统的教学能力外，首先还应具有自我心理调控能力。自我心理调控能力是指教师能够正确地进行自我评价、自我调控、自我创新，摆正自己的位置，善于与他人交往等。其次，是创造能力，就是善于求异创新，敢于质疑已有的理解、诠释，在新旧知识更替的交叉点上，把自己的观察力、创造力结合起来，用新知识代替旧知识、旧观念。大胆改革已经落后的教育教学模式，并不断地运用自己的技能和机智，为每个学生提供发挥创造力的环境。另外是综合再现能力，就是把现代的科学文化知识，结合小学生的年龄特点、知识基础、社会经验、接受程度，加以综合、筛选，概括性地再现出来。充分利用各种先进的教育设施和教学媒介，运用科学的教学方法和教学艺术，让学生在愉快的氛围里，自主地能动地学习，促进身心的健康和谐发展。

（三）教师形象要与时俱进

教师师表形象，就是教师的思想、道德、业务、作风等素质综合的外在表现，是学生和家长对具体教师的印象和评价，这是一个综合的概念，既有外在的表现，又有内在的内容。新时期，教师要从教室、学校走出来，结束那种自我封闭的状态。除具有传统的积极的师表形象外，还要展示给学生一种具有科学态度、创新精神、合作的人际关系的师表形象，做一名与时俱进的教师。

提高教师各方面素质，激发潜能是优化课堂的必要手段，是学校推进素质教育的关键所在。"教育要面向现代化，面向世界，面向未来。"这是新的历史时期教育改革与发展的战略指导方针，实现这一方针，必须加大改革力度，采取有力措施，使教育的改革与市场经济发展相适应，师资水平与人才培养素质要求相适应。因此，只有高素养的教师，才能有力推进素质教育；只有具有创新意识和创新精神的教师，才能不断地改进教学模式，培养学生美育。

拓宽教学边界，创新教研模式

一方面，为了提高学生的审美意识和培养健全人格，开发创造力，构建完善的美育教学体系和评价体系势在必行。另一方面，美育是增强国家文化软实力，促进社会发展的重要途径。以美育人式的"开放"使我们必须树立一个新的美术教育理念以及与此相适应的教学方式。关于这一点，这里先举一个例子。美术课上，教师给学生们布置了一项题为"我们的太阳"的作业。所有的孩子都很认真地将自己眼中的太阳画得五彩缤纷，充满了光明和欢乐。但有一位学生却画得完全不一样，他出人意料地把太阳画成了黑色。黑乎乎的太阳没有光明，没有快乐，也没有生命。同学们一见都嚷开了："怎么能够画成这样呢？""太阳怎么会是黑色的呢？""你瞎画！"而这位学生却坚持说："太阳是黑色的。"面对此情此景，教师没有批评和指责这个学生，而是说道："我们请他谈一谈为什么，好吗？"于是，所有在场的人都听到了这样的一段话："太阳是黑色的，是因为它被污染了，是大家不关心它，让它变成这个样子的……"长期以来，我们的教育都是用大多数人的审美标准去衡量所有的人，美育的标准是需要被更多数人认同的。我们原以为所有的同学都会按照教师的预设去做，我们原以为太阳就是多数人所见到的样子——光芒万丈、所有的太阳都理应一个面貌，而忽略了育人是以人为本体的，以大众视角抹杀了本体的感受以及想象和创造。

在传统教学论的概念系统中，"课程"被认为是规范性的教学内容，只可被政府或学科专家修订，教师往往游离其外，不需要过多去考虑课程内容的设定，只要把"书"教好就行了。然而，课程内容的达成和教学是不能分开的，课程作为学校教育的内容，规定了"教什么"；教学作为教育的手段，应当诠释"怎么教"，不求甚解和不研究课程的设置就不可能教好书。从一定意义上说，课程是带有"专制"性的，而教学则体现了更多的灵活性、不可复制性和多元因素达成性，由于教学随时在反映着课程的接受效果，这就要求我们在具体教学的时候必须清楚课程的意义和相关取向。课程和教学是一个共同发展、相互影响、彼此融合的整体文化和生态系统，不可能把它分隔开来，而作为课堂教学的点播者和引导人的教师更不能脱离其中。把美育与合作探究相结合，课程由"专制"走向民主，由"封闭"走向开放，或者说，由政府、专家走向教师，由学科走向学生，走向一个更有利于人全面发展的新情景的时候，课程与教学的关系便更为密切起来。以美育人，合作探究扎实落实到美术课程上，我们觉得对其功能的认识应该有这样的拓展。

第一，从以往偏重于单一的美术知识和技能的传授转向既重视知识和技能的传授，又重视学生的学习过程和教授方法的可行性，同时还要重视对学生的情感、态度以及价值观的培养。

第二，美术课程的教育功能是学生在知识和技能的学习过程中实现的，我们不能忽视和否定美术知识和技能的学习，但同时也应注意到美术课程的大部分学习者不是为了成为职业画家，因而我们要在课程中实施梯度教学，对潜能生适当降低知识与技能的难度，尽可能让所有的学生都能够学习适合其个人发展的美术。

第三，美术课程应更多地创设学习情境和相应氛围，让学生能够有兴趣、有选择地去体验美术创作独特的魅力，能够理解和掌握美术基本的学习方法并运用到学习生活中，使学有所用，增强学生的收获感。

现代文明社会中最不可缺少的是教育，而教育中最必不可少的就是美育。美育的价值是不变的，而美育的方式却在不断改变。时代的发展需教师不断研习拓展新的适应时代的教学方法，实时更新教学观念和有效的教学方式。美术新课程标准的基本理念体现在以下几个方面。

第一，以学生的发展为本的课程价值观。确立了学生在课堂上为主体的地位，把课堂还给学生。观察教学内容与学生接受的走向，尊重学生。

第二，科学与人文整合的课程文化观。在相互交融中寻求理性与情感的协调而不是对立。

第三，创新与发展的课程实施观。发挥教师和学生在课程中真正有效的作用，让他们从原有的状态下释放天性，共同成为教学的主人。

第四，民主化的课堂教学观。体现科学的开放精神，多元化课堂以便所有的人都能够分享多样化而不是单一化的管理和决策。

从美育的观念来看，教师应该更加关注学生的思维力、创造力、审美能力等能力的培养，"面对全体"、承认个体的独立性和差异性，从学生发展的角度出发去认识和建立新型的师生关系；在此基础上，我们的美术教育（包括美术课程和教材）才能更多地给学生权利，让他们自己去选择：给学生创设条件，让他们自己去锻炼：给学生自我探究问题的空间，让他们自己去找答案：给学生预设有价值的问题，让他们自己去解决；给学生一片空间，让他们自己向前走。美育应该不断地去启发学生的想象力、感受力、判断力等意识，用美术自身的独特价值去构建创新的基础及和谐多彩的人生。事实上，学生只有今天敢于质疑、敢于批判，明天才能善于创新、善于超越。《学会生存》中向全球推出了这样的教育观念："未来的学校必须把教育的对象变成自己教育自己的主体，受教育的人必须成为教育他自己的人：别人的教育必须成为这个人自己的教育。""教育虽然建立在从最近的科学数据中抽取出来的客观知识的基础上，但它已不再是从外部强加在学习者身上的东西，也不是强加在别人身上的东西，教育必须是从学习者本人出发。"

从美育的教学方式来看，教师在课堂教学中应该给学生以更多的主体性、选择性和能动性，把学生从"死记硬背"的陈旧的、单一的学习方式里解放出来，进而能够快乐地、有个性地去感受、体验、学习美术。事实上，教学从本质上说是一种沟通与合作的活动，没有沟通就不可能有教学。而沟通的重要保障就是合作，从合作中找共性、从合作中找方法、从合作中找办法、从合作中创新，合作探究即成为了以美育人促进发展的必然条件。因此，美育可以被理解为一种视觉语言性沟通或视觉语言性活动，其中对话与感受是教学活动的重要特点。

美育的理想化是适应学生的需要，就是尊重社会和个人的需要。美国学者波依尔认为，学校应当是教师和学生这两类主体交互作用形成的学习共同体。"学习共同体"的中心使命是使所有儿童都有接受优质教育的权利。可以肯定地说，只有当教学的重要参与者，即学生真正感受和体会到了这种意义、这种精神，他们才有可能成为教学的主体、教育的力量。事实说明，所有成功的教育都体现在教师和谐、全面、高效、优质的工作中，体现在教师工作中平凡的精神和不凡的责任中，体现在重新建立现代学习方式中，而不是仅仅依靠过去的经验。经验在教育中是重要的，但经验绝不等于教育和教师的全部。在设定的情境下，过度依靠经验可能会妨碍教育的进行，也许会限制学生的发展。教育的观念和学习的方式发生了很大的变化，美术教师应注重对本学科前沿知识和成果的了解与研究，以使自己紧随历史发展的步伐，以免成为时代的落伍者。

在当代，美术的含义已经扩展为"广泛形象表达的能力"和"一种视觉艺术"，事实上已经成为一个创造性的学科，在它的学习中更多地呈现出人的情感、态度、智慧与技术的品质。也就是说，任何一个想在某一学科达到一定深度的人都需要来自艺术与科学领域的基本技能，任何要想与其他自由教育的个体讨论的人也需要具备艺术和科学的常识。我们的教学观念和教学方式都应该努力地去适应这个品质和常识。以美育人如果没有尊重个性和培养个性的教学方式，不可能产生"主动性学习""探究性学习""合作性学习"的学习效应。眼下的新形势、新情况，带来了新任务、新问题，呼唤着新思想、新对策，需要我们树立新的美术教学策略来提高学生的审美能力。

合作探究式教学方法，让学生在做中进行学习，发现问题并且合作研究解决方法。教师根据课程内容设置问题，让学生通过欣赏、观察、对比、讨论、分析、动手实践等途径去主动探究美术学科的相关内容，从而让学生主动地成为课堂主体，掌握知识。

探究式学习的出发点，是学生自主解决问题，基于自我解惑教师设定围绕课程内容提出适当难度的相关问题，梯度深入击破教学重难点，使各个层面的学生达到自主探究获取知识的目的。运用开放课堂小组合作式教学。教师是课堂的组织者，规范指导学生整体探究过程，学生之间取长补短进行团队协作，通过探究过程对知识进行梳理总结至外化表达，让学生运用探究吸收所学内容，在课堂上进行释放，从而达到兵教兵的立体辐射效果。

第一节　深挖美术精髓，提升育人功能

良好的教学过程能给人以美的愉悦，简单地说就是经历一个审美过程。在享受美的同时获取与美相辅相成的专业知识及技能、与美密不可分的精神力量和道德思想。这就是广大教师追求的美育过程。在实际教学中，能够从审美的角度出发，发掘其过程中与审美有关的因素，从而激发探究的欲望，实现美教合一，这便是以美育人、合作探究的理想境界。

一、美所具有的育人能量就在于它独特的行为功能和思想功能

（一）美的行为功能

美育是动态的，是发现的，是经历的，是流传的。技能上的美是要培养学生发现、感知、理解、欣赏、评价美，获得创造美的能力，树立正确的审美观点，养成健康的审美情趣，培养崇高的审美理想，美术学科以广阔的生活美、自然美为内容，以各种艺术表现形式为主并有传情达意的审美功能，更是集各种美于一身的综合学科。美育的职责正是让人懂得如何感受美、欣赏美、创造美。这一系列的过程都是美的行为，也是美育的行为育人功能所在。

（二）美的思想功能

美是纯洁的道德、丰富的精神、健全的人格的重要源泉。没有美滋养的人生是枯燥的、干涸的、没有生命力的人生。美可以是人面对世间万物皆为美的灵动，也是面对困境心向美的动力，美的思想功能不能忽视。就中国美术的艺术特征、丰富审美内涵、独特的审美功能来看，可以在教学活动中，从欣赏到鉴赏、从形态到布局、从模仿到创新几个方面来引导学生在感知美、鉴赏美、追求美中表现美、创造美，引导学生感悟人生、修养心性、陶冶情操、提升价值。由此可见，深挖美术精髓，方可提升育人功能。

二、中国民间美术

（一）走进中国民间美术挖掘深层特点

由于中国是个多民族国家，千百年来有着悠久的历史文化内涵。从远古时代至今，中华民族的祖先劳动、生息、繁衍在中华大地上，民间美术工艺也占据了这个古老民族源远流长、博大精深、绚烂多姿的文化体系的重要位置。习近平同志多次指出："中华优秀传统文化是中华民族的精神命脉，是滋养社会主义核心价值观的重要源泉，也是我们在世界文化激荡中站稳脚跟的坚实根基。"

（二）民间美术在美育中的价值

我国民间传统艺术凝结了一代代劳动人民在长期的社会实践中形成的生存方式、思维方式和审美情趣。它的过去是珍贵的民族艺术遗产；它的现在是丰富多彩的人类生活，彰显着民族艺术活的魅力与价值。几千年来，中华民族形成了重自我、重感情的造物观，把生活中的美以最质朴的形式表现出来，就是人们热爱生活最好的表现。所以将祖辈们总结和流传下来的艺术精髓传承和发展下去则成为新的历史的重任。学习中国民间美术的精神所在，绝不是简单地看它们的造型规律、色彩应用、表现形式，更不是只为延续民间工匠的艺术生命，而是要重现中国传统艺术的辉煌所在，更重要的是挖掘民间美术中的文化内涵，汲取民间美术原本的活力，并把它融入新的创作中去。丰富的民间美术资源不仅可以为美术教育拓展空间、提供素材、激发情趣，而且可以为培养学生文化认知、情感认同、审美取向，创设有效的情景，营造浓厚的文化氛围。因此，充分开发和利用民间美术资源，将其运用在学校美育课程资源开发中，对于传承民间美术和完善美术教育体系凸显其艺术特色具有重要的现实意义。由此可见，深挖民间艺术精髓，从而提升育人功能，美术教育工作者责无旁贷。

三、民间美术中蕴含的育人功能

民间美术的作品内容与民众生活息息相关，其表现形式多种多样，造型、色彩与结构都具有一定的中国元素特色，蕴含中国传统文化思想，民间美术许多形象都蕴含着特定的象征意义和美好祝愿，如牡丹寓意富贵，葫芦寓意福禄，"连（莲）年有余（鱼）"这些都是广大人民群众寄予对美好生活的期盼，而创作出来的精美作品，富有时代意义和生命价值。对于同一种创作对象，不同地区表现手法也不同，南方讲究构图复杂，讲究线条流畅，而北方注重率性简洁，天真而浑厚。南北差异，使民间美术更具有浓厚的地域特点。即使在不同时期，不同地点，不同的艺术作品都具有相当高的艺术价值和育人价值。

另外，民间美术作品主要体现以忠、孝、善、义等为题材，对人民具有伦理道德的教化作用。民间美术深受儒家文化、孔子文化的影响，人物作品多以仗义、忠诚、英勇的形象为主，风景作品则展现大气磅礴的格局，动物作品激情逗趣蕴含人生哲学。民间美术作品、民间故事传讲道德观念、行为准则，正使中小学生在"潜移默化"中接受民间美术中所包含的道德准则、礼仪规范，行为导向具有特殊的教育意义。

四、民间艺术融入学校美术教育中的意义所在

民间美术资源融入了人们对美好生活的向往，其审美意识与不懈追求具有鲜明的民族特色和浓厚的乡土情怀。正确认识民间美术资源融入学校美术教育中的价值，充分发挥其在美术教育中的促进作用，才能更好地将这一宝贵的资源与学校美术教育有机融合。

（一）民间美术资源有利于学生审美启蒙，提高对生活美术的认知能力

民间美术资源从不同的角度反映了人民生活环境、描述生活画面、讲述生活趣事。简洁的造型和鲜艳的色彩，可以与学生初级的审美阶段产生共鸣。此外，在小学美术教学资源中引进民间美术可以提高小学生的审美能力，同时也增强了他们的民族自豪感、民族自尊心和大大提高了民族文化的自信。

（二）民间美术资源有利于学校美术教育的多元化以及民间美术的传承与发展

民间美术资源博大精深、历史悠久，民间美术极具地域特色，特点鲜明，南北方差异大。处于低阶段的学生身心发展处于初级阶段，对自然界的各种事物都有一颗好奇心，并且非常愿意去接受新事物。因此，将具有地域特点的民间美术资源引进学校美术教育，挖掘出更多鲜活的民间美术资源，既补充了教材中美术知识的缺口，又让学生在形式新颖、内容丰富的多样化知识中汲取营养，不但激发学生的学习兴趣，更为民间美术的传承和发展助力。

（三）丰富的民间美术资源为学校美术教育提供素材

拥有56个民族的中华民族，民族特色鲜明，造就出丰富多彩的民间美术技艺和每件

艺术作品中所蕴含的诸多道理、人文精神都是不可估量的丰富宝藏。学校美术教育则承担着艺术文化传承的重要使命，这就需要深挖当地文化土壤里的丰富宝藏，将具有民族特点的民间艺术植入学校的美术课程体系中，进校园、进教材、进课堂。把民间美术资源作为美术教学中的独特资源和美术教学的有力补充来发展学生特长、提高审美情趣、传递祖国文化。坚持以美育人、以文化养人，提高学生审美和人文素养。

（四）民间美术的乡土资源有助于美术教育民族性和生活化

以往我们的美术教育存在着重教材、轻实践，重技能传授、轻审美素养培养，缺少民族乡土气息和生活化魅力等问题。这些问题在一定程度上阻碍了学校美术教育的发展。民间美术资源是伴随当地民众的生存环境、生活习俗及审美取向而存在和发展的，集中体现了民间美术独特的乡土性和广大劳动人民的智慧。在学校美术教育中充分发挥民间美术的乡土性特点，融入学生生活中的熟悉但又不熟知的民间美术资源，有助于丰富和完善美术教育中的知识体系和实践体系，使学生能够更加贴近实际，激发学生的审美情感，从而有助于美术教育更具生活性和民族性。将民间美术资源运用到学校美术教育中，在促进美术教育实用性的同时，也可以让学生更加了解和积极传承民间美术，从而培养学生强烈的爱国、爱乡情结，增强其对民族文化和家乡特色的认同感。

五、民间美术与学校美术教育的关系

《新课程标准》中"世界美术教育改革共同发展趋势"指出："关注学习与文化情景的关系，尊重本民族文化特色，接纳世界多元文化。"从课程标准中可以看出，美术教育并不单单是一种学科教育，而是与民族文化以及世界观、价值观有着密切的联系。而对于教育者来说，在教育中积极地利用民间美术资源，不仅能丰富学生的学科知识和技能，也是贯彻《新课程标准》中关于"本民族文化特色教育和世界文化认识"的要求。同时让学生们认识到美术不仅是一门学科，也是我们民族文化发展的精华所在。民间美术是既属于世界又拥有本民族特色的最有艺术性和文化价值的科目。

民间美术和学校美术教育之间存在内在联系。民间美术和学校美术之间有很多共通之处，民间美术造型夸张、用色大胆，其内容表现一目了然，有亲切的自然感。其特点与为学生量身打造的美术教材内容上既有重叠又有差异，但都具有儿童小学阶段简单易懂的特点。民间美术与学校美术都具有符合低段儿童心理发展的特点。由此可见，在学生们的艺术教育中引入民间艺术更符合学生学习艺术的成长规律和方式。

六、民间美术资源在学校美术课程实施的具体路径、实施方法

目前，在美术课程中已有部分民间美术资源应用到各个年级，但是对于民间美术资源的挖掘、吸收、借鉴还不够充分，美术课程中常常出现与当地文化艺术实践联系不够紧密的现象。所以探索如何将民间美术资源运用到美术教育的各个环节中，是突出民间美术特色教学，切实实现美术教育目标的重要问题。

（一）全面整合民间美术资源

"整合"是指通过整理、协调重新组合。民间美术资源的整合，是指把需要纳入学校美育教育活动的艺术资源通过一定的方法进行合理重组，以保证资源能够很好地服务美术教育活动。民间美术资源内容丰富、种类繁多，特色鲜明，而且各个年级的学生对学校美术教育的需求也不同，这就要求在将民间美术资源引入学校美术课程体系之前，首先要依据教学的实际需求对资源进行分类整合，吸纳适合的资源进入美术教育课程。要依据美术教育的教学知识体系，善于从教育对象的实际出发，挖掘、整理、归纳民间美术资源，选择并提炼出可以纳入其教育体系的、典型的、具有代表性的资源内容，这是全面整合民间美术资源的基础。教师应该在尊重民间美术资源原有价值的基础上进行适当提炼，将其中具有鲜明特色的资源经过筛选和建构后纳入课程体系。同时，还需要对那些没有被符号化、概念化的资源形式进行归类整理。符号化、概念化的艺术形式会使资源内容变得更加清晰、明确，学生还可以在对符号、概念的了解中对其所蕴含的文化和审美价值进行进一步体认。当然，民间美术是在传统社会中产生、发展而来的，这就要在当前艺术实践的基础上，积极创新民间美术的文化和审美内涵，赋予其符合当前美术教育的形式和内容，使之成为优秀的美术课程教育资源。

（二）优化和完善学校美术课程教育教学体系

坚持以艺术教育教学规律为原则，将民间美术资源与美术教学有机结合，进而优化、完善、创新教育教学体系，提高教育品质及育人功能，是学校美术教学取得实效的重要保证。教师可以从以下几个方面优化和完善学校美术课程教育教学体系。

第一，将民间美术资源充实进校本教材体系作为美育的有力补充。首先，美术教育内容是教学体系的核心关键、支撑与依托，是一定的美术思想、观点、技能、知识、言语、信念、行动与习惯的总和。美术教材是教学内容的重要载体，是整个教学体系的重要环节，教材的优劣直接影响美术教育的成效。而学校美术校本教材的编写和选择除了要考虑通用性、与国家课程的一致性等因素外，还要注重民族性、地域性和特色性。民间美术

资源与当地人们的生产生活、礼仪节庆、宗教信仰等方面息息相关，这些资源可以作为美术教材中重要的补充内容，如具有民族特色的服饰、剪纸、染绘、雕刻、图案、纹样等都可以编写充实到校本教材体系中。同时，教师为了提升学生的学习兴趣，可以结合教学的实际需要，制作多媒体课件，将民间美术的工艺、元素以及审美取向以案例的方式引入课堂，使民族性资源充分渗透于课堂教学中。在学校美术教育教材体系中加入民间美术资源，有助于优化和完善教学体系与知识体系，更加突出美术教学的民族和地方特色，使学生更加容易地接受教材知识，从而达到较好的育人效果。

第二，美术教学与民间美术实际生活相联系，拓展实践教学平台。实践教学在美术教育中起着重要的作用，它能够促进学生进一步巩固理论知识，在实践中感受美、传递快乐，从而提升学生的审美素养。民间美术大多源于生活，又在人们的日常生活中扮演重要角色，其丰富的美术资源可以为美术教育教学实践提供多样平台，如博物馆、美术馆民俗展览、手工作坊、工艺品加工厂等都可以作为美术教育的实践教学基地。教师可以带领学生去游学、研学、参观、考察民情风俗，亲身体验民间美术的魅力和特色，感受每一件民间美术作品中传递的育人能量，感受作者在创作作品时的内心活动。最终，达到良好的育人效果。通过研学、参观民间工艺美术品的创作、设计、制作过程，促使学生积极参与工艺美术品的制作，锻炼学生实践操作能力，如剪纸、染绘等，为学生提供良好的实践的平台。在教学过程中，教师还可以邀请民间美术传承人或民间艺人通过讲座、座谈交流等形式介绍民间工艺制作流程及其审美内涵，让学生从多方面感受民间美术的艺术内涵，促进他们对民间文化的了解、感知和认同。

第三，增强教师研发能力。教师是学校美术教育的开发者又是实践者，民间美术资源主要通过教师对美术教育产生作用从而影响和教育学生。美术教师对本民族、本地区美术的了解和认同是主要基础。正如有学者指出："如果社会要取得成功，学生必须成功；如果学生要取得成功，教师必须取得成功。"显然，作为教学课程具体实施的组织者和执行者，教师对民间美术知识的把握直接影响美术教学的实效。因此，在对美术教师的培训中，应开展探索实地调查、专题研讨、学术交流等多种方式，提高教师对民间美术各类资源的选择利用、对民间美术审美价值和文化内涵的把握以及民间工艺制作等方面的能力。民间美术与当地民众生活联系紧密，教师要善于从身边所处的生活环境挖掘各种有利于美术教学实施的资源，并且从学生的实际出发，将适当的美术资源引入课堂教学。教师还要特别注意在美术教学过程中引导学生在实践中体悟民间美术的魅力，达到育人功能。

（三）在美术课程教学实践中提升学生的能力

第一，鼓励学生大胆尝试民间艺术。在学校美术课程教学过程中，让学生广泛欣赏民间艺术的作品，不但可以满足学生的好奇心，还可以让学生更容易接受民间艺术，在有条件的情况下，教师可以让学生去尝试民间艺术的创作。教师可以利用我们生活中的一些物品，来引导学生尝试进行艺术创作。例如：布老虎，鼓励学生大胆创作自己的艺术作品。尝试将自己观察到的实物以美术的语言来表现出来、这样做的目的是引导学生对艺术创作进行简单的尝试，鼓励学生大胆地去创作艺术作品，提升学生的动手能力。

第二，引导学生对民间美术资源进行欣赏。民间美术有非常多的优秀作品，而且很多民间美术都有很长的历史，并且一些民间美术还是历史文化中的经典故事，让我们记忆深刻。在学校美术教学过程中，不但要引导学生如何欣赏和了解这些优秀的民间艺术作品，同时还要讲解这些民间艺术的历史来源、存在价值和意义，使学生在欣赏的过程中了解其中蕴含的道理，以美的外在形式表达内在美的要素，以美的形式、以学生认同的方式传递对美好实物的认知，提高育人功能，完善育人机制。

第三，利用好当地的民间美术资源。让民间美术资源进入小学美术教育范畴，在学校美术课程教学时美术教师要根据各种民间美术的实际情况，充分利用好当地民间美术资源，将一些地方民间艺术家邀请到学校给学生进行指导和教学，或者组织学生参观当地的一些民间艺术资源基地和重点领域。充分发挥"走出去，请进来"的方式，发挥民间美术的作用。例如：黑龙江有麦秸工艺作品制造厂、黑陶制作基地、桦树皮工艺厂等。学校可以充分利用这一地理优势，积极与这些工艺品厂联系，在有条件的情况下组织学生到工艺品厂观察地方特色工艺品的创作和制作。学习丰富的经验和传统手工艺制作精髓。这些活动可以让学生感受更深，更容易接受民间艺术，而这些影响是无法从课本里学习到的知识技能和精神境界的宝贵财富。

七、利用民间美术的造型观影响儿童的思维

民间美术造型源于中华民族数千年的生命观与哲学观，它是一个民族流淌在血液中的文化基因，是有别于其他民族鲜明而富有个性的独特风貌，是维系民族情感的纽带，是千百年来一代代的先民经过群体的智慧与汗水传承下来的民族技艺，是蕴含在我们生活中的思维观念维系起来的中华民族辉煌的数千年的文明。从民间美术与儿童造型的比较上分析得出以下结论。

（一）思维的共性

通过对民间美术造型、儿童美术造型的相关论点的梳理可以得出，二者之间既有矛盾性又有统一性，所以提炼有利因素是实施实践活动的有力支撑。民间美术与儿童美术

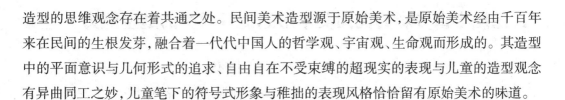

造型的思维观念存在着共通之处。民间美术造型源于原始美术，是原始美术经由千百年来在民间的生根发芽，融合着一代代中国人的哲学观、宇宙观、生命观而形成的。其造型中的平面意识与几何形式的追求、自由自在不受束缚的超现实的表现与儿童的造型观念有异曲同工之妙，儿童笔下的符号式形象与稚拙的表现风格恰恰留有原始美术的味道。

（二）造型观念的共通之处

反视觉真实，反透视的再现，随心所欲地表现内心的想法，这与处世不深、单纯质朴的孩子们珠联璧合。尊重孩子内心的感受，大胆表达，可以避免成年人的思维与观念误导他们过早地成熟而失去本真随性的童稚之心。

造型中的观物取象生成符号，意象思维是借助联想、想象、类比、直觉等多种形象方式来揭示事物的内涵，表达主体对意念的理解和生命的体悟。意是民间文化的意义系统，如物象，观物取象这个词是很多研究民间美术的专家学者提到的，如杨学芹、安琪等编著的《民间美术概论》中将剪纸的镂空造型思维上升到观象悟道的哲学层面。

中国民间美术的艺术形态通常表现为中国本原哲学"观物取象"的哲学符号，产生于原始社会，是由人们与大自然的相处、斗争中所提炼出的作为图腾文化符号一直延续下来的。归纳民间美术造型中的符号形成，是源于意象思维，经由观物取象，千百年来的积累而丰富的民间美术造型体系。这个过程也恰恰是中华民族独特的思维方式，蕴含着中华民族的文化基因，更与儿童美术造型中孩子的思维方式相吻合。

最后，从差异性中挖掘传承价值，在广泛的文化情境中塑造个体影响儿童的思维。

通过对民间美术与儿童美术造型的同类性的梳理，借助二者在造型思维的相通之处，利用民间美术丰富多彩的表现方法和蕴含的民俗文化来影响、激励学生，挖掘其潜能，促进其成长。造型上的相似，思维上的相近，易于学生的接受与理解，在学习过程中产生兴趣，进而触动他们产生深入研究的愿望且获得自信。中华民俗文化精神也是辜鸿铭所谓的"中国人精神"，是中国人赖以生存之道，是本民族固有的心态、性情和情操。正是这种精神支撑着整个中华民族从蒙昧走向文明、从繁衍生息走向繁荣昌盛，凝聚为民族力量的核心。在美术教学中感悟民族精神所存在的潜在力量，正为美育育人提供了最好时机。用民间美术造型思维点燃儿童心中的创作火种，让他们在人生观、世界观、价值观形成时期，得到来自民间美术本真、自由、质朴的思维观念的熏陶，用中国精神涵养儿童的人格是极为有益的。

八、挖掘丰富多彩的民间美术形态提升学生的造型能力

民间美术源于生活，应用于生活，人们在生活中随处可得的材料经过他们智慧的加工和美化，就变成一件件实用而美观的生活用品。而那些创作者可能是一个专门的手艺人，也可能就是普通邻家的婆婆、巧手的媳妇。在相对贫瘠的社会，物质上的匮乏并没能完全消耗掉人们对精神生活的追求与向往，阳光、乐观的心理品质通过巧手传递。一根狗尾草在老婆婆的手里卷卷绕绕，编成一个活灵活现的小老虎、小兔子，为孩子们带来欢笑，也成了埋藏在心底的童年记忆。它既具备实用性又很美观，一道道工序凝聚着手的温度，也包含着物竞天择的哲学观，勤俭质朴的生活方式流露着对美的向往，而且一代代被重复地做着，并不断地推陈出新，积累了厚重的中华文化。学生作为传承和发展民间艺术主要学习者应当充分了解和掌握民间美术所包含的历史意义及造型特点、艺术价值等，从而在学习过程中逐步提高道德修养及专业技能。

九、民间美术念唤起学生对民族传统文化的关注

民间美术是由原始社会延续下来的中国本源文化，具有鲜明的民族特征与地域特征，它是中华民族历史最悠久、群众性最广泛、地域特征最鲜明、历史文化内涵最丰富的文化形态之一，具有丰富而深刻的哲学、美学、艺术学、考古学、民族学、社会学和人类文化学等各学科的文化价值。从民族文化整体看这也体现了整个民族的哲学观念、文化意识、感情气质和心理素质。我们眼中感知到的三维空间的状态，更关注自我的内心的感受，再通过提炼重组的自然生命的符号，来传达出对生活的某种态度，这种求真、求圆满的自由表达对于涵养学生的心灵是极有益处的。源于民间美术的造型观念和色彩搭配，为学生提供了自由表达的空间和直抒胸臆的机会。他们可以将自己的真性情、本真的情感融入作品中，毫无造作与伪装，也不曲意逢迎何人何物！通过学习美术技能保留住最原始的、完整的、原汁原味的造型观念与技能技巧、用色方法，能够让人们去追寻远古祖先们生存过的足迹。利用民间美术来唤起学生对传统文化的关注，激发起学生学习的兴趣，这个过程就是领进门，扶上马，送一程，海阔任鱼跃，天高任鸟飞。当学生产生了强烈的探究欲望，这种内驱力就会发挥强大的功效，推动学生自主学习，无疑是唤醒学生关注传统文化的最好方法。

十、结合民族传统节日，强化传统美术育人功能

中华民族传统节日作为优秀传统文化的重要载体，形式多样，内容丰富，是中华民族

悠久的历史文化的一个组成部分。文化育人在人才培养过程中具有重要意义，我们要借助传统节令、民间习俗理解民间美术观念。继承传统，爱我中华文明，源远流长。传统节日凝结了人与自然、人与社会、人与人和谐的核心价值观念，承载着中华民族的精神，昭示着中华民族之魂，在美术课堂教学中，将节日文化补充到美术课程里，例如：端午节了解葫芦的文化，剪葫芦、画葫芦、叠葫芦；在学生了解了葫芦的文化内涵时，教师的讲解侧重于人类的祖先是在葫芦里躲过了洪水得以繁衍下来，葫芦被喻为孕育人类母体的故事；使传统节日能唤起中国人同宗同源的民族情感，增进炎黄子孙文化同根性和亲和力。以多元的美术形式强化传统美术育人功能。

众所周知，民间美术是千百年以来在人们生活中形成的。它不仅仅是一门技巧，更是一种思维、一种观念。思维与观念的背后支撑的是中国本原哲学体系。民间美术是民众群体中质朴善良、热爱生命、向往自由的一代代人的心灵制作。在美的领悟过程中，把自身朝夕相处体验真挚、生气灵动的飞鸟走兽、花木鱼虫同温暖明亮的日月星辰、山水灵石等天地万物用一种发自本性的心灵之光折射在一起，组成生机盎然的生命欢乐园，这是一种没有任何抽象说教的最天然质朴的原始天人合一精神的呈现。将民间美术中的思维观念借助于多种艺术形式传达给学生，在掌握技巧的同时，也掌握了蕴含在其中的丰富的文化内涵。文化内涵的积累促进了学生对民间美术造型的理解。中华民族有很多优良传统、礼仪道德、生命意识等都蕴含在民间美术的各种形态之中，被诠释与保留着。这就是文化的传承，更是思维观念的传承，因为学生最终获得的是人格魅力的提升。

学生是民族的未来，需要综合来自四面八方的能量与给养、渊博的学识、过硬的能力，更重要的是独特的人格魅力，才可以让我们的民族发扬光大。要实现这个目标，教育责无旁贷，要发挥教育的职能，让民族传统文化在儿童成长历程中扎根发芽。建设良好的育人环境提升美术育人功能，借助每一节课、每一个教学内容，甚至是一个观点，适时适度地将民间美术观念渗透给学生，利用教育春风化雨、润物细无声的教化功能，抓住儿童的心理与认知特点，鼓励他们大胆地、率真地通过民间美术造型表达自己的情感，激发学生的创造力。利用好小学阶段的有利条件开展民间传统文化课程，立足课堂，结合各种校园活动全方位、多角度构建民间美术造型体系，运用民间美术的造型思维滋养学生的人格。

因此教师对传统文化的掌握情况，决定着能否有效地利用每一节课、每个教学观点、每一句话、每一个教育策略向学生传递民族文化的信息。教师的继续教育与自我提升、对民族文化的重视与喜爱决定着学生对民族文化的态度。用自身的专业魅力与人格魅力感染学生、影响学生，传承民族文化是教师的职责。我国的传统文化和中华民族的民间美术的传承正在面临着十分严峻的形势和考验，尤其是当前非物质文化正在逐渐凋零，作为祖国文化传承的一代，我们要保护民族美术文化，并从教育入手，要重建民族美术文化的生存和发展以及传承的平台，让民间美术进入课堂，让传统文化得到进一步的发展和传承。

第二节　美育渗透课堂，在教研中落实合作探究

一、渗透美育，构建美感课堂

我国的中小学美术新课程标准，从全新的角度，按学习方式方法把美术课程教学分为：造型·表现、设计·应用、欣赏·评述、综合·探索四大领域。随着年龄的增长，不同阶段的学生对美会有不同的感知、不同的理解。作为美术教师，我们更应该尊重学生对美学的情感体验，采取多种手段落实审美教育，初步进行美育的渗透，在满足学生发展需求的同时对学生的爱好、欣赏能力、陶冶情操等方面进行培养。那么如何构建美感课堂适应新课程理念，达到培养、提升学生审美能力的目标呢？

（一）实施欣赏教学，培养美育意识

苏霍姆林斯基曾经说过："艺术教育的目的并不在于培养伟大的艺术家，而是培养优秀的人。"因此，学校美术教育的主要目的和责任是让学生学会欣赏美、热爱美、创造美，培养学生良好的美学素养以及审美观念。在具体教学中对学生进行美学引导、美的交流、美的感悟。在实践中，切忌过早地用美术技法框住学生的思维，而是先让学生感受美的魅力，建立美的认知及辨别美的能力，学校教育过程则是让学生充分体验美的事物给人美的感受。在教学中，根据不同教学内容启发、引导学生掌握审美的基本方法。如《狮子大王》一课，先利用多媒体可视形象进行教学，欣赏（故宫石狮子）了解狮子历史——我们中华民族为什么把狮子作为威武、权威的象征？同时还向学生展示了生活中看到的有关狮子的艺术品，如舞狮表演，大门前、桥墩上的石雕狮子，狮子的剪纸作品等，这些会让学生在浓厚的中国传统文化中得到熏陶，同时也促使学生关注生活里的细节，激发学生兴趣。这也是学生需要形成的基本美学素养之一。通过欣赏，引出本课的教学重难点：如何在造型·表现上突出狮子的威严，设计出夸张的造型，运用欣赏教学既开阔了学生的视野，为学生拓宽创作思路，又培养了学生美感意识。

（二）运用视觉色彩，激发美学兴趣

　　色彩斑斓是美术学科具有的不同于其他学科的特点之一。根据学生发展的不同阶段的特点，强烈的色彩美能激发学生欣赏的兴趣、创作欲望，吸引学生的眼球，为接下来的教学进行预热。如在教学一年级上册中《美丽的天空》一课时，以康定斯基的《蓝天》进行导入，蓝天上五彩缤纷的图形把天空装扮得分外美丽，学生在兴奋和喜悦中感受到色彩的魅力，乐于接受，之后再欣赏梵高笔下的《星空》，学生被绚丽奥妙的夜晚星空吸引，进而好奇如何能创作出这样的画，这样自然过渡，以强烈的色彩激发学生的创造热情进而导入本课，学生在色彩创作中初步体验美学的审美引领。

　　又如《面具》一课，虽然本课的重点是通过不同地域、不同种族多种风格的面具欣赏，了解面具的文化，感受其艺术特点，学习表现面具的方法，但如何才能巧妙运用表现手法及材料，抓住面具的独特性呢？我们可以从颜色出发，鲜艳且浓烈的色彩是刺激视觉的最好助力，它们在形态、神态与色彩结合的表现上给人造成的感觉也是多样的，有的滑稽怪诞、有的粗犷奔放、有的狰狞恐怖、有的质朴天真……这充分体现人类丰富的想象力和创造力。同时，它的装饰艺术表达内容广泛，表现形态也是千奇百怪，因此它给人们的视觉增添了无穷的乐趣。孩子们在面具绘制创作环节非常有创意和想法，结合大胆、夸张的色彩，运用自己独特的视角创作出了一张张活灵活现、生动有趣的面具，这充分体现了孩子丰富的想象力和创造力，对三年级的孩子来说是有一定难度的，教师采用新颖的边游戏、边看、边学、边导的教学方法，让学生在游戏中欣赏面具、熟悉面具。虽然本次课没有要求学生制作面具，而是欣赏不同地域、不同种族多种风格的面具，了解面具的文化，感受其艺术特点，从而掌握表现面具的方法，绘制出面具，最终仍然达到了预期效果。

▲　学生作品

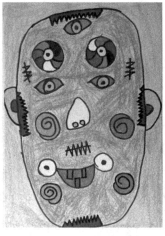

▲ 学生作品

(三) 运用故事情节，激发美育想象

合理运用故事，激发学生的美育想象，往往会达到事半功倍的效果。例如在教学二年级《假如我是巨人》一课时，以《格列佛游记》的故事片段作为引入，低年级学生想象力丰富，思维天马行空，用一段新奇、有趣的短片，可以让学生大胆地编织自己的童话故事，并表现出来，在欣赏视频的过程中学生发现整体与细节的布局形象的对比，发现巨人与周围事物的比较关系，可以看出渗透美学在不同的视角上展现了感官美学效果，为学生创作奠定想象基础。

不仅如此，例如《怪兽奇想》一课，怪兽自古以来是最神秘也是最神圣的，西方有马

▲ 学生作品

兽狮身人面像，中国则有龙、凤、麒麟等怪兽，我们可以运用这些奇思妙想的神话故事，完成一堂充满神秘色彩的美术课。现在的学生在绘画时随意性很强，他们不喜欢按照课本上的内容规规矩矩地去创作，而是喜欢根据自己的想象去创作自己感兴趣的东西，例如一些外太空怪兽、怪兽战士之类的东西，我们利用千奇百怪的故事，去激发学生的想象力和创造力，设计不同造型、功能的怪兽，培养学生的创新能力，发展学生的个性，让学生在美育过程中用心去感知生活、热爱生活，养成良好的生活习惯。

▲ 学生作品

（四）灵活运用教材，取其精华

美术教材是教学最有力的抓手，教学要因地制宜和因材施教，由于美术课具有人文性质，所以美术教学永远都不能拘泥于教材，备课时，提前将整本书进行梳理、归纳、总结，将不同单元但是属于体现同一美学的课程合并起来教学。如《艺术作品中的动物》《我的收藏卡》这两节课就可以进行合并教学。把教材中的内容进行系统化的整合，使教学资源更具有实效性。首先欣赏各种艺术作品中的动物，让学生认识各种艺术表现形式，初步了解艺术家对动物形象的艺术处理方式，使学生体会到艺术作品的魅力，在激发学生热爱生活的同时，了解民俗文化与自然美学的结合。同时，教师引导学生探究性学习，了解艺术表现型材质的特性知识，辨别青铜、雕塑、泥塑、中国画等表现形式的基本特征，艺术家在色彩、造型上的变形、夸张的目的是更好地展现动物特征，以寄托人们对生活的美好愿望。结尾处引出下一课《我的收藏卡》，这些优秀的艺术作品是如何被收藏的，在下一课与上一课衔接了解各类艺术作品的收藏知识，同时了解制作涵盖艺术作品信息的卡片——收藏卡的方法，引导学生进行分析，如何在一张卡片上体现艺术作品的信息，需要有哪些介绍内容、设计方案等。这样的结合教学让知识变得有衔接性，同时把艺术作品这样有距离感的艺术美学与学生实际生活相结合的创新教学，更能让学生积极地参与自主的创造设计，拓宽了学生的审美思路。

（五）调动动合之力，激发参与热情

动合之力指的是动手能力和合作能力相结合。在美术教学实践中，对学生审美能力、创造美的能力的培养是根本目的，动手教学是美术课堂培养学生模仿美、创造美的重要一环，更是满足学生的心理需求，激发学生喜欢美学、发现美学的源泉。合作学习更是在小学美术中常用的一种学生学习模式，既加强了学生之间的沟通与交流，又丰富了学生的想象力和创造力。

【案例】

手印、指印变变变

一、教材分析

《手印、指印变变变》一课是让学生对指印和手印的各种形状展开丰富的联想，能与身边的事物紧密联系起来，创作出生动有趣的手印和指印相结合的作品，激发学生的创新思维，培养学生的想象力和创造能力。创作时不一定局限于用手掌或手指印，手背和

手心等其他部位也可用来拓印，这样可以拓宽思维，给学生更多的表现空间。本课是在手印和指印的外形上进行联想，针对小朋友的生理、心理及认知规律，让学生亲自动手去实践，在玩中学，学中变，让他们在活动中发现问题、探究问题，激发兴趣，启发思维，使每个学生的优势得到发扬。

二、学情分析

好动、好奇、爱玩，这是每个孩子的天性，合理地利用好这一特点，有助于教学的开展。本课针对小朋友的生理、心理及认知规律，通过有趣的寻找魔法情境，在一环又一环的闯关活动中，用儿童化的语言层层深入，让孩子在玩玩、添添、画画、想想、印印、加加的过程中，激发想象，体现创意，轻松解决教学的难点。指导学生设色方法，消除畏惧脏的心理，教师的教学演示是最好的解决方法。

三、教学目标

认知目标：

掌握手印、指印画的随形联想的方法。

技能目标：

在有意无意的拓印中，从不同角度对手印、指印进行联想添画，完成各种有创意的作品。

情感、态度和价值观目标：

通过本课的学习，培养孩子创造美、热爱美的情感。

四、教学重难点

教学重点：

引导学生放松地玩，在玩中掌握手印、指印的随形联想的方法。

教学难点：

根据自己印的形状，大胆地联想、变化、表现出手印和指印相结合的画面。

五、教学方法

直观演示法、讲解法、实践操作法、游戏法、多媒体演示法，等等。

六、教学准备

教师准备：课件、水粉颜料、水彩笔、大号排笔、甘油、抹布、水桶、四张整开铅画纸。

学生准备：水粉颜料、调色盘、毛笔、水罐、油画棒。

七、教学设计

（一）创想大师，激趣导入

师：同学们，今天老师请来了一位创想大师，他听说啊咱班同学回答问题声音非常地响亮，而且有自己的想法和独特的见解，今天就将你们最出色的一面展现给他看行吗？（生：行）上课！同学好！（生：老师好！）

师：你瞧！其实创想大师早就来到了我们中间，他不仅画画得好，舞也跳得特别棒，快找找他在哪儿？（生：在老师身上）你们真是火眼金睛，这都被你们发现了！

师：同学们你们发现了吗？老师是用什么方法把创想大师画在衣服上的？（生：手印）你来摸一摸，仔细地瞧一瞧，这是不是画在衣服上的！创想大师的身体是用手的哪个部分来画的？（生：手掌和手指）裙子呢？（生：整个手掌）你们的观察力真是太强了，原来我们的小手还有这项特异功能呢！——画手印、指印画。

设计意图：用游戏的方式调动学生想象力，引出课题，激发学生探究表现的热情。低年级孩子的特点是好动、好奇、爱玩，所以，直接用形象的手印导入，一下子就抓住了孩子好奇的心理，牢牢地抓住了孩子的视线，为教学的成功打基础。

初步分析，感知探索：

师：创想大师画了许多神奇的手印、指印画，你们想不想看一看？我们一起去瞧一瞧！

欣赏指纹画。

欣赏手印画。

手指指纹功能：

师：瞧瞧，这些有趣的画面就是根据指纹手印的形象想象创作的，我们的小手真是太能干了，快伸出我们的小手仔细观察一下它主要是由哪几部分组成的呢？（手指、手心、手背）那你们知道手指的秘密吗？我们从蝴蝶的花纹辨别它的种类，我们还知道每棵树都有树纹，它能告诉我们树的年龄；而我们的手指同样也有指纹，现在请大家一个一个地看过去，看看它们是不是都一样？不但每个手指的指纹不同，而且每个人的指纹也都不同，都是独一无二的，就像世界上没有两片完全相同的树叶一样，这就是我们手指的秘密。

设计意图：学生通过课件中大量图片的欣赏，并根据图片上的手印指印的画面，学一学，摆一摆，动一动，初步了解随形联想的方法，解决了教学中的重点，为下面的教学打下了基础。

（二）游戏闯关，探究实践

师：创想大师悄悄地告诉琳琳老师只要我们在"手印指印变变变"的游戏当中闯关成功就能够满足我一个愿望，你们知道老师最大的愿望是什么吗？对，就是能够和你们一起来创作一幅大画，你们能帮助老师吗？（能）好，快跟琳琳老师开启今天的闯关之旅吧！

第一关：小王变变变（指纹创想画练习）

师：这第一关啊，创想大师要我们创作一幅指纹画，怎么画指纹画呢？我们要根据指纹的形象进行想象，再添加，使它变成新的物体。

指纹画步骤图演示。

指纹创想画欣赏。

师：注意（1）如果蘸上颜料，用力的大小、轻重、方向的不同，就会形成不同的指纹印。（2）可以是一个指纹印，也可以是两个，甚至是几个，这些指纹印会让我们产生不同的想象，经过添画就会变成好玩的画面，两分钟完成指纹画。（师简单点评）

非常好，我们很快就闯过了第一关。

第二关：大王变变变（手印创想画练习）

师：这第二关啊，创想大师要我们创作一幅手印画，这个好像不难，许多同学在幼儿园就作过手印画。

手印画步骤图演示。

手印创想画欣赏。

师：想不出来的时候，老师给大家一个建议，我们可以换换方向，这样可以让你产生更多的联想。很多同学已经跃跃欲试了，我们先看看创想大师的作品吧，也许会带给我们更多的灵感。

好，3分钟时间开始闯关。

设计意图：利用印好的手印进行添画可以节约课堂教学时间，也避免一开始学生就把手弄得脏脏的，影响下面的教学。课件里图片展示，轻松地解决了指纹印添画的方法。这两次的创作，在现成的指纹印手印上，进行随形联想，解决了教学中的重点。同学们在观赏图片和不断的练习中，逐渐掌握了方法，为后面创作成功打下了基础。

（三）巧妙示范，鼓励创新

第三关：超级创想家（手印创想练习指印创想画）

师：想不到咱班同学这么棒啊，这么快就顺利通关了，我们再接再厉，能否成为超级创想家帮老师实现愿望就看咱们能否闯过第三关了，创想大师让我们以同桌两人为一组的形式来共同合作完成一幅手印指印创想画！

教师示范：先别着急创作，我们先在脑海里想好自己要创作什么，然后决定印几个手印，再根据手印有趣的画面，可以是一个手印，也可以是两个甚至几个手印。

涂的时候直接用颜料大胆厚实地涂抹，像老师这样，用力压在纸上，再轻轻拉起来，除了刚刚你们看到的手印，这样的印是不是手印呢？还有其他方法吗？

原来手印指印有这么多种表现方式啊，看了这么多印迹你一定产生了很多联想，赶紧将它运用到作品中，开始闯关吧！

设计意图：这一环节的示范向学生展示了手的各部分拓印后的印迹，虽然不要求学生全部用上，但是却为学生的创作拓宽了思路，为作品多样化提供了创作元素。

（四）展示评价，收获成果

师：同学们，老师觉得你们的双手真是太了不起了，我们有这样的双手多幸福啊，来吧，挥一挥我们的小手吧！

超级创想家的评选：师生共同点评，从创作构思、表现方法、知识的运用方面进行自评、互评、师评。

设计意图：这一环节的设计，使学生充分体验到了成功的快乐，满足了他们渴望被肯定、被欣赏的欲望。展示评价也给了学生表达自己想法的空间，让学生在课堂中敢说、敢想、敢于表现自我。

（五）课堂延伸，拓展表现

师：同学们，你们帮老师闯关成功实现愿望，为了表示感谢老师也给大家带来了一样礼物，你们想不想看一看？我们可以用自己创作的手印指印画装饰美化生活。

立体灯罩手印作品展示。

欣赏古今中外名家手印设计。

师：手印、指印看似平常，但生活中早有人注意到它了，快看，这是艺术大师的设计作品……

设计意图：拓宽学生的思维，为学生提供更宽的创作空间，引导学生开展课外探究活动，享受成功的喜悦，学生用自己创作的手印指印画装饰生活。

（六）小结

师：同学们，小的时候是爸爸妈妈牵着我们的手，现在你们长大了，老师希望你们带着今天所学的知识走出课堂，和爸爸妈妈一起来描绘我们更加灿烂美好的明天，好吗？

这节课是同学们十分感兴趣的一节动合之力相结合的美术课，让学生对指印和手印的各种形状展开丰富的联想，能与身边的事物紧密联系起来，创作出生动有趣的手印和指印相结合的作品，激发学生的创新思维，培养学生的想象力和创造能力。创作时不一定局限于用手掌或手指印，手背和手心等其他部分也可用来拓印，这样可以拓宽思维，给学生更多的表现空间。手是同学们的好帮手，是同学们日常生活中的一部分，他们用手来画画，却不知道手也是画画的工具，这一节课，同学们认识到手还可以通过印制、联想、添加，进行创意组合，变成一个个有趣的新形象。

玩是学生的特性，本课针对学生的生理、心理及认知规律，让学生亲自动手去实践，在玩中乐、乐中学、学中变，使他们在活动游戏中发现问题、探究问题、激发兴趣、启发思维，使个性得到张扬。本课教师以游戏闯关形式的情境教学贯穿始终，第一、第二关分别是完成指印手印联想创作，第三关将指印手印结合创作创想画，每个教学环节都浸透着对同学们美术学科核心素养的培养，进而影响学生良好的行为素养，真正使学生的德、智、体、美、劳五个方面得到全面发展。事实证明，闯关游戏的情境设置是成功的，同学们在一道道闯关的过程中，学到了基本的技能，又始终保持着良好的学习状态，最后通过这些技能的学习独立完成了手印指印结合在一起的画面。闯关游戏的设计为学生的学习降低了难度，解决了本课的重点。学生的联想和创新不是凭空的幻想，必须借助一定的素材才能具体地展现出来。为了让学生能够通过手印、指印展开联想，教师让学生在欣赏学习的基础上，利用只印有手印的画纸，通过旋转纸的方向，让手印产生不同的状态，以便更好地展开联想，看看它像什么。为了发散学生的思维，通过示范手印的多种印法，直观地让学生明白手印的多种表现形式。至此，学生不再拘泥于脑海中的经验，思维也活跃了起来，水到渠成地训练了学生的联想能力和创新能力，完成了教学任务。本节课遗憾的是，事先只让每个学生准备了一种颜色，有的学生能够做到两个人互相交换用色，但部分学生的作品颜色比较单一，在突出重点难点环节重创意而忽略了视觉效果的展示。

可见，兴趣是最好的老师，对低年级的学生来说，培养兴趣显得尤为重要。因此整节课注意运用多种方法激发学生的兴趣，创设了有趣的情境，让学生在玩中画，在乐中学。学生是天真烂漫、可爱可亲的，这堂课是探索在新课改的背景下，用新的教学理念来教学，最大限度地让学生在"玩"的过程中找到自我，在发现中寻找到灵感。所有的学生都在兴趣盎然中作画，从无法到有法，体验到探索、合作的乐趣，体验到学习美术的乐趣。

生活中处处皆是艺术，处处彰显美。作为美术老师要营造美感课堂，让学生在一个美的环境下，去欣赏美、发现美、模仿美、创造美，让学生们在体验和感悟中，获得成功的快乐，在收获中提高美学素养。这样，美术教育才真正实现了教育的目的，为社会、国家输送合格的栋梁之材。

二、在教研中落实合作探究

"合作、探究"式课堂教学模式区别于"教师口授、板书，学生耳听、笔记，以教师为中心"的传统教学模式。"合作探究学习方式"，是一种建立在互助合作基础上的以小组为单位的教师组织下的学生间的合作学习方式，是一种教学策略。教师将班级同学分成人数大概相同的小组，在教师的引导、帮助下，学生合作进行自学、讨论、交流，用操作、探索、研究等活动形式，获得知识、技能、情感、态度与价值观的发展过程就是合作探究。学生的地位将由传统模式的被动接受者转变为主动参与者，想要学生进行合作探究，教师应以教研为主要手段进行合作探究的集中备课、研究、交流。

1. 教研合作的核心

所谓教研合作，就是教师们为了打破教育学方法的壁垒，以交流、合作的方式，就共同感兴趣的课题，共同探究方法形成最优教学方案，从而形成的一种良好的教研合作关系。

2. 教研合作的方式

集体备课：集体备课是一种促进教师合作发展的有效途径之一。集体备课能将教师的个体创新精神置于群体之中，变静止的独立思考为互动交流，变内耗为互助，通过集思广益、扬长避短、信息共享达到共同提高、发挥整体效益的目的，成为一条事半功倍，提高教师理论水平、教学水平、科研水平的良好途径。

集体备课过程当中，美术教师分别根据自己的课程进行了教材分析、学情分析；确立了精细化的教学目标、教学重难点以及详尽的教学流程，其他教师也集思广益，根据美术课的特殊性，在颜色搭配上提出了助于学生参考的方法，造型上提示老师可以通过演示环节给学生及时示范等。大家的建议结合到一起，让美术课更加精准……

通过集体备课，同组教师给出了相应的指导和建议，美术课要落实在学生的真实收获上，让美术课赋予高层次的艺术品位，在动手操作的同时更多的是理解本节课的艺术内涵。美术团队通过集体备课展示了教师的精神面貌和对待教学设计的新思路，有了教研员和其他同事对美术组的指引和帮助，美术团队一定会成长得更快更强！

教师的思维素养和"三案多模块"要有新的认识：1. 思维是能力之"核"，用思维方法带动美术知识的教学，思维素养的发展才会有根基、有养分；2. 通过"三案多模块"不同模块的选择和组合，帮助孩子们培养创新意识、增强团队协作能力；3. 从实践教学整体性出发，将"集成"思想渗透到教学，既注重单一的学科优化，又注重学科之间相互联系。美术公开课活动不仅展示了教师很好的专业素养，也凸显了美术教育的课堂魅力。合作教研引发的对课堂教学深层次的思考，给今后美术教育带来更大的进步。

3. 教研合作的实效

教而不研则浅，研而不教则控。合作教研可以提高美术教师队伍的专业素养和教学能力，教师们围绕一定的课题研究任务而进行的合作行动研究，在教师们组成课题组、共同对教育课题进行研究的过程中，合作成为可能。课题组成员发挥集体智慧，通过团队备课，试讲修改，跟进反思的过程将课题研究引向深入。课题组成员有着共同的目标，通过完成一定的科研任务，获得共同的专业发展。具备了这几个核心要素，教师的合作就能顺利进行。

4. 教研合作的平台

随着网络信息技术的普及，微信开始成为教师、学校交流与合作的重要手段之一。其中，微信公众号在合作教研平台中是最受欢迎和最高效的，微信公众号是美术教师们运用互联网新兴的交流平台，以文字、图片、视频展示等方式，将自己的日常生活感悟、教研心得、教案设计、课堂实录、课件等上传展示，超越传统时空局限，促进教师个人内储知识的显性化，并让教师团队共享知识、生成新知识的一种方式。通过微信公众号，教师实现与包括同事在内的外界人员的广泛交流与对话，高效便捷地管理个人知识、与伙伴分享教学设想和感悟的效果。

5. 互融互惠，校际交流合作

在贯彻新课程理念形势下，开展校际交流是推动教育发展的新需要，是优化课堂教学、培训新教师、促进教师专业成长的需要。加强学校之间的合作交流，可以搭建区域内老师互相学习的平台，达到加深了解、增强团结、促进和谐、推动工作的目的。

第三节 积极发挥美育优势，推动学生自主探索

通过美的滋养、美的导学、美的熏陶，使学生掌握科学的学习方法和与人合作的技巧，加强学生的自主学习能力、同人合作的精神，使学生从被动、封闭、沉闷的政治课堂中解放出来。乐学、会学、善用，养成良好的学习习惯，促进学生的健康发展，就是美育万化的精髓。然而，大多数学者认为，学习方式是指学生在完成学习任务过程时基本的行为和认知的取向，学习方式不是指具体的学习策略和方法，而是学生在自主性、探究性和合作性方面的基本特征。研究者可以从自主性、探究性与合作性三个维度对教与学的特征作出判断。学习方式又称学习风格，是学生在学习时所具有的倾向或富有个人特色的方

式。它是学生不断形成的学习策略和学习倾向的总和。

一、美术课程有利于培养学生合作探究的习惯和思维

"合作共赢"是当今社会各个集体中经常提到的词,俗话说"众人划桨开大船",很多时候的过程体验和真知的探寻需要的不是一个人,而是一群人,所以培养学生合作探究的习惯和思维显得尤为重要。美术课堂中恰好有很多这种自然而然的契机可以让学生一起合作,比如一起合作体验一件观察的物体,学生自主分配每个人的分工和擅长总结的侧重点,有利于学生发现自己的长处和不足,也让学生发现身边的同学可以互相帮助,从中体会合作的益处,找到一加一大于二的惊喜。

二、美术学习过程培养学生自主探究意识

学习方式的转变是本次课程改革的重大突破之一。改变单纯接受式的学习方式,建立和形成能充分调动、发挥学生主体性的学习方式,成为这次教学改革的核心任务。学习方式相对稳定,学习方法相对灵活,学习方式不仅包括相对的学习方法,还涉及学习习惯、学习意识、学习态度、学习品质等因素和心灵力量。所以,学习方式的转变对促进学生发展更具有战略性的意义。

在美术学习中人的主体性、能动性、独立性不断生成、发展、提升,这与本次课程改革中学习观的理念不谋而合。学习不是一种异己的、外在的控制力量,而是一种内在的精神运动。学习观的根本变革将改变学生的学习态度,培养学生的学习责任感,并使学生养成终身学习的习惯和自主学习的能力,从而培养学生自主探究合作学习的意识。

在目前的教学中,师生关系仍存在着教师中心主义和管理主义的倾向,严重者甚至剥夺了学生的自主性,伤害了学生的自尊心,摧残了学生的自信心,师生关系常常处于冲突和对立之中。

强调学生在学习中的主体地位,意味着不仅将学生视为教育的对象,更应切实地将他们看作教育过程的平等参与者、合作者、教育与自我教育的主体。为此,了解并尊重他们的感受和体验、需求和愿望,并在尊重的基础上爱护学生,产生心灵的沟通,这是每一名教师都必须做到的。

那么,在美术学习过程中如何体现学生的主体地位呢?

第一,教师应该将"主人"的地位归还学生,"将学生视为主体,尊重学生的感受和体验。唤醒学生的自我意识,帮助学生"在美术学习中获得直观感觉,敢于自主表现,培

养学生的自主能力，增强学生的主体人格。

第二，教师要引导学生体验艺术学习的方法，倡导自主、探究、合作的学习方式。教师要通过美术课程的设计，为学生营造适宜这些学习方式的活动空间，让学生在学习中与他人互动、与文化互动，达到自身进一步发展的目的。

第三，教师要尊重学生的差异，维护学生的人格尊严。差异无好坏之分，它代表的是人的差异性，它要求教师对人的个体性、独特性、多样性给予充分尊重，并以此作为美术教学的前提。美术课程应通过自身的丰富性、多样性、愉悦性去满足学生的需要，以学科的自身魅力去赢得学生的喜爱。

当然，强调学生在学习过程中的主体地位，并不意味着对学生的学习采取放任自由的态度。教师的正确指导是学生健康成长、发展成才的必要条件。

三、教学方式的改变是学习方式改变的前提

如果忽略了对个体的发展，忽略了个体差异，在教学思想和观念上重视教学的结果、忽略教学的过程，在教学方法上重视讲授法、谈话法，忽略学生讨论和探究的过程，师生交流的方式将是单向的，缺乏师生互动的综合交流过程。这些显然不是新课程的要求。教师必须转变角色，和学生一道走出封闭的教学，与学生共同观察、讨论、感受和实践，把教师的引导和学生的自我反省、学生群体之间的信息交流及时普遍地联系起来，形成多层次、多渠道、多方位的立体信息交流网络。

在新课程中，美术教师应该更多关注学生在课堂中的需求和发展。走下讲台，努力成为课堂活动的参与者。一名刚从大学毕业的男老师上了一节有趣的美术课《吹泡泡》，这是小学一年级的教学内容。他把学生带到室外，对学生说："谁发现了泡泡美丽的地方，就奖给谁玩泡泡的机会。"这节课气氛非常活跃，教师和学生一起吹泡泡，一起玩，都在认真观察，于是他们发现了美丽的色彩，发现了形状的组合，发现了镜面似的泡泡表面映着美丽的大自然。教师说："只要多观察，我们就会发现生活中的美，快动笔把它们画下来。"作业效果是让人振奋的。刚毕业的大学生，虽然没有什么教学经验，但以一颗童心和学生同玩同乐，也达到了较好的教学效果。这应该引发我们的进一步思考：当教师在课堂中把自己放在参与者的位置，是否更有利于建立一种新型的师生关系？是否更有利于学生学会学习？

【案例】

风

一、教材分析

　　风是学生熟悉的自然现象，却又看不见、摸不着，属于一种较难表现的抽象物，需要学生有一定的想象力和表现力。怎样才能让风走进学生的视线，进入学生的画中？于是我想到了引领孩子从寻找风、留住风入手，在学中玩、在玩中学，从而认识风、表现风，并能运用线条、色彩等美术语言把风表现出来。

二、学情分析

　　本节课要面对的教学对象是小学三年级的学生，这一阶段是学生想象力与创造力较为丰富和活跃的时期，学生已经能较客观、实事求是地认识周围事物，并能凭记忆表达自己的感受，还能发挥想象。在整个教学中，我充分利用低年级学生好奇、好玩、好表现的天性，通过让彩带飘起来、留住风、表现风等一系列游戏活动，让学生在游戏中探究问题，在问题中展开想象。"风"的创作过程，是学生造型能力、创造美的能力得到训练和提高的过程。通过勾画涂抹、撕纸贴画或纸版印画等方法，增强学生学习美术的兴趣，深化学生的思维，同时也引导学生将学到的知识转化为动手能力。

三、教学目标

　　知识与技能目标：

　　通过对风的观察，发现事物在风中的变化，并能根据自己的感受，以不同的美术表现形式创作出富有情趣、具有个性的作品。

　　过程与方法目标：

　　本课以"激趣导入→寻找风→留住风→画画风→自由表现→展评延伸"的课堂教学模式为流程，以多媒体辅助教学为手段，引导学生在自主创新的学习氛围中大胆表现。

　　情感、态度与价值观目标：

　　通过本课的艺术实践，培养学生发现问题、探究问题的能力，激发学生对大自然的热爱之情。

四、教学重难点

教学重点：

引导学生观察或回忆刮风时周围事物和人物的变化，学习风的表现方法。

教学难点：

运用线条、色彩等绘画语言大胆地、创造性地表现对风的感受。

五、教学准备

教师准备：

多媒体课件、风车玩具、彩带、气球、油画棒、水粉颜色及范画。

学生准备：

画纸、颜料、油画棒、画笔等。

六、教学方式、手段

1. 积极营造学习氛围，并通过有趣的提问来促进学生的思维发展。

2. 引导学生关注生活，关注身边的事物，养成良好的学习态度。

3. 为学生提供更多的工具材料和表现手法，激发学生产生丰富多彩的创作激情和需求。

七、教学设计

（一）激趣导入

师：孩子们，杨老师想给大家介绍一位新朋友，他叫托尼，今天我们与托尼一起去感受风的存在，走进风的世界，讲述风的故事，准备好了吗？

《风到哪里去了》绘本讲故事。

明晃晃的大太阳照了一整天，天渐渐晚了，天光从蓝色慢慢变成粉红色，又变成奇特的灰紫色，托尼眼巴巴望着白天在他眼前消失。

现在，妈妈来向托尼说晚安了，告诉他有月亮、星星的夜晚能让他入梦。

"妈妈，风停了以后到哪儿去了呢？"托尼问。"风停下来时，它其实是吹到别的地方，让那儿的大树跳舞去了。"妈妈说。

"那蒲公英的绒毛被风吹到哪里去了呢？""带着新的花籽飞到别家院子的草地上去了。"

设计意图：用讲绘本故事的方式调动学生想象力，引出课题，激发学生探究表现的热情，让学生初步感知风的存在，激发学生的学习兴趣。

（二）寻找风

师：谁能说说刚才故事中风到了哪些地方？做了什么事儿？（生：去其他地方，让那儿的大树跳舞去了）你们听得可真专注，孩子们，我们的生活当中风还去过哪些地方呢？（生：学校升旗台上，让五星红旗迎风飘扬）你平时一定是一个细心观察生活的孩子，还有吗？（生：……）

师：风看不见摸不着，却常常让我们的生活发生一些变化，风是怎么样改变我们的生活呢？（生：可以让热气球升空，让风车发电）大家说得真好，你们都是热爱生活的孩子！风确实在悄悄改变着我们的生活，我们一起去看看好吗？（播放视频）

师：和煦的风让我们心旷神怡，它就像孩子一样也有不乖、脾气暴躁的时候，你看过风发怒的样子吗？风生气的时候周边环境是什么样子的？（生：刮风头发飞起、台风、龙卷风）除了刚刚我们看到的风的场景，你还了解哪些风的种类？（教师出示龙卷风、雨中行人图片）但它发起脾气来变成狂风、龙卷风的时候，也会给人类带来无穷的灾难，怎么样才能减少风带给人类的灾害呢？（生：保护环境、减少二氧化碳的排放）

师：谁知道风是从哪里来的呢？风是一种自然现象，是因为空气流动而产生的！（生：从天上来）看来你酷爱天文地理科学知识，懂得可真多！

设计意图：通过学生欣赏图片，引导学生观察风存在时周围事物和人物的变化，以及了解风给我们人类带来的利弊，如何让风为人类做出贡献，再通过欣赏，加深学生对风改变我们的生活的印象，培养学生的环保意识。

（三）留住风

师：孩子们，风难道真的是看不见摸不着吗？请大家仔细观察。（教师示范吹面巾纸、扇子扇风）

师：你是怎么发现风的存在的？（生：纸巾飘动了、形状扭曲了，扇风过程中头发微动）通过示范我们不难发现，要想留住风，我们一定要借助其他周边的事物进行表现，对吗？

师：我们看看画家是怎样留住风的，（教师出示两张对比图）（生：大树倾斜，扭曲）画家借助大树的扭曲倾斜告诉我们风来过了；《风喜欢和我玩》作品中作者怎么留住风的？（生：晒衣绳随风飞舞，风吹小泡泡）

师：观察画面中风来自哪个方向？（生：左上方）绘画过程中借助表达的事物与风吹的方向要一致。

设计意图：这一环节主要是让学生在游戏实践中发现问题、解决问题，培养他们的反思能力，引导着他们主动地进行探究。学生绘制之前强调事物与风吹方向一致性，让学生再次观察或回忆刮风时周围事物和人物的变化，学习风的表现方法。

（四）画画风

师：托尼的故事正在继续，我们看看妈妈对托尼又说了什么？"妈妈，风停了以后又到哪里去了呢？"托尼问。

"风把海里的海浪扑碎在沙滩上又被大风吹回，退回到海里变成新的波浪"；

"风吹散乌云，载着小船在暴风雨中前行"；

"风吹动云朵，为沙漠中的行人遮阴乘凉"；

"秋天到了，风吹进森林里让那树叶变了颜色，叶子翩翩起舞"；

"秋去冬来，风吹来了洁白的雪花，纷纷下落"；

"冬天结束时，风吹杨柳，小鸟归来，春天就来了"；

"今天结束了，现在该睡觉了。"妈妈对托尼说。托尼在睡梦中梦见了风去过的每一个地方（黑板出示托尼睡梦中的情境），风到哪里去了？（补充标题）它到托尼的梦中去了。

今天我们要把托尼睡梦中风去过的每一个地方以绘画的形式记录出来，并编成以"风"为主题的故事绘本，请大家以小组合作的方式进行创作，每组信封中有创作主题，2人设计封面，2人编辑文字，其余6人绘制内页，比一比，看哪组的绘本最生动、最精彩！

设计意图：这一环节的设计，使学生积极投入到"风"主题绘本创作中，培养学生团队合作意识，文字编辑、封面设计等与其他学科相融合的学习能力。

（五）展示评价

师：孩子们，杨老师这里已经集结了4个以"风"为主题的故事绘本，你们想先读哪一个？

师：说说你们组怎么构思这个绘本故事的？你们组绘本的主题是什么？绘本特色是什么？

设计意图：这一环节"绘本沙龙"的设计，使学生充分体验到了成功的快乐，满足了他们渴望被肯定、被欣赏的欲望。而随机的采访也给了学生表达自己想法的空间，让学生在课堂中敢说，敢想，敢于表现自我。

（六）小结

孩子们，今天我们帮托尼记录下他睡梦中风去过的每一个地方，大家团结协作表现得都很出色，有的同学想象力非常丰富，大胆地表现自己喜欢的风；有的同学甚至画出了自己对生活的感受，神奇的大自然变幻无穷，让我们携手去体会每一寸阳光、每一缕微风，下课！

【点评】

《风》是小学美术苏教版三年级课程，本节课教师始终以绘本《风到哪里去了》中小男孩托尼的提问为主线，与《风》一课巧妙地结合在一起，为大家呈现出了一节很有价值的绘本教学美术课。教师结合绘本《风到哪里去了》中风去过的每一个地方进行讲解，让学生积极主动地参与美术课堂活动当中的"听故事""说故事""画故事"。在导入环节通过绘本的魅力，带领孩子们一起去感受风的存在，走进风的世界，讲述风的故事。之后通过寻找风、留住风、画画风等环节使课堂变得丰富有趣的同时，充分地让孩子们在视觉、心智上投入绘本教学与美术课堂情境融合中。使用引导教学法，分别从借风吹动面巾纸、电风扇借风吹动红领巾、大树扭曲对比等示范环节，引导学生画风的线条、画物体、画人及事物，使学生在认识上解决问题，然后动手表现出来，使美术课彻底摆脱了过去的老师手把手演示、学生被动接受教师思维意识的状态。引导学生积极合作互动是新课程改革取得良好课堂效应的手段之一，学生非常愿意与大家分享他们自己创作的故事和融入故事当中的真实生活经验，在课堂上利用小组讨论创作的方式充分地让孩子们对问题进行分析，借以调动学生积极参与意识，从而不断培养对问题的认识能力和发现解决问题的能力以及团队协作能力。教师巧妙将绘本教学运用其中，将学生的体验和活动贯穿其中，充分调动学生的学习积极性，改变学生以往传统的学习方式，如改变学生的绘画工具，鼓励孩子们多运用绘画、剪撕贴纸、综合材料、刮画等多种形式进行带有故事情节的美术作品创作，丰富的创作表现形式使孩子们乐于发挥自己的优点，创作出完全符合孩子们主观意识、体现新课标和核心素养精神的美术作品。

美国人文主义教育家罗杰斯说："教师必须是促进学生自主学习的促进者，而不是传统的只注重'教'的教师。"首先，教师应该是一个积极、善意的旁观者，在学生遇到困难的时候，或者轻轻点拨让学生茅塞顿开，或者真诚鼓励让学生大胆观察、想象。教师的旁观要以积极的投入为前提，让学生感受到你的存在以及你对他们的认同，给学生的心理以安全的感受。其次，教师要走近学生，帮助学生确定美术学习的目标并寻找达到目标的方法，指导学生学会自主学习，促使学生认真地观察、大胆地表现、执着地探索。最后，教师要培养学生的自律能力，使之形成良好的学习习惯，让他们通过不懈的努力完成目标，并体会到成功的喜悦。教师要锻炼自己的教学能力，及时掌握学生的各种课堂表现，适时地促进学生在原有的基础上再上新台阶。

附　录

教学案例与教学感悟

附录一 教学案例

【造型·表现 案例1】

会变的线条

一、教材分析

本节课是人美版小学美术二年级的课,属于造型·表现学习领域,是继一年级下册《我们身边的线条》一课内容之后的线条系列课,目的是进一步引导学生认识、体验不同种类的线条变化带给人的美感,在运用不同种类的线条过程中,感受其中的乐趣,培养学生的线造型能力。主要内容是感受艺术作品中线的秩序与变化的美感,探索不同线条组织的造型方法,并且运用线条表现所见所闻、所感所想,体验造型活动的乐趣。造型是表现的基础,表现是通过造型的过程和结果而实现的,所以除了探索线条的组织方法外,还需对不同形式的作品进行欣赏,体会造型语言的魅力,开阔学生的眼界,培养发现美的眼睛。

二、学情分析

这个年龄段的儿童天真、思想活跃、好奇,一件小事就能引起他们海阔天空的遐想,创作生命力强。低年级的学生对不同的材料和美术工具的使用已有了一定的掌握,对事物的形与色有了一定的了解,能根据自己的感受用简单的线条和色块来大胆地、自由地表现。他们对美的事物很感兴趣,有初步感受美的能力,但注意力集中的时间较短,动手能力较弱。

三、教学目标

知识与技能目标:

初步体验不同线条带给人的美感,能用不同种类的线条组织一幅画面。

过程与方法目标:

通过对艺术作品中线的观察、体验、分析、比较感受线的美感。

情感、态度和价值观目标：

通过学习活动，培养学生对用线造型的兴趣。核心素养：培养学生的创新意识与审美修养。

四、教学重难点

教学重点：

通过对线条丰富的艺术作品的欣赏，初步感受、体验不同种类线条带给人的美感。

教学难点：

如何运用不同种类的线条表现美感。

五、教学准备

可塑线绳、课件、勾边笔等。

六、教学设计

（一）视频导入

师：播放视频，提问视频里的形象都是用什么变的呢？

生：线条。

师：这节课我们就来学习新课《会变的线条》。

（设计意图：直观导入，引入本课课题。）

（二）探究新知

1. 师：老师今天带来一根神奇的线，我来给它变一变！

2. 师：谁还有好办法，还能变出其他的线来吗？

3. 师：能变出图形来吗？

4. 师：两根线呢？多根线呢？

师：原来线和线是可以组合变的呀！

5. 师：点与线可以组合变吗？（课件展示组合图样）

（设计意图：让学生自主探究线的变法与组合方法，引发学生学习兴趣。培养学生核心素养——自主探究的学习能力。）

（三）欣赏讲解

1. 欣赏毕加索作品《坐在柳条椅上的朵拉－马尔》

师：画家也想用这些神奇的线条来变一变！请同学们把书打开，看看大画家毕加索用线条变出了什么？

生：小组讨论，汇报回答。

师：小结，这幅作品叫《坐在柳条椅上的朵拉－马尔》，画家毕加索用直线、曲线、交叉线等丰富的线条画出来朵拉，用有秩序的交叉线来表现座椅的纹路。人物周围用了大面积单纯的、带有方向感的线条，使人物更加突出，也给人带来了丰富的想象空间！

（设计意图：通过对线条丰富的艺术作品的欣赏，初步感受、体验不同种类线条带给人的美感。）

2. 欣赏书中作品《苗族蜡染图案》

师：欣赏完外国大师的作品，我们再来看一看，我国少数民族——苗族的《苗族蜡染图案》！这幅作品线条流畅，疏密有致，既有秩序又有变化，优美舒展的曲线表现了鸟儿优美的姿态，充满了装饰的美感！

（设计意图：体会线条的疏密变化与秩序感，解决教学难点。）

3. 分析学生作品

师：小朋友画得怎么样呢？我们去评一评！

生：回答。

师总结：我们在绘画的时候要注意，线条的组织要有规律、有疏密、有变化，才会给人以美感！

（设计意图：引导学生分析、体验、探究线条的种类及组织方法，学习如何用线条表现有美感的画面。）

（四）艺术实践

布置作业：一带一路，丝绸之路要运往欧洲一批瓷器和服饰，可是这些瓷器和服饰好像被施了魔法，一夜之间所有的花纹都消失了！下面，就请大家用不同种类的线条把这些瓷器和服饰装饰一下！用线条把消失的花纹变回来吧！

（设计意图：引发学生的创作兴趣，培养学生用线造型的能力。）

（五）展示，评价

学生自我评价、生生评价。

（设计意图：提高学生的审美与评价能力。）

（六）小结拓展

1. 师：线条虽然只是一根线，但在大师和同学们的笔下，有的柔软、有的坚硬、有的纤细、有的粗壮、有的流畅、有的曲折……它们可以组成丰富的画面，装饰美化形象，也可以表达情感。

2. 师：为了感谢大家帮助，老师送给大家一个礼物！请同学们闭上眼睛！播放一段音乐（教师放《口哨与小狗》音乐），请同学们课下根据乐曲节奏进行想象，想象出现的线条、形状、颜色，用线条展开音乐的联想……

（设计意图：学科整合，感受音乐与美术的互通性，体会音乐与线条所表达的美感。）

▲ 学生作品

七、教学反思

《会变的线条》是人美版小学美术二年级上册第一课的教材,属于造型·表现学习领域。本课的教学目标是:通过对艺术作品中线的观察、体验、分析、比较感受线条带给人的美感。通过学习活动,培养学生对用线造型的兴趣,能用不同种类的线条组织一幅画面。渗透培养学生的核心素养——创新意识与审美修养。

本节课我以会变的线条视频导入,在直观导入本课课题的同时,让学生初步感受不同种类线条带给人的美感,激发学生学习兴趣。通过变线条的游戏,让学生自主探究线的种类及组合方法,引发学生探索欲望,培养学生核心素养——自主探究的学习能力。通过分析、欣赏作品《坐在柳条椅上的朵拉-马尔》《苗族蜡染图案》及学生作品,感受不同线条带给人的不同美感及画面的组织方法。通过艺术实践环节,引发学生的创作兴趣,培养学生用线造型的能力,提高核心素养——绘画造型能力。通过评价环节,提高学生核心素养——审美能力与评价能力。通过音乐拓展环节,进行学科整合,感受音乐与美术的互通性,体会音乐与线条之间的联系,激发学生用线条表现音乐带来的美感。总之,本节课通过看线条—变线条—赏线条—画线条—听线条等一系列的教学环节,教学目标达成良好,突出了教学重点,突破了教学难点。

本课有哪些亮点:

在本课中我利用白板信息技术手段来辅助本课教学,提高了课堂效率。

还有哪些不足:

回忆起课堂中的细节,感到很多细节的处理不够好。没有很好地调动起课堂气氛,课堂评价语言应更有激励性……

【造型·表现 案例2】

大树的故事

一、教材分析

本课是"造型·表现"领域的一个内容。由于孩子们从小就喜欢在大树底下玩耍、乘凉,因此,这个课题很容易引起学生的兴趣,可以为学生提供很大的想象空间。通过引导学生对各种情景进行丰富的联想,培养学生的创新精神和造型表现能力,使学生初步认识人与自然的关系,渗透可持续发展的思想,达到教学目标的多元化。

二、教学目标

显性目标：

通过回忆、观察，了解大树的基本结构（树根、树干、树枝、树杈、树叶等），培养学生的想象能力、儿童画创作能力、语言表达能力。

隐性目标：

引导学生在小组学习氛围中，相互交流，资源共享，培养学生的合作意识。通过学生活动，引导学生初步认识人与自然的关系，激发学生热爱大自然、保护绿色生命的情感。

三、教学重难点

教学重点：

围绕大树的特点进行充分的想象和表现。

教学难点：

画面构思和组织。

四、教学准备

多媒体课件、水彩笔、蜡笔、鸡蛋壳、手工纸等。

五、教学设计

（一）激发兴趣，引入新课

师：上课，同学们好。

生：老师好。

师：别坐，同学们能不能用你们的身体变棵大树啊？

生：双手举起变大树（动作）。

师：看见一棵树了。两棵……呦，看见一片森林了，森林们，你们再坚持会儿，要知道一棵大树在成长过程中要经历很多的风风雨雨，你们要做好心理准备。听！（风声）同学们，被风吹的大树应该是什么样子呢？

生：晃动身子（动作）。

师：风越来越大，我们也摇得很大，但是你们没有一个倒下，你们真棒！我要向你们学习，给自己鼓鼓掌，请坐。

（二）探究学习

师：老师也希望像你们一样做一棵勇敢面对一切的大树，让我们一起走进第15课《大树的故事》吧！（书写课题）

同学们，你们熟悉大树吗？

生：熟悉。

师：真的？那我要考考你们，来看黑板上三张图片，谁能告诉我它们分别是大树的哪个部分？（出示大树局部图片）

下面紧紧抓住土地的是树根，最粗壮的是树干，上面稍细的是树枝，我们来看这棵树像不像冬天里的秃树啊？

生：像。

师：所以我们在画冬天里的树时，可以采用线条勾勒的方法来表现。如果我加上几片绿叶，它就变成了春天里刚冒出几片新叶的树了。

那我要问问了，树叶除了绿色还有其他颜色吗？

生：红色，黄色，橘黄，紫色，蓝色……

师：五颜六色的，漂亮的树叶我早就准备好了，老师用剪好的不同形状的树叶，来装饰这棵大树。（贴一张树叶）

谁愿意上来帮我呀？

请几名学生上台和老师一起贴树叶。

师：你们看，这些密密层层的树叶像不像大树的帽子呀？

生：像。

师：我们把它叫作树冠。现在看看它漂不漂亮？

生：漂亮。

师：再仔细看看它漂不漂亮？

生：漂亮。

师：那现在它漂不漂亮（老师戴头饰出来）？

我是森林里的大树王，你们喜欢我吗？

生：喜欢。

师：我也喜欢你们。所以今天我给大家带来了几位好朋友，它们啊就藏在我这个树洞里，谁愿意帮我把它们请出来？

但你们得用动作或者声音告诉大家它是谁。

生：用动作模仿猴子。

师：可爱的小猴子给大家送水果来了（把猴子贴在大树上）。那第二个呢？你用动作或者声音告诉大家它是谁？

生：用声音模仿羊叫（把羊贴在大树旁）。

师：啊呀啊呀，我的肚子突然好疼啊，谁能帮帮我？大树医生是谁？

生：啄木鸟。

师：鸟医生快出来，你应该怎么给我治病啊？

生：用动作模仿啄木鸟用嘴捉虫子的场景。啊呀，我好多了，谢谢你鸟医生（把啄木鸟贴在大树上）。

三个朋友带来了三棵大树的故事，我们来看一看这样贴好不好看呢？

生：不好看。

师：好像有一点不舒服，其实，咱们在作画时注意下物体的方向，稍微调整下就好看了。

师：同学们，刚才我们的精彩表演已经被其他小朋友画出来了。我们一起来看一看。你们仔细看看上面还有什么我们没有表演出来的呢？

生：树洞里有小动物，树上还有蜗牛，小鸟，蝴蝶……

师：树洞里面特好玩，我都想进去玩一玩了，小蜗牛给大树挠痒痒，大树乐得都合不拢嘴了。同学们，我告诉你们啊，森林里不是每件事都是快乐的，有件事就特别让人伤心。看了这些鸟，大树都哭了，

谁能告诉我它们为什么哭啊？

生：大树都被砍光了，森林没有了，小鸟哭了，它们的家没了。

师：那我们应该怎么做呢？

生：我们应该保护大树，不乱砍伐，保护小动物，保护环境……

师：你们说得真好，一会儿你们会不会也把这样的故事画出来呢？

我们再来看看这张，它还是大树的故事吗？

生：是。不是。

师：认为是的请举手。说说你的理由。

生：画上没有画整棵树，但画的是小蚂蚁在大树根下面玩耍，所以我觉得是大树的故事。

师：因为有树根，一会儿我们画大树的故事时，既可以画整棵大树，也可以像他一样画一棵树的局部。其实这个小朋友画了三张，前面的两张被他淘汰了，只留下这张，为什么呢？我们来比较下。

生：前面画得太乱了，东西太多，另一个画得太小了。

师：所以，我们在画画时要注意构图的大小、疏密，只有这样我们的画面才能更加地

完美!

同学们,我们来看看画家笔下大树的故事是什么样的,哇! 我们看到画面上有很多很多东西,大家仔细看这棵树和我们平时看到的树一样吗? 不一样在哪?

生:不一样,平常的大树是绿色的,画中的大树是蓝色的。

师:那这棵大树的造型像什么?

生:像长颈鹿、马、大桥、一条路……

师:你们的想象力真丰富,我们的世界是五彩缤纷的,我们可以用想象的造型,可以用我们喜欢的颜色,来表现我们想要表现的故事。这样我们的画面才能更丰富、更生动。

孩子们,看了这么多,也听了这么多大树的故事,相信你们心中一定也有了自己的故事了吧,那么现在就和你的小伙伴说一说,同桌相互交流,把你的故事说给他听,开始吧!

谁愿意来说一说?

1. 生:春天来了,大树长出了绿油油的树叶,小鸟也高兴地唱起了歌……

2. 生:大树是小动物们的好朋友,蜗牛呀,小鸟,蚂蚁都在和大树玩耍,它们在一起乐呵呵的,特别高兴!

师:你的故事说得真精彩! 这么生动的故事,我已迫不及待想看看画出来的样子了。

(三) 创新实践

现在我们就利用你手中的画笔还有彩纸、鸡蛋壳、手工纸等,以绘画粘贴的方式把你们的故事表现出来。注意,老师要给你们限定时间,音乐一停,咱都得停笔,咱们比一比看谁画得又快又好,好吗?

生:好。(放背景音乐,欣赏学生作品)

(四) 展评

音乐停了,看看谁画得又快又好。黑板上的画你最喜欢哪张,为什么?

1. 生:我最喜欢中间那张,和大树玩耍的朋友很多,有小兔子、小鸟、小猫……

师:这张画颜色鲜艳明亮,构图饱满。还有人要说说吗?

2. 生:我最喜欢最上面那张,大树上有好多鸟,都是用彩纸画完贴上去的……

师:老师也有喜欢的,你们看这张画,讲的是个什么故事? 这是谁画的?

生:大树都被砍没了,小鸟、蜗牛也都哭了,我们要保护环境、保护大树……

(五) 小结

师:今天我看到了这么多美丽的画,我心里特别地高兴,我想代表大树家族谢谢同学们，谢谢同学们把我们大树的故事画得这么精彩。同学们，其实每棵树都有自己的故事，让我们一起来爱大树吧！爱大树我们就有了绿色的家园，爱大树我们就有了美丽的地球！

六、教学反思

大树伴着孩子们的成长，是孩子们亲切熟悉的好伙伴，他们对大树有着特殊的感情。因此，这个课题显得生动有趣，也更容易激发学生的想象空间。

本课教学，为了更直接地围绕课题、融入学生，我把自己打扮成一棵大树。也为学生请来一位好朋友导入，并戴上大树树冠的头饰，变身为森林王国里的大树王。学生显得非常惊奇和兴奋，既调动学生情绪，也激发学生的兴趣。学生观察图片，自由地谈想法，对于低年级的学生来说，在美术课堂中培养学生的语言表达能力，认识到大树的美，增强了对大自然美感的领悟。通过从树洞里请出好朋友（小猴子、小羊、啄木鸟），根据拿到的动物模仿其声音或是动作，让其他学生猜一猜。这样的趣味小游戏，过程中引导学生，大树的故事所要表现的不只是一棵大树，有小动物的参与会更加生动活泼，启发学生展开想象，用绘画的方式表现大树的故事，并说给小伙伴听。课后拓展以让学生观察被砍伐的树木的图片，启发学生的环保意识也拓展创作构思。

整节课自然生成，孩子轻松愉快，活跃的课堂气氛也让我极为轻松。

【造型·表现 案例3】

想想说说写写画画

一、教材分析

《想想说说写写画画》是二年级上学期的教学内容，属于"造型·表现"的学习领域。其旨在通过图文结合的方式来叙述学生身边感兴趣的事情，运用画故事、画日记、画作文等形式，训练学生的想象力、绘画表现力和语言概述能力。让学生在轻松愉快的活动中，感受文化的发展和艺术的魅力，提升学生的综合素质。

本课的教学是紧密联系学生的生活经验，将发生在自己身边或自己亲身经历的事记录下来，并与低年级作文教学的"说说写写"相联系，使语言美和形式美巧妙地结合在本课中，更贴近低年级儿童的心灵世界。以画故事、画日记、画作文为创作背景，抓住学生的兴趣与好奇心，运用文字与绘画相结合的方法，将学生的想象力充分地挖掘出来。

利用《想想说说写写画画》一课所提供的空间有效组织教学，既可以让学生在回忆中感受自己的成长变化、找到恰当的情绪释放的方式，又能够使学生感受到美术与生活的紧密联系，激发学生学习的兴趣以及热爱生活的美好情感。

二、学情分析

二年级的学生对画画非常感兴趣，有了一定的美术造型能力，首次尝试运用图文并茂的方法叙述身边有趣的事情，学生积极性较高。而学生在学习中常会存在两个方面的困惑：一是难以用恰当的图画与文字的结合来表述内容；二是学生的语言表达不完整、不丰富，作文能力还尚弱。所以教师可巧妙地从语文教学中借鉴低年级"说说写写"的方法，培养学生的语言表述能力及情景构思能力，达到以图文传情、传趣的目的。

三、教学目标

知识与技能目标：

1. 欣赏象形文字，认识用图记事的方式，感受人类文明的智慧。

2. 能用绘画与文字相结合的形式改编自己的作文，创作图文并茂的作品。

过程与方法目标：

1. 学生经历"三个游戏"的学习过程，掌握图画与文字相结合表达作品的方法。

2. 以学定教，启迪学生自主实践，尝试运用多种方法体验图文结合的乐趣。

情感、态度与价值观目标：

结合学生的生活，表达自己的情感和思想，使学生在积极的情感体验中感受图文结合的表达价值，培养创造美好生活的情感。

四、教学重难点

教学重点：

尝试各种绘画材料，掌握文字与图画相结合的方法，体验图文并茂表达的乐趣。

教学难点：

选择合适的图画表达文字的意思，并合理安排文字与图形的位置、大小。

五、教学准备

教师准备：

彩色铅笔等绘画工具、若干张小图片、多媒体课件、白板、实物投影等。

学生准备：

细记号笔、胶棒、水彩笔；一篇精品小作文。

六、教学方式、手段

1. 创设情境，教师以自我介绍导入。引领学生走进文字与图画相结合的世界，教会学生用图文并茂的形式表述事情。三个游戏，层层递进，充分激发了学生的学习兴趣。

2. 讨论合作，有效互动。教师提出问题，学生小组讨论。生生互动，师生互动，学生学会了图画与文字替换表达内容，学生边想边说有趣的事，边写边画快乐的景。

3. 及时比较，自我鉴赏。让学生在创作的过程中能够经过巧妙的布局，将图画和文字合理地安排在一幅作品中，既要美观，又要合理，提高学生的审美能力。

七、教学设计

（一）创设情境，教师以自我介绍导入

师：同学们，你们都认识我吗？那你们了解我吗？老师现在要用一种特别的方式来介绍我自己，请你认真看。（教师示范书写、绘画过程）

生：看教师介绍自己的方法。

师：谁能来读一读？

生：……

师：你们喜欢我介绍自己的这种方式吗？

生：……

（二）欣赏象形文字，感知图文作品

1. 师：请你猜猜看，这是图画还是文字呢？

生：……

师：左边是古代的象形文字，也就是右边的现代汉字大象的"象"字。（接着出示"月、山、林"）

2. 师：我们智慧的祖先用绘画象形的方式创造了象形文字。不仅如此，古代印第安人也是用图画来记录他们的历史和传说。还有云南纳西族的文字，更像是一幅美丽的画卷呢！

3. 师：不仅仅是这些，图文并茂的结合形式在很多领域都得到了广泛运用。在古代，有一本著名的医学书籍《本草纲目》，就是用图文并茂的结合方式来记载药材及治疗方

法的,便于阅读理解,因此流传至今。(欣赏本草纲目)

4. 师:直至现在,人们仍以这种方式来表情达意。你看,熟悉的眼保健操示意图,帮助同学们轻松准确地掌握动作要领。

再看看这份形象的菜单,各种佳肴,美味可口。

写写画画的日历牌,形象生动地记录每天的事情。

5. 师:同学们,刚才欣赏的作品都是通过写写画画的方式得到的。今天这节课,我们就运用"想想说说写写画画"来创作更多的图文并茂的作品。(板书课题)

(三)分层游戏,图文并茂连成文

游戏A:结合图片编写故事

1. 师:我们先来做一个小游戏。这里有几张图片,你能从中挑选几幅,将它们连贯起来,说一两句话吗?

生:……

2. 师:老师也来编一个小故事。

谁能将我的这个故事再复述一遍呢?

同学们的记忆力真好,那么,怎样才能准确地记录刚才的故事呢? 你有什么好办法? 想想看,再添加些什么呢?

生:……

3. 师:现在这个故事,既具体又完整。

4. 师:老师这还有一些图片呢,谁还想来尝试一下? (学生尝试练习)

游戏B:根据文章择用图片

1. 师:刚才我们是根据图片来想想说说,现在换个游戏。请看这段文字。谁来读一读。

2. 师:你觉得这段话完整吗? 谁来补充完整?

生:……

3. 师:请你在这里,选择合适的图片把这段话补充完整。(学生上台操作)

4. 师:你喜欢用图片来补充句子吗? 为什么?

生:有趣、生动形象。

游戏C:选择文字替换图片

1. 师:看来,你们真是爱学习的好孩子。小明也和你们一样,热爱学习,喜欢写作文。请看,他的作文:我的爸爸。你能帮助小明将这篇作文改成一篇图文并茂的作品吗?

师:请同学们小组讨论以下问题:

(1)把哪些文字可以改成图片?

（2）替换成什么样的图片比较合适？

2. 师：请你们观察一下，哪些词语合适用图片表示呢？

生：……

师：是的，一些能够表示具体形象的词语合适替换；还有一些表示动作、表情、符号的词语，也可以巧妙替换，或者放在文字后面补充说明。例如：努力学习。

3. 师：下面，请同学们拿出课前准备的小作文，试一试，用红笔圈出需要替换的词语，并在旁边画出草图。

展示1～2名同学作品，给大家看看、说说自己的练习成果。

（四）学生作品欣赏，渗透创作方法

1. 师：我们再来看一些小朋友是怎么创作的。（读一读，比一比）

2. 师：欣赏同龄学生作品，找出优劣作品的差异。

（1）图文排版要合理，注意行距。

（2）文字精简，图片要合适。

（五）教师示范指导画法

1. 折叠纸（也可轻画线）。

2. 排好版（直线排、曲线排）。

3. 写文字。

4. 空图位。

5. 画图形（也可边写边画）。

6. 作装饰。

（六）学生作业，实践提高

将原有的小作文或自行创作的一段话变成图文并茂的形式。

1. 合理安排文字和图片。

2. 图片要能形象地表达文字的意思哦！

3. 可适当装饰美化作品。

（七）作业展示，互动评价

1. 请1～2名学生读一读自己（或者自己喜欢）的作品。

2. 教师总结，师生共评。

（八）课堂总结，拓展延伸

师：这节课，我们通过想想、说说、写写、画画的方式，创造了许多的作品。聪明的贝贝用这种方法创作了旅游日记，留下了一幕幕精彩难忘的回忆！

生活中，也希望同学们用自己的智慧和双手创造更精彩生动的作品！

八、教学反思

在《想想说说写写画画》的教学过程中，我以"以学定教"的教学理念设计了各个教学环节，各环节的设计侧重点不同、方法不同，旨在让学生在情境中自主地习得新知，提升能力。

1. 本课设计——环节层层递进，寓教于乐

本课安排的三个游戏环节，绝不是为了游戏而游戏，而是围绕教学目标预设的三个环节，层层递进，解决了重难点问题。为了让二年级学生达到本课的教学目标：使学生学会用图画代替文字或解释说明部分文字，完成一篇图文并茂、精致有趣的作品。能够达到这样的教学目标并不容易，也不可能一步登天。因此，遵循学生的认知规律，顺应学生思维发展的进程，笔者设计了三个环节：

（1）结合图片，编写故事；

（2）根据文章，择用图片；

（3）选择文字，替换图片。

这样的台阶式的目标融合在一个个游戏当中，让学生在不知不觉中学会了方法，得到了锻炼，达到了预期的教学目标。学生在整个过程中始终保持较高的学习情趣，积极主动地参与学习过程，真正做到了寓教于乐，授之以渔。

2. 学生作业——呈现两个问题，在比较中解决本课学生在绘画中通常出现的问题有两个。

（1）构图问题：学生拿到作业纸会迫不及待开始写写画画，写画完成之后才会发现布局得不合理，造成整体作业不美观。原因是学生欠缺全局观察考虑的能力。如文字有多少？文字与纸的比例？如何分布？这是符合二年级学生心理思维发展的，也是本课教师需要帮助学生解决的难点之一。因此，在教学中，教师通过出示优劣范例，引发学生思考此类问题的原因，在实际问题出现之前就引导学生认识问题的存在，在比较中，学生发现了解决问题的方法。有效地预设及问题的解决，必不可少。

（2）顺序问题：受思维定式的影响，学生的习惯是语文课上流利地写文字，美术课上畅快地画画。本课要求学生同时驾驭文字及图画两种能力，并且还要频繁切换，对二年

级学生来说是有难度的，但是这个难度是有益于学生发展的。怎样让学生既有这样的难度锻炼又不手忙脚乱，是我思考的问题。

在教学过程中为学生提供一种方便可行的解决办法：先写文字，把图画的部分先用圆圈圈出来，空出适当的位置，再恰当绘画。这样，学生作画方便，思维流畅，图文并茂的作品一挥而就。

【造型·表现 案例4】

虫虫虫

一、教材分析

本课属于"造型·表现"范畴。让学生在了解昆虫知识，欣赏昆虫图片的基础上，结合绘本教学形式，使美术课程与学生的兴趣爱好紧密联系，培养学生的观察力和想象力，激发学生对生活的热爱之情。

二、学情分析

低级学生，他们对美术也有一定的认识，知道美术不只是画画，还包括故事、欣赏。再加上对美术有一定的兴趣，所以学生比较活跃。由于年龄小，学生对图片的注意相对比文字要多，在本课中采用大量的绘本故事图片欣赏，并设定情景教学，提高教学质量。昆虫对于学生来说并不陌生，课堂教学应充分注意学生的特点，使教学活动的方式适合他们的心理，并与他们的爱好一致。

三、教学目标

知识目标：
通过视频和图片展示，让学生了解大自然里各种各样的虫的形态、颜色。
能力目标：
能够抓住虫的特征进行表现，并能够运用各种方法创作出富有情趣的虫。
情感、态度与价值观：
培养学生热爱大自然的情感，激发学生勇于观察、探索科学的能力。

四、教学重难点

教学重点：

了解虫的特征，并能表现出来。

教学难点：

运用夸张、变形、添加的方法创作虫图案，并合理构图。

五、教学策略

小组合作探究式学习。

六、教学设计

（一）激发兴趣，引入新课

1. 师：月亮是什么味道呢？是甜的还是咸的？夜里，虫子们望着月亮，总是这么想。可是，不管怎么伸长脖子、伸长了手、伸长了腿，也够不着月亮。

2. 师：这一天，一只小毛毛虫发现月亮挂在远处一棵很高很高的树枝上。这个发现，让它莫名兴奋，便下定决心要去摸一摸月亮，尝尝月亮的味道。

3. 师：想知道接下来发生什么故事了吗？那就跟着老师一起来进入虫虫虫的世界。

（二）探究学习

1. 师：毛毛虫爬过山坡，来到草丛边，发现前面的路被一只虫子堵住了。这，就是这个虫子的影子，你们能猜出这个拦路虫是谁吗？（螳螂）

你是从哪些特征看出来的？（瘦高、前臂似大镰刀）它全身翠绿、瘦高细长，最特别的地方就是它的一对前臂，好像挥舞着两把大镰刀。

你们观察得真仔细，可毛毛虫害怕呀，正当它转身要跑时，大螳螂忙紧张地说道："你别怕，我不会伤害你，我只是想和你做朋友。"于是，怎么样啦？对，它们由一只虫子变成了两只。

2. 师：路过山洞，惊动了休息中的：

蜈蚣：最多的是什么？119对足。

蜘蛛：最擅长什么？结网。

还有一只我们肉眼很难看见的蚜虫。世界上最具破坏力之一的害虫。

3. 师：说了这么多，也看了这么多虫，那虫到底是由哪几个部分组成的？和你的同桌说一说。

一般来说，虫分为三个部分：①头部；②胸部；③腹部。

（拼虫子动作）：头上包括（触角、眼、口器），胸包括（足、翅），完整的一只虫子就出现在我们面前了，它的学名叫作"天牛"。它的眼睛，左瞧瞧，右看看，想：我也得加入毛毛虫它们，尝尝月亮的味道！

你看天牛虫也加入了队伍，你还想让哪些虫子加进来？它们最大的特征又是什么呢？

4. 有太多太多种虫子了，科学家估计有一千多万种虫子呢！只要我们抓住它们的特征，我们就能画出生动的虫。

5. 你们看，这些加入大队伍的虫，都是小朋友们画的。你最喜欢哪一只？为什么？（漂亮图案、色彩艳丽、构图饱满）

6. 小朋友画的和老师的这些虫有点不一样，他们在虫的身上加了一点魔法，就是我们刚才说的"夸张、变形；添加、装饰；拟人"等手段，将它们装饰成更加有趣、漂亮的虫子。

（三）创新实践

1. 师：就这样，虫子大队伍越来越接近挂着月亮的大树。在这个过程中，你又会让你心里的虫，以什么样的面貌加入这个大队伍呢？并说一说它们身上发生的故事。

2. 师：我已经迫不及待地想跟它们见面了，拿起你们的画笔把它们都画出来吧。

（四）作品展示

师：虫的世界丰富多彩，谁来跟大家分享下你画的故事？

（五）结束语

1. 师：不觉间，虫虫大队伍已经到了那个挂着月亮的高树旁，发现月亮早就逃到天

▲ 学生作品

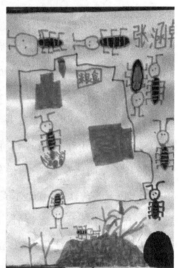

▲ 学生作品

上去了。虽然没尝到月亮的味道，但是它们却认识了好多新朋友——在这天夜里，大家在一起睡着了，它们的脸上还挂着微笑，说不定它们在梦里正在品尝着月亮的味道呢！

2. 师：同学们，这个故事结束了，但关于虫的故事却远远没有结束。

七、教学反思

《虫虫虫》一课是江苏版教材二年级的课程，题目听上去就充满了乐趣，所以我将绘本故事融入美术课中，力求要把孩子们带入一个充满趣味的情景中去，完成了一节生动有趣的绘本教学。本课主要营造一个自由的空间，充分发挥学生的想象力、创造力。

从"月亮是什么味道？是甜的还是咸的？夜里，虫子们望着月亮，总是这么想"到毛毛虫偶然发现月亮挂在树枝上，从而开启了向月亮出发品尝月亮味道的旅途。途中遇到了螳螂、蜈蚣、蜘蛛等虫，进一步了解虫的特征并运用夸张、变形、添加的方法创作虫、装饰虫。老师运用大量教具营造教学气氛，使学生们很兴奋，都能积极参与其中。总体来说，我认为这节课从课程设置、课堂结构、课程目标的达成以及作业的反馈等情况来看，基本都达到了预期的设想水平。整堂课教学思路清晰，目标明确，课堂开放而富有活力，学生充分进入角色。一边欣赏美丽的画面一边跟着设定的故事情节发展，从而激发了学生的表现欲望，学生的作品更加具有创意和新意，达到了预期的效果。

但其中也有不足之处，引起了以下几处反思：

（一）对学生学习状况的反思

学生听课时注意力集中。对于新授部分我提出的问题，以及出示给他们观察欣赏的图、文都能积极动脑思考，并举手发言，准确说出答案。对于较难的问题，一开始回答不到位，在我的引导后，也能补充完整。在新授过程中穿插的一些小游戏，学生们都踊跃尝试，并且能将刚学习到的新知识灵活运用，积极发表意见，或者补充其他同学回答不足的问题，学习交流氛围非常浓厚。本节课由于新知内容与自然科学相关，加上二年级学生对自然科学也有着极强的好奇心，所以我在上课前给学生观看了虫的图片，生动直观地讲授给学生，同时配合穿插讲解一些科普小知识，一定程度上在深入学习的过程中，解决了学生许多之前认知上的不足或疑惑，学生有收获，而我也因学生积极的课堂反应感到满足。在提问到虫的结构时，有学生可以充分地说出虫的特点，这让我更加坚信学生的兴趣点绝不仅仅是对美术课程内容上的，辐射性很广，如果能抓住学生的兴趣点，巧妙地融合到美术课堂教学中，这无疑是一举两得的好事情，在备课过程中对我自己来说也是一种知识面的增加与开拓。

（二）对授课内容、方式、技能技巧的反思

课堂内容涉及的图片，我都是基于学生的现实生活情况而选择的，只有贴近生活，符合学生的认知发展水平，才能使新授的知识更有效地传达给每位学生。我也非常注意与学生的互动，除了常用的提、反问，适当穿插一些设问以及学生之间的互动交流，拉近了师生距离，并且有利于课堂气氛的活跃，体现民主与尊重。

但是对于一些本身内向、羞于表现自己的学生，我不能及时通过聆听他们的回答去判断他们是否已经掌握了这个知识点，所以怎样更自然地通过一些活动内容的设置，了解到他们的掌握情况，是我在之后的教学实践中需要关注与不断摸索的问题。

（三）对课堂整体状况的反思

这节课不仅是我教会了学生如何画虫，我也反向在学生那里学到了一些东西，对于

某一个感兴趣的领域,由浅入深,层层深入,总能发现一些内在的联系与规律,学生的关注点有时比我更小更细微,这也是我要向他们学习的地方。

【造型·表现 案例5】

面具

一、教材分析

本课是"造型·表现"领域的一个内容。面具有着悠久的历史,它的演变与发展,与种族的信仰、社会文化的发展密切相关。它最早体现在原始乐舞、武术、图腾崇拜上。随着社会的发展、人类的进步,以及地域、种族的差异,形成了各自的体系,风格迥异,争奇斗艳。它们在形态与神态的表现上给人造成的感觉也是多样的,有的滑稽怪诞、有的粗犷奔放、有的狰狞恐怖、有的质朴天真……这充分体现人类丰富的想象力和创造力。同时,它的装饰艺术表达的内容广泛,表现的形态也是千奇百怪的,因此,它给人们的文化增添了无穷的乐趣。

面具与学生生活也有着紧密的联系,从小学生们就戴着孙悟空、猪八戒等一些面具嬉戏、玩耍,因此,本课题的内容可以充分调动学生的学习积极性,有助于他们对传统文化的了解以及想象、创造能力的提高。

二、学情分析

本课学习内容针对的是刚刚升入三年级的学生,这个年龄阶段的学生活泼灵动,对事物有很强的好奇心,想象力也比较丰富,喜欢动手尝试,但他们的审美能力、造型能力以及语言表达能力等综合实践能力都在不断提高中,因此我在设计教学环节时,就充分考虑到了这一点,运用灵活多样的方式激发他们的学习兴趣,引领学生深入浅出地领会教学内容,从而使每个学生的潜能得到最大限度的发挥。

三、教学目标

通过观察、分析多种不同风格的面具,了解面具的文化,感受它的艺术特点,学习表现特点突出的面具。培养学生的造型能力、想象能力、创造能力和合作学习的能力。引导学生在小组学习氛围中,相互交流,资源共享,培养学生的合作意识。通过学习活动,培养学生对美术的兴趣。

四、教学重难点

教学重点：

通过不同地域、不同种族多种风格的面具欣赏，了解面具的文化，感受其艺术特点，学习表现面具的方法。

教学难点：

面具的表现手法及材料的运用。

五、教学准备

图画纸、彩色复印纸、水彩笔、油画棒、墨汁及生活中的废弃物等。

六、教学设计

（一）游戏导入

1. 师：孩子们，这次课我们一起来做一个"有趣"的游戏，游戏的名字就叫"猜猜我是谁"，是谁，谁就站起来和大家打个招呼，好吗？我们用抢答的方式，游戏开始！（教师与学生进行游戏展示）

2. 师：没想到我们班还有这么多的神探啊，你们的观察能力可真强啊，孩子们你们看看，刚刚老师是用什么遮住了几位同学的面貌的呢？谁知道？（生：面具）

3. 师：孩子们你们想不想动手绘制一张有特点的面具呢？（生：想）

板书课题：面具。

设计意图：用游戏的方式调动学生想象力，引出课题，激发学生探究表现的热情，让学生初步感知面具的造型特点，激发学生的学习兴趣。

（二）初步分析，了解特点

面具的起源：

师：面具是一种古老的艺术品。早在几千年前，一些原始部落就头戴面具，挥动兵器，赶走魔鬼，他们相信这些面具会赋予他们一种奇特的力量。面具是人类文化的产物，是集雕刻、绘画、工艺于一身，适于面部装饰佩戴的艺术品。世界上许多国家都有其独特的面具艺术。我们一起来看看吧！（教师展示幻灯）

（1）欣赏中国贵州傩戏面具与藏戏面具。

师：（教师展示面具幻灯）中国贵州的傩戏面具很有地方特点，这是中国的藏戏面具，藏戏面具有一定的角色特征,孩子们快看,这是藏戏面具中的"皇后",这是藏戏面具中的猩猩,还有智慧之神"仙翁"呢,谁能说说你们有什么感觉,中国面具有什么特点呢?(生:害怕、吓人)

(注:教师主要从中国面具的夸张造型、狰狞的五官、鲜艳和谐的色彩等方面进行引导)

中国是世界上面具历史最悠久、流传最广泛、内容最丰富的国家之一。直至今天,中国面具仍以夸张的造型表现、狰狞的五官表情和鲜艳和谐的色彩形象流布于世界面具文化宝库中!

(2) 欣赏世界其他各国面具。

师:接下来我们欣赏一下世界其他各国的面具,请你认真思考一下世界其他国家面具与中国面具有什么不同? 这是非洲的埃及法老面具、美洲的金人面具、意大利的现代面具……谁能说说世界面具与中国面具有什么不同呢? (生:不再那么吓人了,有的可爱、有的滑稽……)

孩子们,无论是中国面具还是世界面具都有一个共同的特点,你们发现了吗? (生:都有五官,都有一张带有五官的脸)

设计意图:学生通过不同地域、不同种族多种风格的面具欣赏,了解面具的文化,感受其艺术特点,加深学生对面具的表象积累。

(三) 讨论分析,探究实践

师:孩子们,既然你们发现并且总结了面具的这么多特点,那你们想不想亲手绘制一张有特点的面具呢? 老师这里有三张面具,看看你更欣赏哪一张呢? 说说为什么。

(注:本环节教师引导学生通过三张面具的差异对比学会面具的装饰方法,如利用点、线、面进行装饰,色彩对比进行装饰等)

师:孩子们,谁愿意到前面来把第一张面具进行装饰呢?

(注:这一环节教师注重培养孩子的主体意识,引导孩子们发挥想象创造力进行面具的重新装饰)

师:你的作品让老师眼前一亮,这张面具已经被你装饰得焕然一新了! 让我们一起祝贺鼓励他一下,好吗?

师:我们不仅可以用蜡笔绘画表现,还可以在蜡笔绘画的基础上利用水油相离的方法表现面具,感兴趣的同学在课下可以打开教材,那里面有详细的表现方法。

师:老师这里还有一些其他同学的作品,他们有用剪纸的方法表现的,用点、线、面的方法进行表现的,用水粉颜料进行表现的,还有用刮画纸进行表现的。(教师展示剪纸面具、金银笔面具、水粉画面具、油画棒面具等多种手法表现的面具作品)

设计意图：这一环节主要是让学生在实践中发现问题、解决问题，培养他们的反思能力，引导着他们主动地进行探究。让学生了解面具的装饰方法，丰富他们的艺术感受。同时借鉴同龄人的经验，增强表现的信心，激发学生的表现欲望，培养学生的"求异"思维。

（四）愉快表现，鼓励创新

1. 师：孩子们，面具的绘画方法你们学会了吗？老师这里有一个"面具展览馆"，这里展示着各式各样的面具，你们想不想把自己的作品展示其中？那就赶快亲手来画一画你心中的神奇面具吧！

（教师鼓励学生大胆表现，创新设计）

2. 学生作画，师巡视指导。

（教师随机展示有闪光点、有创新的面具）

（五）展示评价

1. 学生把画好的面具展示在黑板上。

2. 师扮演记者，采访"观众"。

师：孩子们，老师真为你们感到骄傲和自豪，"面具展览馆"里已经摆满了你们的精心之作，你们可真棒，谁愿意到前面来推荐一下自己的作品？你们的想象力真丰富，把我们带进了一个奇妙的面具世界，谁还能说说你最喜欢哪幅作品，为什么？我们班的同学可真不简单，创作出那么多活灵活现、生动有趣的面具，是你们赋予了它们思想，你们就是未来的小小艺术家！

（六）课堂延伸，拓展创新

1. 师：老师这里也有一些神秘的面具，你们想看吗？（生：想）看看它们是用什么材料做出来的？（生：废报纸、泡沫、细绳、羽毛等）

（注：教师手中的不同材质立体面具……）

2. 师：你们还能用更奇妙的材料和方法来制作奇特的面具吗？课后，请你来试一试，下次课堂上我们一起来欣赏。

设计意图：拓宽学生的思维，为学生提供更宽的创作空间，引导学生开展课外探究活动，享受成功的喜悦。

（七）小结

孩子们，这堂课我们仅仅学习了面具的绘画装饰方法，下一堂课我们将学习制作一个真真正正的面具，你们期待吗？（生：期待）好，那就让我们相约下一堂课！

七、教学反思

执教《面具》一课时,孩子们在面具绘制创作环节是非常有创意和想法的。孩子们运用自己独特的视角创作出了一张张活灵活现、生动有趣的面具,这充分体现了孩子丰富的想象力和创造力。对三年级的孩子来说本课的学习是有一定难度的。采用比较新颖的边游戏、边看、边学、边导的教学方法。认为在游戏中引起学生学习兴趣的同时多次欣赏面具就能熟悉,本次课没有要求学生制作面具,而是通过不同地域、不同种族多种风格的面具欣赏,了解面具的文化,感受其艺术特点,从而达到学习表现面具的方法即可。

【造型·表现 案例6】

水墨画动物

一、教材分析

《水墨画动物》是三年级上学期第十一课的教学内容,属于"造型·表现"的学习领域。水墨画动物具有一定的特殊性,既要抓住动物的特征,又要体现水墨画特有的韵味。用水墨画动物,可以充分发挥水墨浓、淡、干、湿的特点,让学生在体验中表现水墨的韵味,让他们的思绪在宽松的氛围中得到舒展。

二、教学目标

认知目标:

欣赏、体验、掌握水墨画动物所用的枯笔干擦与大笔泼墨的表现技法。

技能目标:

抓住动物特征,用枯笔干擦与大笔泼墨的表现形式画出动物的形体、姿态、皮毛和神气。

情感目标:

感受水墨画独特的水墨韵味美感,激发学生学习中国水墨画的兴趣和热爱祖国文化的情感。

三、教学重难点

教学重点:

学习用枯笔干擦与大笔泼墨的技法表现动物特征,感受水墨画的魅力。

教学难点:

用枯笔干擦与大笔泼墨的表现形式画出动物的形体、姿态、皮毛和神气。

四、教学准备

教师准备：

多媒体课件、国画用具。

学生准备：

生宣纸、画毡、墨盘、墨汁、毛笔、涮笔筒、动物图片。

五、教学方式、手段

1. 以欣赏动画短片导入。引领学生走进水墨的世界，充分激发学生的学习兴趣。

2. 以欣赏、比较等方式提高学生的审美能力和表现能力。

六、教学设计

（一）创设情境以视频动画导入

师：同学们，欢迎你们又来到张老师的美术课堂。老师请同学们看一段动画短片。请你边看边思考两个问题。(1) 短片中你都看到了哪些动物？ (2) 它们是用什么方法画出来的？

生：看视频。

师：视频看完啦，你看到了哪些动物？

生：……

师：它们是用什么方法画出来的？

生：水墨画。

师：今天我们也来学习用水墨的方法来画画动物。（出示课题）

（二）讲授新知

1. 师：我们来看看自然界中的动物，它们都有自己的特点，你能找到吗？老师要考考你们！

（学生欣赏动物形象。）

小游戏：把符合特点的动物拖到相应的方框内。

（学生参与游戏，找到动物特点。）

2. 师：同学们太棒啦！都能用最快的速度发现动物的特点。我国有许多著名的国画家都喜欢把动物作为他们的表现对象。我们来看一下。(欣赏画家作品)

3. 师：大师笔下的水墨动物为什么能成为传世之作？

(学生学生回答。)

师：教师总结。(1) 抓住了动物的特征。(2) 表现了水墨的韵味。

4. 师：想要画好水墨动物我们就要先掌握一定的笔法。我们一起来看一下！(视频枯笔法)

5. 师：知道了什么是枯笔，我们再来看看什么是大笔泼墨法。(播放视频)

小游戏：给不同用笔的作品进行分类，强化对用笔的记忆。

通过小游戏，大家都记住了大笔泼墨和枯笔技法。其实，在我们的作画过程中常常是把大笔泼墨和枯笔两种技法结合使用。我们来看看。

(学生欣赏作品。)

6. 教师示范：

老师也用水墨画的方式画了一只螃蟹，你们想看看吗？ (播放教师示范视频，教师旁白介绍) 老师画的螃蟹是不是既概括又简单呢！

(三) 课堂练习

同学们，今天老师也让你们带来了自己喜欢的动物照片，请一位同学来读一下作画要求：

1. 用水墨画你喜欢的动物。

2. 也可临摹或改画大师画的水墨动物。

同学们可以用大笔泼墨和枯笔结合的方式来画画你喜欢的动物。(学生作画，教师巡回指导)

(四) 作品点评

师：同学们，我们一起来看看大家的第一幅水墨画动物作品吧！老师这里有一个评价的标准，大家可以依据这个标准来评价一下自己或别人的作品。

(五) 总结、拓展延伸

同学们，这节课我们通过欣赏、做游戏学会了怎样用水墨画表现动物，你们画得都很生动。其实，我们的祖先很早就用毛笔作画了。我们一起走进美术博物馆看看。先人们用毛笔在陶器和木板上画的动物也是栩栩如生的。老师也希望同学们课下可以多尝试水墨画，将我们祖国的文化发扬光大！

七、教学反思

本课的教学对象是三年级的学生，他们对水墨、毛笔这种工具并不陌生。喜欢动物也是孩子们的天性，用画笔来表现动物是他们津津乐道的事情，这次尝试用水墨的方法来表现，更会给孩子们带来新奇的感觉。但是，如何用丰富的水墨语言表现出动物的形体、姿态、皮毛和神气，还是有一定的难度和挑战性的。

笔法学生可以很快地掌握，但是想通过一节课的时间让学生用干湿浓淡的笔墨一次性完成动物的造型是有很大难度的。所以在这点上，我觉得可以对学生的造型放宽一些，只要能抓住所表现的动物特点就可以。

在前面的欣赏的环节，我给学生找的都是著名国画家的经典之作，目的也是让学生打开眼界，虽然现在能力不及，但心向往之。同时也可以看到画家是怎样用高度概括的笔法和墨色来表现动物的。在笔法的示范和螃蟹示范环节，我采用了视频录制播放的方式。这样比现场示范效果更好更清晰，避免了教师在黑板前示范时后面的同学看不清用笔用墨的细节。

另外，我在整个教学过程中设计了两个小游戏，第一个游戏在前面找动物的特点，也是为了让学生知道观察时怎样抓住动物的特点，为他们后期的作画做铺垫。第二个游戏是在观看两个笔法视频之后，我通过小游戏让学生加深对枯笔和大笔泼墨两种笔法的理解，目的是让学生更直观地体会到笔法在绘画过程中怎样使用、怎样和所表现的动物特点结合起来。

在最后的展评环节，我对学生提出评价标准，让学生以此标准来衡量自己和他人的作品。通过他们对自己和他人的评价可以看出他们对本课的重难点还是有掌握的，只是通过一节课的时间想达到画到非常好的效果还不太可能。所以，只能建议学生课下可以多尝试用毛笔作画，以便更熟练地使用笔墨。

【造型·表现 案例7】

动物的花衣裳

一、教材分析

《动物的花衣裳》一课属于"造型·表现"学习领域，即通过观察、认识与理解线条、形状、色彩、空间、肌理等基本造型元素，运用对称、均衡、重复、节奏、对比、统一等形式原理进行造型活动,增进想象力和创新意识,同时体验造型活动的乐趣,鼓励学生敢于创新与表现。

二、教学目标

知识与技能目标:

了解不同动物斑纹的造型元素——点、线、形状、色彩等,学会表现"花衣裳"的美术语言。

过程与方法目标:

在观察与学习中展开联想,在欣赏过程中,启发想象与创造思路。

情感、态度与价值观目标:

引导学生关注动物世界的花纹美和色彩美,感受生命美。

三、教学重难点

教学重点:

运用点、线、色块表现动物的"花衣裳"。

教学难点:

如何表现出独特的、具有装饰性的花纹图案。

四、教学准备

多媒体、颜料、剪刀、固体胶、手工纸等。

五、教学设计

(一) 课前游戏——猜动物

设计意图:这一环节的设计既能调动学生的学习兴趣,又能为本课的学习内容做好铺垫,埋下伏笔。

(二) 情境导入

1. 师生问好。

2. 师:今天,动物界有一件大事情要发生!原来是一年一度的森林服装大赛要在今天召开。可是天公不作美,在小动物们去参加比赛的途中,却下起了倾盆大雨!小动物们的衣服都被淋湿了。于是小动物们来到了河边洗澡，想洗得干干净净的去参加时装秀。可是突然刮起了一阵大风，小动物们的花衣裳都不见了！没了衣裳的小动物们非常着急！不料动物们的花衣裳竟然被大风吹到了我们的课堂上！

3. 师提问：同学们，你们看，这是谁的衣服呢？（多媒体展示动物衣服的局部图案）

生：回答。

4. 师追问：你是怎么发现的？

斑马的衣服有什么特点？（板书总结——条状花纹）

长颈鹿的衣服有什么特点？（板书总结——面状花纹）

豹子的衣服有什么特点？（板书总结——点状花纹）

孔雀的衣服有什么特点？（板书总结——点、线、面相结合的花纹）

5. 师：同学们真棒！这么快就帮小动物找到了自己的花衣裳！这节课我们就一起来学习新课——动物的花衣裳。（板书课题）

设计意图：引导学生了解不同动物斑纹的造型元素——点、线条、形状等。

激趣导入：引出课题。

（三）探究新知

1. 师：找到了自己衣裳的小斑马，此时却开心不起来！因为它觉得穿着没有色彩的衣裳，即使去参加比赛也得不了冠军。它想去大森林里看一看谁的花衣裳最漂亮，它想重新设计一件花衣裳穿！

2. 师：同学们，我们跟小斑马一起去大森林里，看一看谁的花衣裳最漂亮？（多媒体展示拥有漂亮花衣裳的小动物们）

生：欣赏思考。

3. 师提问：谁来说一说：你喜欢哪个小动物的花衣裳呢？它的衣裳美在哪里呢？（板书——花纹美、色彩美）

生：发表观点。

4. 师：小斑马还是不满意，它想要一件更特别的花衣裳，它听说在大海的尽头有一个奇幻岛，那里住着许多特别的小动物……

生：欣赏观察。

设计意图：通过欣赏、观察、分析的方法，引导学生了解不同动物身上的斑纹、色彩等，解决教学重点。

5. 师：看了这么多的小动物，小斑马此时有了新的想法，它想给自己设计一件既漂亮又特别的花衣裳！那怎么样给小斑马设计花衣裳呢？下面请同学们把书打开，翻到第

21页,结合书中作品,用思维导图的方式,小组讨论:给小斑马设计花衣裳的方法。

生:小组讨论汇报设计方法。

设计意图:通过小组分析、讨论,自主探究花衣裳的制作方法,提高学生的自主探究能力。

6. 师:听了大家的汇报,小斑马已经迫不及待想要变装了!我们一起去看一看,老师给小斑马设计的花衣裳吧!(微课展示装饰方法)

7. 师:谁能总结一下老师给斑马变装的法宝有哪些?

生:点状纹、条状纹、块状纹、创意材料……

师:用思维导图的方式设计板书。

设计意图:通过微课示范讲解、思维导图板书设计,进一步解决教学重难点,激发学生的发散性思维能力。

(四)创作实践

师:其他的小动物也想重新做件花衣裳,给自己变个样!想要变装的小动物已经悄悄地来到了我们的教室,大家赶快找一找!用绘画、剪刻或者创意的形式给小动物穿上花衣裳吧!

生:创作实践。

设计意图:通过实践与创作,提高学生的造型表现与设计应用能力。

(五)展示评价

1. 师:森林服装大赛就要开始了!首先出场的是哪一个动物呢?

生:自评、互评。

(说一说:你的设计思路?你都用了哪些方法?有什么创意呢?)

2. 师:给森林动物服装大赛获奖的小设计师们颁奖——最佳配色奖、最佳花纹设计奖、最富创意奖。

师:看大家都设计得这么好,森林服装大会组委会要把我们班同学的作品收录制作成一本书,让更多的小朋友认识大家!

设计意图:提高学生的评价能力,体会成功的喜悦。

(六)课后拓展

1. 师:谢谢我们三年级三班的小小服装设计师们,今年的森林服装大赛圆满落幕了!但是大自然给人类的馈赠与启示却还在继续!你们看!

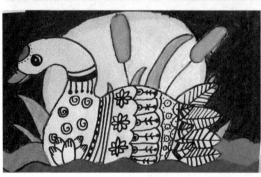

▲ 学生作品

（课件展示解放军与敌人作战时，隐藏在森林里的图片）

2. 师总结：这迷彩服可真了不起，能迷惑敌人，还能保护自己！其实迷彩服的设计灵感是来自变色龙的花衣裳！

3. 师：动物身上的斑纹还有哪些秘密？同学们课后可以把你知道或者查阅到的相关知识补充到你的思维导图中，也可以上传到乐教乐学手机APP上，分享给其他的同学！

4. 大自然的美与奥秘还有很多！请同学们课后继续去探索吧！下课！

设计意图：初步了解动物身上斑纹的作用，感受生命之美，增强学生热爱大自然的情感。

六、教学反思

本节课的教学目标如下：

1. 了解不同动物斑纹的造型元素——点、线、形状、色彩等，学会表现"花衣裳"的美术语言。

2. 在观察与学习中展开联想，在欣赏过程中，启发想象与创作思路。

3. 引导学生关注动物世界的花纹美和色彩美，感受生命美。

教学重点是：运用点、线、色块表现动物的"花衣裳"。

教学难点是：如何表现出独特的、具有装饰性的花纹图案。

本节课一共设计了两条主线，一条是动物界要展开一年一度的森林服装大赛，另一条是小斑马不满意自己的花衣裳。两条线索贯穿本节课的始终，环节之间环环相扣，自然连贯，体现出知识之间的生成。每个环节之间有相应的重点，在游戏、故事与活动中，解决了本节课的重难点。

在课前游戏环节，我设计了猜猜我是谁的猜谜游戏。让同学们在愉快的游戏环节中，激发起对本节课的兴趣，又为本节课的学习内容做好铺垫，埋下伏笔。上课之后，以一年一度的森林服装大赛展开，情景引入小动物一系列跌宕起伏的遭遇，从而引导学生在找衣裳的过程中，了解到不同动物身上的造型元素。以小斑马不喜欢自己的花衣裳，从而展开寻找特别的花衣裳的故事，通过欣赏、观察、分析的方法，引导学生了解不同动物身上的色彩美、花纹美、个性美等，轻松地解决了教学难点。接着，小斑马看了这么多的小动物，此时，它想给自己设计一件花衣裳，怎么设计呢？问题抛给学生，引发学生的思考。学生通过看书中作品、小组讨论、思维导图等形式，为小斑马出主意，大胆发挥想象。之后，老师通过微课给同学们展示老师是如何给小斑马设计花衣裳的。学生通过自主探究及教师的微课引导，先思后学，轻松地掌握了给动物设计花衣裳的方法。

通过创作实践、展示评价环节，提高了学生的造型表现能力和欣赏评价能力。通过课后拓展环节，引发学生对动物身上斑纹作用及对大自然更多奥秘的探索。

总之，本节课围绕森林服装大赛，通过动物找衣裳、看衣裳、换衣裳等环节，各个环节之间，处理得环环相扣，又水到渠成。

本节课的亮点：

思维导图在教学中的应用。

（一）教师

利用思维导图的板书，帮助学生厘清本节课的重难点。

（二）学生

1. 课前通过思维导图对本节课进行预习，明确问题。

2. 课上，同学们用思维导图进行小组探讨：你想给小斑马设计一件什么样子的花衣裳？

有的学生说："我想给小斑马设计一件彩虹颜色的衣裳。"有的同学说："我想给它的身体加上星空的花纹。"有的同学说："我觉得我同桌的衣服挺漂亮，是带字母的，我想给小斑马设计一件带字母的花衣裳……"学生通过思维导图的方式，很好地拓展了发散思维能力，开发了学生的想象力。

3. 课后学生通过思维导图对本节课进行复习，继续拓展动物花衣裳的秘密以及大自然的奥秘，通过乐教乐学云平台分享给更多的同学。

本节课的不足：

评价环节有些仓促，好多同学的作品想评价，想介绍，由于时间原因没有机会进行表达，以后要更加注意时间的分配。对学生的评价语言可以更生动到位。

【造型·表现 案例8】

儿歌与童话

一、教材分析

本课属于"造型·表现"的学习领域。难忘的童话故事，动人的儿歌节拍，伴随着孩子成长的每一天，它们是孩子成长过程中不可缺少的精神食粮。本课旨在让学生了解文学与美术两种艺术形式之间的联系，通过学习创作出属于自己的童话绘本。儿歌是儿童自己的诗歌，它丰富多彩、富有童趣的内容，短小浅白、朗朗上口的艺术形式，特别适合童年阶段的孩子。而童话是通过奇特的幻想和有创意的夸张编写而成，它想象丰富、意境优美、故事生动、语言朴素,也深受世界儿童的热爱。它不仅教育孩子,引起他们的美丽想象,陶冶情操,也启迪人们深思。因此,为儿歌、童话配画能使学生更好地实现对情与美的理解,开辟了一个新的教学环境。

二、教学目标

知识与技能目标:

通过欣赏,使学生了解文学与艺术之间的联系。

过程与方法目标:

用学到的童话故事创作方法和艺术的表现手法来创作童话故事插画。

情感、态度与价值观目标:

培养学生对童话故事配画的绘画兴趣,激发学生的创作欲望及艺术情感。

三、教学重难点

教学重点:

了解童话故事的创作过程,学习童话故事插画的特点。

教学难点:

运用童话故事创作的特点以及童话故事插画的方法来创作一个属于自己的童话故事。

四、教学设计

(一) 儿歌激趣,揭示课题

师:我来念一首儿歌给大家听:"小老鼠,上灯台……"对,这是一首我们非常熟悉的儿歌。(出示板书:儿歌) 儿歌不但能念还能唱呢,你们都会唱吗? 给你们配上有趣的画面,一起来唱一下,好吗? (放音乐,生唱,师生拍手打节拍)

师:唱得真好。从小,老师最喜欢听的就是儿歌了,最喜欢看的是童话。(板书:儿歌和童话)

设计意图:读书是学生的兴趣爱好,老师的兴趣和学生一样,也爱看童话故事,学生会觉得跟老师有一种亲近的感觉。这里让学生猜老师最喜欢哪一个童话故事,拉近师生的距离。出示两本关于《白雪公主》的童话故事,让学生选择更喜欢哪一本,有插图的故事更加吸引人,自然就引出课题。

（二）看图猜题，初步了解

1. 说到童话故事，老师相信你们一定也看了不少，我这里有很多童话故事里的插画，你看看图能猜到它是什么故事吗？

2. 游戏——看图猜故事。

①《丑小鸭》：丑小鸭变成了美丽的白天鹅，告诉我们是金子总是会发光的。

②《三只小猪》：童话里的三只小猪聪明可爱，告诉我们团结就是力量。

③《卖火柴的小女孩》：告诉我们要珍惜幸福的生活。

④《海的女儿》：这个故事让我们看到了美人鱼的善良，懂得真正的爱是一种无私的奉献。

⑤《小红帽》：这个故事告诉我们，不可以轻易地相信别人。

⑥《皇帝的新装》：皇帝穿上这件新装，还在得意地照镜子，你觉得怎么样？那个荒唐的皇帝最终在孩子的真话中丑态毕露，这个故事告诉我们谎言和假象总有被揭穿的一刻。

设计意图：看图猜故事，让学生通过游戏了解到好的童话故事是可以给人启示，让人受益的，为下面的环节打下基础。

（三）总结提炼，定义童话

太了不起了，看得出，这些故事你们都很熟悉。作家在创作童话故事就像是在盖一个宝塔，必须要有幻想和想象的能力，这是故事好看的源泉。

设计意图：在交流中，培养了儿童的感知能力、总结能力，也提升了儿童审美素养，让他们懂得了文学和艺术之间的联系，为童话的插画埋下伏笔。

（四）拓展延伸，再次感受

小朋友喜欢童话，因为那是个奇幻的世界，就连设计师也喜欢。他们把童话中的画面设计在生活中，让我们的生活也像个童话世界。不信，我们来瞧一下。

（五）欣赏画作，突破难点

生活中的这些设计让我们发现，童话故事不但好听，还非常好看。那么，童话故事又是怎样被画家画出来的呢？他们又有哪些好的创作方法值得我们借鉴的呢？

（六）作业展示

把学生创作的作业都贴在绘本上，集体完成童话故事。

说一说从故事中明白了什么道理?

不经历风雨就不能成长,妮妮就是经过了一番奇遇之后变得勇敢和坚强的。我们的童话故事创作得真不错,不但有好的画面,更能让人明白一个道理,你们真的很棒。

结束语:在我们大家的努力下,创作了一本有图有字的童话故事,是不是很有意思?下节课我们再来画画诗歌好吗?

设计意图:把每个孩子的单幅作业贴在一本本子上,就是一本完整的童话。通过这样的形式让学生能体验到童话创作的乐趣,能从自己的故事中得到启示,也让整个童话从故事的创编到插画的完成变得完整。这也是这节课的亮点所在,不仅仅是简单的学习,更是完整的体验。对孩子来说,这样的感受是弥足珍贵的。

五、教学反思

童话和儿歌是伴随孩子成长过程中不可缺少的精神食粮。本课有选择地选取童话故事的创编来进行教学,特别适合童年阶段的孩子。让孩子通过学习了解文学与美术两种艺术形式的之间的联系。

好的童话创作不仅能教育孩子,引起他们的美丽想象,陶冶情操,也启迪人们深思。因此,本课侧重让每个孩子都能发挥自己的想象,实现对情与美的理解,创设一个新的教学环境。

最精彩之处是学生单一的个体作业,最后连在一起就变成了一本完整的童话故事绘本,使课堂上学到的知识得到充分的运用。孩子们也通过故事的创编,完成了一整套从文字到画面到形成整个故事的学习,为以后他们对童话的创编打下了基础。这一课看似简单却能让孩子收获很多。

【设计·应用 案例1】

漂亮的瓶子

一、教材分析

《漂亮的瓶子》一课属于"设计·应用"领域。瓶子的美各具风韵,有的端庄秀美,有的古朴厚重,有的精美绝伦,有的巧夺天工。本课选取瓶子作为载体,旨在引导学生感受生活中瓶子的千姿百态及中外陶瓷艺术品的精美,引领学生发现、了解陶瓷瓶子所蕴含的器型之美、纹饰之美和釉色之美。

二、教学目标

1. 通过体验、探究等学习活动，引导学生初步感受传统陶瓷文化的艺术魅力，了解瓶子对称的造型特点，掌握对白剪的基本方法。运用折、剪、画、贴等多种技法，创作一个大小合适、造型好看的瓶子，并能进行创造性的美化和装饰。

2. 培养学生对折剪瓶子和装饰美化的能力，提高学生创新表现、动手实践、观察生活、审美感知的能力。

3. 激发学生对美术学习活动的兴趣、对传统文化的认同和热爱之情，体验创造成功的快乐，能够运用自制的瓶子作品美化生活环境。

三、教学重难点

教学重点：

感受瓶子背后蕴含的文化，了解瓶子对折剪的基本方法及简单的纹饰设计。

教学难点：

剪对称形的瓶子时，如何使瓶子的大小合适、外形美观，给人美的享受。

四、教学方法

情境教学法，课堂演示法，讨论交流法。

五、教学设计

（一）魔术导入

1. 上课之前，老师想邀请同学来变一个神奇的魔术，想看吗？（生：想）瞪大眼睛我们一起来看，谁愿意来？（教师与学生演示：蜡染法）见证奇迹的时候来临了！

2. 没想到我们班还有一位神奇的大魔术师啊，大家看，这幅画画的是什么呢？（生：瓶子）

揭示课题：《瓶子》

3. 这个瓶子漂亮吗？大家想不想动手制作一个漂亮的瓶子呢？

板书课题：漂亮的瓶子。

设计意图：用游戏的方式调动学生想象力，引出课题，激发学生探究表现的热情，让学生初步感知瓶子的造型，激发学生的学习兴趣。

（二）初步分析，了解特点

1. 从古至今，世界各地的人们就喜欢制作各种各样的瓶子，它们不仅实用，而且非常精美，有的甚至还成了世界艺术珍品，特别是我国景德镇出产的瓷瓶尤为出名，我们一起来看看吧！（教师展示课件）

欣赏青花瓷（元代）。

师：画的是什么内容？由哪两种颜色组成？（生：花、蓝白色组成）

2. 欣赏古希腊陶瓶（公元前6世纪）。

师：古希腊陶瓶上有些颜色？上面画了很多故事，这些故事画在了瓶子的什么位置？瓶子的其他位置又装饰了什么？（生：中心，美术的图案）

3. 欣赏五彩镂空云凤瓶（明代）。

师：五彩镂空云凤瓶上有哪些颜色？瓶子的腹部画了什么纹样？（生：五颜六色，凤凰）

孩子们，你们发现了吗？如果把这些瓶子从中间分开两半，瓶子左右边的外形是什么样的？（生：相等，一样，对称）跟老师再来看看下面这些漂亮的瓶子！

设计意图：通过学生讨论后了解瓶子的轮廓造型和装饰图案特征，再通过欣赏，加深学生的表象积累。

（三）讨论分析，探究实践

1. 对比欣赏（播放欣赏瓶子视频）。

师：现在你能将欣赏过的瓶子进行分类吗？为什么这样分类呢？说说这些瓶子的左右外形有什么特点？（生：左半边一部分，右半边一部分，因为有的对称有的不对称）

师：瓶子的左右外形相等或相称这就是图形对称啦！

2. 瓶子的各部分名称。

你能说说这些瓶子一般都由哪几部分组成吗？（生：瓶口、瓶身、瓶底）

3. 师：孩子们，你们想不想制作一个漂亮的瓶子？我们比一比，看看谁能利用刚刚老师讲的瓶子对称与主要组成部分的特点，用最快的速度，剪出一个最大最完整的瓶子？（生：想）（学生到黑板前面演示剪瓶子）

如何制作一个漂亮的瓶子呢？

第一步：竖着对折（注：要"顶天立地"地剪才能剪得更大）。

第二步：勾画轮廓（注：在开口处还是折线处画轮廓；打开教材示意图）。

第三步：细心裁剪（注意用剪安全；充分利用材料，有环保意识）。

第四步：添加装饰（教师展示学生范画）。

设计意图：这一环节主要是让学生在实践中发现问题，解决问题，培养他们的反思能力，引导着他们主动地进行探究。学生制作之前强调用剪安全，培养学生充分利用材料的意识。让学生了解花瓶的装饰方法，丰富他们的艺术感受。同时借鉴同龄人的经验，增强表现的信心。激发学生的表现欲望，培养学生的"求异"思维。

（四）愉快表现，鼓励创新

1. 师：瓶子的制作方法你学会了吗？老师有一个特别的爱好就是收集各种各样的瓶子，然后珍藏起来，你们想不想把作品珍藏在"珍品小屋"中？那就赶紧制作一个漂亮的瓶子吧！

（鼓励学生大胆表现，创新设计）

2. 学生作画，师巡视指导。

（教师随机展示有闪光点、有创新的瓶子）

设计意图：这一环节的设计，使学生充分体验到了成功的快乐，满足了他们渴望被肯定、被欣赏的欲望。而随机的采访也给了学生表达自己想法的空间，让学生在课堂中敢说，敢想，敢于表现自我。

（五）展示评价

1. 学生把剪画好的瓶子展示在黑板上。

2. 师扮演记者，采访"观众"。

（六）课堂延伸，拓展创新

1. 师：老师这里也有一些漂亮的瓶子，看看它们是用什么材料做出来的？（生：花瓣、餐巾纸、废报纸、纸板、气球等）

（不同材质立体花瓶、古希腊立体造型……）

2. 师：你们还能用更奇妙的材料和方法来制作漂亮的瓶子吗？课后，请你来试一试，下次课堂上我们一起来欣赏。

设计意图：拓宽学生的思维，为学生提供更宽的创作空间，引导学生开展课外探究活动。享受成功的喜悦，学生用自己创作的瓶子装饰美化生活。

（七）小结

孩子们，你们用明亮的双眼发现了身边的美，用灵巧的双手创造了美，老师希望你们带着今天所学的知识走出课堂，制作出更多、更美、更有趣的作品，来丰富我们的生活，美化我们的家园，好吗？

六、教学反思

一年级美术教材中《漂亮的瓶子》是一节工艺兼绘画课,这节课的教学目的是通过欣赏与感受各种各样的瓶子,了解瓶子艺术的造型特点及其美化方法。掌握瓶子对称特点的折剪方法,能较顺利地剪出一个大小合适、造型好看的瓶子,并能进行美化与装饰。通过折折、剪剪、画画、玩玩,提高学生的动手能力,培养学生对美术活动的兴趣,体验创造成功的乐趣。确定了课题之后,我就开始着手准备,在一番努力后,我制作出了精美的课件,撰写了详细的教案。但是第一次的试课并不理想,在讲课的过程中出现了很多小失误,我一遍一遍地整理思路,甚至细化到每一个课程的细微环节,并进行了《漂亮的瓶子》的教学反思:

1. 魔术导入部分有新奇度,但教师和学生的配合不够默契,学生和教师把魔术作品全部遮挡了。

2. 课件中出示的瓶子图片太多,抓不到课堂重点,耽误了授课时间。

3. 课件制作不是非常精致。

4. 课中"对称"的教学重点抓得不够牢,以至于学生在制作的过程中没有掌握对称形特点进行裁剪造型。

5. 瓶子的组成部分讲解不够清晰,导致学生的作品有的瓶子没有底。

6. 许多的授课细节不太注意,比如说授课的教具没有准备齐全,课堂上教师比较忙乱,学生评作品时在座位上,最好到讲台前等。

7. 最后的课堂结语应声情并茂,说得过多。

8. 作品展示环节最好设计一个造型平台。

我对教案进行了修改,导入时尽量让学生看到作品,删掉了课件中的部分图片,只保留了几张能代表造型奇特、花纹奇异的瓶子图片,并重新制作了课件加入了动画等效果,尤其是在讲授对称形时进行了适当的取舍和调整并加入了学生的"对称"瓶子和"非对称"瓶子的区别分类环节,加强学生对教学重点的学习。我还将漂亮瓶子的制作步骤进行了梳理,如何制作一个漂亮的瓶子呢? 第一步:竖着对折(注:要"顶天立地"地剪才能剪得更大),第二步:勾画轮廓(注:在开口处还是折线处画轮廓;找教材上的示意图),第三步:细心裁剪(注意用剪安全;充分利用材料,有环保意识),第四步:添加装饰(教师展示学生范画)。这一关键的部分由教师面向全体学生进行讲解,进一步深化了教学重点和难点。

这次课堂教学比较完整,从导入到讲授、学生制作、展评各个教学环节的时间安排比较合适。师生互动、交流,充分体现了学生的自主探究。学生对利用瓶子对称特点的折剪方法基本掌握。

针对这次课我进行了深深的反思，结合美术学科特点和一年级学生的学习心理进行精心设计，由浅入深地引导和鼓励学生大胆表现与众不同的瓶子。教学中巧妙地将对称图形和瓶子设计结合起来，让孩子们更好地理解"对称"的含义。用不同的图案形式设计范例来引导学生自主地观察、思考、比较、判断，培养他们的审美品位和发现美的眼睛。在轻松活泼、和谐互动、探究创新的开放情景活动中，学生乐于尝试，充分利用点、线、面来编织自己的梦想，既学习了美术的知识和技能，获得了丰富多彩的体验，也品尝到了美术活动的乐趣，身心得到舒展，情感得到释放。我发现自己的课堂教学能力又更进了一步，同时我也发现在活动中也有一些问题，一些孩子"眼高手低"，尽管他们很有想象力，但不能很到位地表现出来，学生造型时虽然表现出一些生动的趣味性，但随意的表现使画面有些凌乱，缺少整体上的美感，在辅导时需加强这方面的训练力度以锻炼他们的手脑协调能力。并且我自身还存在很多问题，比如对课堂节奏的把握还是不够紧凑，不够收放自如。针对自己的不足，我会更加努力地加强业务学习，更新教学理念，积累更丰富的教学经验，在自己的教学道路上扎实前行。

一年级学生对瓶子的认识仅局限在自己生活经验和日常的积累上，但这些经验又往往是零散的知识，并不能有效地指导学生创作，教学中挖掘学生生活中的经验和记忆，使学生由内心对瓶子的认识，由点到面逐渐扩散，实物和媒体给他们带来更多的视觉体验。在展示了"半立体花瓣装饰画"和"立体花瓶"之后，再由面引回到点，重点对自己范例的瓶子进行讨论，引导学生对瓶子的外形特征和装饰纹样进行思考，孩子们表现出了浓厚的兴趣，因为他们在用自己喜欢的形式表现自己熟悉、感兴趣的题材，也许孩子天生都是艺术家，他们剪出了一个个具体生动的瓶子，并从中获得了极大的快乐和满足。最后的作品展示五彩缤纷，在欣赏这些可爱、有趣、多样的装饰瓶子之时，我感觉到了随处飘洒的艺术气息。大自然的五彩斑斓涉及于点、线、面的元素，我们创作的源泉从简单的一点、一线、一叶、一蝶开始，给我们清新、独特的视觉享受，通过这次教学，我更清楚地认识到这种源于生活的美是最真实具体的，孩子们很容易理解和接受。让学生快乐学习是我课堂教学的目标。让学生感受到美术就在我们身边，美无处不在，是生活中不可缺少的一部分，使美术成为他们表达心声的一种手段，感受到学习美术的乐趣，而获得对学习美术的持久兴趣，使学习美术成为一种自觉意识。我们用多种多样的教学方法，使学生愿意学，自主积极地学习，轻松愉快地学习，这是新课程改革所倡导的，我们努力着！

在不知不觉中，我的视线延伸了，我的视野拓宽了，我的教育视点也由此提升了。我深深地体会到了我们的生活是忙碌的但绝不枯燥，工作是紧张的但绝不乏味。只有在努力进取中才能发展,成功其实就是自己在打磨自己,自己在超越自己,使自己成长的道路上多一份志向、多一份精神、多一份素养、多一份品性,向"完美老师"拼搏努力。

【设计·应用 案例2】

画背景

一、教材分析

《画背景》几乎是美术课每节课都要面临的问题,而学生对背景的定义、种类、作用以及绘制方法并没有做到真正的了解,只是笼统地认为只要添加地平线区分出天空和地面再加点其他景物等就可以了。实际上背景有严格的定义、作用和绘制方法,也就是说从技法上分出好多种,例如:平涂,黑白彩色对比,线描和色彩对比,渐变,招贴广告,装饰等不同种类。本节课主要以平涂背景、渐变背景、环境背景、装饰性背景为例分别介绍四种不同的方法,让学生确切知道每种背景的名称和设计思路。

二、教学目标

知识目标:

通过学习背景的定义、背景的方法,使学生学会什么是背景、设计背景的方法以及背景在生活中的应用。

技能目标:

在美术技法上使学生学会如何添加设计背景,学会四种技法以及构图知识。

情感目标:

通过学习背景在生活中的应用,培养学生热爱祖国、热爱家乡、热爱大自然的情感。

三、教学重难点

教学重点:学会四种设计背景的技法。

教学难点:如何设计环境背景和装饰背景。

四、核心素养与价值观

核心素养:设计能力的提高和思维能力训练,爱国主义情感的培养。

价值观:审美素质的培养,文明,爱国。

五、教学准备

希沃白板，教学课件，马克笔，油画棒，彩铅，A4纸，各种主体物图片。

六、教学设计

（一）激趣导入

1. 出示图片，师提问："同学们，老师想考考大家的观察力，请大家观察以下这几张图片，看看它们都缺少了什么？"

生回答："都缺少了背景。"

2. 出示图片，师："对，画面中只有主体物，没有背景，那么今天老师就带领大家学习如何为画面添加背景"——出示课题《添加背景》。

（二）新授

确定背景的定义：

1. 出示背景，师提问："平时我们画画时也添加背景，但是不知道背景的种类以及画法，那么到底什么是背景呢？你又认为什么是背景呢？"

2. 出示图片，老师小结："出示定义：背景是指适用于不同场景，起到烘托和陪衬作用的图形或景物。"

3. 出示图片，师提问："我们平时画画，一般情况下你习惯用什么背景呢？"

生回答："用渐变，用地平线，彩虹等。"

确定画背景的方法：

1. 师讲解："绘制背景的方法有好多种，今天我们来学习以下这几种方法。"

2. 出示图片，师："请大家看这三幅画面，在技法上几乎就是平涂，没有什么层次感，我们大家都会，也是最常用的方法，所以我们把它叫作平涂背景。"这是第一种方法。

3. 出示图片，师：大家看看这幅画画的是美丽的冬景，它的天空是用哪种方法涂的呢？

生回答："是用渐变的方法。"

师：是的，我们把这种方法叫作渐变背景，这是第二种方法。

4. 出示图片，师：请大家看这只小鸭子在欢快地游泳，背景是小池塘，远处还有花草树木，这就是小鸭子生活的环境，我们把它叫作环境背景。这是第三种背景。

5. 出示图片，师：大家说这幅画的主体物是什么？对，是香蕉。后面有好多彩色的条纹和彩色的方块，这种有花纹或者图案的背景我们把它叫作装饰性背景。

（在这里老师强调一下什么是装饰性图案，装饰性背景是怎么组成的。出示图片，装饰性图案是由点、线、面、图案或者纹样组成的）

确定背景的作用：

出示图片，师提问："我们为画面添加背景具有什么作用呢？"

生回答：……

出示图片，师：背景的作用——能够使画面更加生动丰富、饱满充实。

巩固练习：

1. 出示图片，师：小练习——考考你的眼力："谁能用最快的速度说出下面这些画面属于哪种背景？"（用擦除法宣布答案）

2. 出示图片，师：小测试——你想为下图设计什么样的背景？出示一个漂亮的瓶子。

出示老师设计的背景。图1：老师把它想象成一个漂流瓶，为它添加了海水、沙滩、海星、贝壳等景物。图2：老师想到了圆形构图更好一些，而且黑色更能突出画面的视觉感，黑色跟红色形成了鲜明的对比。图3：走来了一只兴致勃勃的长颈鹿，老师为它添加了一只跟它对话的小兔子和漂亮的果树林。

（三）4种不同的演示方法

1. 视频演示如何画背景。

2. 同一种主体物搭配不同的背景。

3. 把开篇的无背景主体物搭配上背景。

4. 教师亲自演示如何画背景。

(1) 出示视频让学生观看怎样快速地画出背景。

(2) 出示图片，其实，同一种主体物搭配上不同的背景就会出现不同的效果。

(3) 把开篇出示的五幅画，添加上背景。

第一幅：水果组合，老师搭配了一个古朴而典雅的小花布。

第二幅：老师让小松鼠蹲在草地上开心地吃着松子。

第三幅：这两位小兄弟在干什么呢？老师让他俩在明亮的月光下看着天上的星星，说着心里的悄悄话。

第四幅：嘿！我来啦，我要带着我的小兔子去秋天的树林里旅行。

第五幅：这只高傲的独角兽，老师为它搭配上了典雅的装饰性的背景。

(4) 教师亲自演示如何画背景。

（四）欣赏美图，开阔视野

1. 看看艺术大师是怎样添加背景的：

荷兰画家梵高对色彩有着疯狂的热爱，这是他眼里金色的向日葵和璀璨的星空。

日本动画家宫崎骏的画充满了幸福和浪漫的色彩，他的动画被称为"能够治愈成年人心理问题的良药"。

2. 再来看看小朋友们是怎样画背景的。（展示学生作品）

（五）布置作业

请你根据老师提供的主体物，用喜欢的方式添画适当的背景。

绘画要求：构图饱满，颜色适当，灵活多变，富有创新。

（六）巡视辅导

出示各种图片欣赏，伴随着美妙的音乐，指出优缺点以及共性问题。

（七）评价总结，自我评价和老师评价

（八）课后拓展

1. 还有好多画背景的方法，出示图片。（主体物是黑白的，背景是彩色的，形成对比的背景，有主题的背景，还有的画面已经很完美，无须添加背景等）

2. 背景在生活中的应用：站台上的灯箱广告、婚纱影楼背景布置、美食摄影、酒店装修、家庭装修。还有大型晚会舞台背景（出示视频）。

（九）结束语

同学们，你们就是国家的未来，国家的振兴就靠你们来实现，希望你们长大后能为自己设计出人生美好的蓝图，为我们伟大的祖国设计出更加繁荣昌盛的蓝图，为祖国做出更大的贡献！

七、教学反思

从我执教这么多年的经验来看，学生对待每一幅画的认知程度是不一样的，低年级只能画一些简单的平涂之类的背景，少数同学能想到用渐变的方法去表现画面；中年级常常用到渐变和搭配相应环境来作为背景，而很少想到装饰性背景；高年级对于绘画技法相对成熟稳重些，但对于有创意的、具有突破性的背景还是不够了解及应用，这就对以后的发散思维和创作造成了限制和影响，从而我想到了一个任何年级都可以上，同时具有激发潜能和创作才能的题材——《画背景》。从选材上针对性强，实用性强，低、中、高年级都很好掌握。每个年级都可以学到严格的定义、作用和方法，每个年级根据自己的程度画出不同难度的背景，个别悟性强的学生甚至可以画出意想不到的背景，达到事半功倍的效果。

从美术教学三个维度出发，解决教学重难点和情感、态度与价值观：

1. 知识与技能

本课的知识点是背景的定义、作用。在上课时出示定义，打破学生固有的概念，强调起到陪衬和烘托作用的图形和景物；添加背景的作用是使画面生动丰富、饱满充实。美术课不仅要学会标准的美术用语，更重要的是对美术技法的掌握和学习，平时最常见的也是最常用的就是平涂，然后经过老师提醒用到渐变，这样更增加艺术性。我平时在低年级教学中就总是提醒学生用渐变，否则在他们固有的概念中就是平涂。这节课就是在前两种的基础上交代了环境背景和装饰性背景，尤其是装饰性背景，对于学生来说就像做数学题中的拔高题，通过出示点、线、面、花纹和图样等图片进一步引导学生进行创作。

2. 过程与方法

本课我的想法是出示多种图片和视频，通过视觉和听觉的感受引起学生兴趣，一切从学生的角度出发，设计问题，设计小练习、小测试，目的是增强学生积极思考，反复练习加深记忆。例如我在讲完其中方法的时候接下来就出示小练习，让学生辨别四种绘画方法画出的背景，紧接着又出示小测验，让学生为主体物设计适合的背景，引发学生积极讨论，大胆发言。在视频中演示的是万能背景，而且速度很快，让学生对背景的设计没有恐惧感，降低难度，这样在他们自己动手设计时能快一些入手。对于"拔高题"也就是装饰性背景的讲解和出示也为那些平时画画基础好的孩子打开思路，那些圆形的构图在他们的思维模式中占有一席之地，等到画的时候能够充分发挥。

3. 情感、态度与价值观

本课的目的不仅仅是教会学生技法，教会构图，教会利用空间，更重要的是完成一个拓展和升华。在课后拓展的时候我出示了好多场景，有灯箱广告、大型牌匾、酒店装修、家庭装修、婚纱影楼、食品摄影、影视剧的海报等，还讲解了其他的背景，在最后还特意出示了一段视频，大型文艺晚会的舞台背景设计。目的就是拓宽学生的视野，陶冶情操，启迪智慧，让他们知道生活中还有好多种背景，最重要的是让学生学会了设计背景不仅要设计自己人生美好的蓝图，更重要的是为祖国设计美好的、伟大的蓝图，去建设我们的祖国！从而达到情感、态度和价值观的和谐统一。

当然，教学也有些许不足和需要改进的地方：在语言的运用上还要更加亲切一些、规范一些，例如提问时要多用到"这位同学""请""孩子"等尊称和礼貌用语；在引导过程中多注重儿童的天性，注重画面的故事性、不同性、展开度等，在评价用语上再规范些，另外在白板的使用和功能的开发上再多下功夫，才能达到完美无缺。

【设计·应用 案例3】
端午节（主题课程）

一、教材分析

本课集欣赏、制作、游戏、知识于一体，通过儿歌、实景图片再现了人们过端午节时的热闹气氛，同时展示了多幅题材不同、表现手法不同的学生作品。

二、教学目标

知识与技能目标：

了解端午节由来与相关的习俗，感知中国民间传统节日的魅力，做中华文化的传承人。

过程与方法目标：

通过猜谜语、欣赏图片、观看视频，自己动手试着折纸，培养了学生的解决问题能力和动手操作能力。

情感、态度与价值观目标：

能过运用绘画、粘贴、手工等形式自主表达对端午的记忆和感受，达到培养学生热爱中国传统民族文化的感情。

三、教学重难点

教学重点：

培养学生用不同的方法制作自己喜欢的香包。

教学难点：

用纸来折叠立体造型，折出六面体。

四、教学准备

1. 收集有关端午节的习俗。

2. 双面胶、彩笔、彩色卡纸、剪刀等。

五、教学设计

(一) 谜语导入

1. 出示谜语,同学们喜欢猜谜语吗? 谁来给大家读一读?

2. 揭示课题:什么节日吃粽子呢? (端午节) 今天我们就一起走进第12课《端午节》去感受传统文化的魅力。

3. 播放视频:端午节的由来。

4. 提问:端午节是在哪一天? 还叫什么名字? 端午节是为了纪念谁?

5. 端午节习俗。

看了视频后,上节课让同学们回去收集有关端午节的习俗,同学们都收集了吗? 汇报一下。

(二) 方法学习

1. 欣赏香包。

为了帮你们找到设计灵感,老师为你们准备了一些漂亮的香包图片,你们仔细观察一下,提问:这些香包用什么材料做的? 有哪些不同?

2. 展示纸香包实物,请你仔细观察:

纸香包有几个面? (找学生上前数一数) 是由六个大小相同的三角形组成的。

3. 请学生拆香包,提问:拆开后是什么形状? 纸条上装饰的图案有什么特点?

4. 播放视频:折纸香包。

5. 教师示范折叠纸香包:(对角线折法比较简单容易)

(1) 剪掉尾端多余三角形,将靠近尾端的六个小三角形进行装饰后,沿折叠线朝箭头方向折叠,包折成六面体。

(2) 利用前四个三角形折成小的三角锥体,继续朝箭头方向折叠。

(3) 将尾端的三角形插入棱角的缝隙里,或把多余部分剪掉也可以,折叠成香包。

6. 讨论装饰方法:将尾端的六个三角形进行装饰。

7. 欣赏学生作品 (收集纸质学生作品)。

(三) 学生作业

作业要求:尝试做一个漂亮的纸香包,做到棱角分明,色彩鲜艳。

（四）评价展示

1. 收集学生作品，悬挂在铁丝架上。

2. 评价作品。

（五）知识拓展

布置试着用其他材料制作香包，装入自己喜欢的香料，端午节送给亲朋好友。

六、教学反思

《端午节》这节课，应重视传统文化教育，将学生自主学习放在首位。教学设计符合学生学习实际。

教师要帮助学生架设生活与教材的桥梁，激发学生的情感体验并参与其中，推动学生深入地了解传统文化，因此设计了如下教学程序：

1. 情境导入

谜语是孩子们非常喜欢的活动，教师创设线索答题环节，让学生通过教师的谜语把学生带入情境，通过这一环节激发了学生了解传统文化的学习兴趣。

2. 揭示课题

通过跟学生的交流，自然地引出本课课题《端午节》及端午香包这一教学内容。

3. 走近屈原

屈原是中国历史上第一位伟大的爱国诗人，通过提问交流法让学生说一说对屈原的了解，抒发情感，教师适时播放沙画作品——《端午节》，引导学生进一步了解端午节的知识。并提出要求——请同学们观看视频，了解端午节习俗。让学生学会有目的地学习。

4. 探究方法

通过学生观察分析香包实物，进行体验式的学习活动，引导学生感受端午香包的图案特点，拆开后的香包的形状和香包的配件，尝试香包的折叠方法。培养学生的自主探究能力和小组合作交流能力。让学生在体验活动中感受中国传统文化的魅力，理解端午香包象征着屈原的品德节操将馨香溢世、流芳千古的深刻内涵。

5. 教师示范

为了帮助在自学中有困难的学生，通过师生互动，进行直观的演示，对知识点进行巩固，这一环节解决了本课的难点问题。

6. 学生创作

宋代诗人陆游告诫后人——纸上得来终觉浅，绝知此事要躬行。学生只有通过亲身实践才能真正地掌握知识。在这一环节中，我创设了"共度端午"的教学情境，邀请学生以小组合作的方式制作香包，设计符合主题的香包图案。引导学生理解艺术来源于生活，艺术高于生活、服务于生活的道理。

7. "共度端午"展示评价

小组成员将自己设计制作的端午香包挂在展示板上，根据新课标理念，采用自评、互评和师评相结合的方法，培养学生的表达能力、审美能力，认识端午节深厚的文化内涵和历史价值，树立学生的民族自豪感。

8. 拓展延伸

屈原热爱祖国热爱人民、坚持真理、宁死不屈的精神和他"可与日月争光"的巍巍人格，千百年来感召和哺育着无数中华儿女，很多艺术家都以屈原为题材进行艺术创作。引导学生欣赏中国画作品《屈原泽畔行吟图》，走进屈原的灵魂深处，感受艺术作品的独特魅力！通过这一环节引导学生学习屈原的爱国、为民、求真、向善的精神，鼓励学生继承和发扬我们的传统文化！通过以上环节，我引领学生完成了本课教学。

不足之处：本课学生的难点在于理解传统文化和粽子的制作方法，在教学中，由于时间关系，还不能够关注到每一位同学，是本节课的遗憾。

【设计·应用 案例4】
非遗银花（创编课程）

一、教材分析

《非遗银花》作为一节创编课程，从尊重中国传统文化出发，将非物质文化遗产——苗族银饰，引入课堂教学。苗族银饰特有的魅力，使本课教学具有一定的吸引力，极容易激发和调动学生的学习兴趣。这也是创编课程的优势所在。

二、教学目标

知识与技能目标：

让学生认识和了解少数民族服饰及饰品文化特点，激发学生学习兴趣。

过程与方法目标：

增长学生关于民族服饰、装束设计方面的知识。使学生能大胆地运用材料进行饰品的创作，掌握简单的饰品造型和制作方法，提高学生的表现能力。

情感、态度与价值观目标：

培养学生热爱祖国文化和传承民族手工艺的情怀。

三、教学重难点

教学重点：

设计一件具有苗族文化特色的银饰品。

教学难点：

学习苗族银饰的造型特点，提高表现能力、动手能力和应用能力。

四、教学准备

教师教学范作、苗族饰品图片、知识卡、相关视频资料。

五、教学设计

（一）情景导入

师：欢迎同学们登上梦想列车，参加本期的梦想体验。

皮皮：哎……姐姐！等一等。你怎么不做老师当起主持人啦？

师：皮皮你看，2021年由于疫情的原因，我和孩子们都选择居家不出门。现在疫情终于平稳了，我们决定放下画笔来一场说走就走的梦想之旅！

皮皮：这个主意可真棒，跟我走吧！我的家乡山美、水美、人更美。

师：同学们！你们说咱们要跟皮皮去吗？

生：去！

皮皮：好嘞！我来给大家当导游！向梦想之旅第一站出发吧！

设计意图：以人偶对话情景创设为主线，利用梦想列车贯穿全课。从梦想起航开始引入本课教学内容。

（二）梦想列车第一站——走进大美苗家

皮皮：同学们，我的家乡人口主要分布在我国的7个省份，其中位于贵州省的苗族人最多！

你们瞧！这就是我的家乡。(播放视频展现美丽苗家风景及风俗)

设计意图：把苗族银饰作为教学内容，使学生感受民族传统非遗文化。学习简单的苗族银饰的制作方法。

(三) 梦想列车第二站——博物馆里的非遗银花

师:孩子们! 为什么皮皮说自己的家乡美女多呢? 你有什么发现?

生:苗族女孩头上、身上都有很多漂亮的装饰。

师:对了! 我们的梦想列车即将抵达苗家博物馆站,每个小组都有一座微型苗族银饰博物馆。请小组长组织今天的游学活动,谁来读一读今天的游学要求?

设计意图:通过视频资料走进苗家,引导学生通过欣赏发现苗族服装和银饰的特点。

在小组中学一学、说一说苗族银饰的故事。(每小组准备苗族知识掌中宝卡片和一件苗族银饰教具)

小组学习要求:

1. 由组长组织读一读,并交流博物馆里的小资料,了解苗族风情及银饰的种类。

2. 说一说银饰的款式、外观、形状、图案、纹样等特点。

学生分小组交流,自主学习、了解苗家银饰的历史。学生在小组中学习苗族银饰的种类、形状、图案及组成。

设计意图:通过微型苗族文化博物馆了解苗族相关知识,小组交流学习苗族饰品的主要特征。以自主学习方式,初步了解苗族文化及苗族银饰的图案、造型、寓意等。

小组汇报学习收获:

生:通过交流知识卡我知道了……

师:你们的收获可真不少,让我们再次走进这独特的银花世界。

学生汇报学习收获:

1. 关于苗族银饰的相关知识。

2. 观察苗族银饰作品特点。

欣赏非遗——苗家银饰(视频欣赏):

学生欣赏图片资料苗族银饰。

师:下面开动列车前往下一站——研学站。

设计意图:以自主学习方式,初步了解苗族文化及苗族银饰的图案、造型、寓意等。

(四) 梦想列车研学站——学习苗家银饰手工艺

教师作品展示:

师:一路游学,老师也非常喜欢皮皮的家乡,特别令我赞叹苗族能工巧匠们的精湛技术,老师也学着工匠们的样子制作了银饰。

师：你们发现老师用的是什么材料来制作的？

生：锡纸盒。

教师微课教学示范：

师：如此漂亮的银饰你知道我是怎么做出来的吗？你一定要仔细看哟！

1. 剪法。

2. 组合及搭配。

设计意图：教师范作展示，了解制作银饰材料。通过教师作品展示，激发学生学习欲望，为下面突破教学难点做好准备。

（五）梦想列车体验站——做一回苗家工匠

师：发挥你的想象，如何将微课中的方法组合成一件你想要的银饰品呢？

学生归纳总结。

生：月牙形、长方形等。

体验活动要求：

1. 小组或伙伴合作完成作品，能根据材料及形状的特点设计一件银饰。

2. 作品造型美观、款式新颖、体现苗族银饰的魅力。

温馨提示：1. 由于锡纸边缘比较锋利，同学们在操作时要注意安全，避免划伤自己。

2. 安全使用剪刀，不在拿剪刀操作时与同学打闹。

师：体验倒计时开始。

1. 学生作品展示

师：把你的苗族小伙伴介绍给我们班的同学吧！

2. 课后拓展（PPT欣赏）

师：除了手工的方法，还有哪些方法能表现苗族特色呢？

欣赏不同技法表现苗族银饰品，例如：绘画、布偶、扎染等方法。

设计意图：学生自主创造，相互合作共同完成作品，鼓励创新，增强设计意识。

（六）梦想列车终点站——梦想成真

师：今天，我们的梦想之旅即将到达终点站，孩子们，不论哪个民族都是我们的兄弟姐妹，希望同学们把今天学习的有关苗族文化艺术传递给更多的人。让我们和着音乐结束今天这场快乐旅行吧！

设计意图：和着音乐畅想未来，献礼建党百年，德育渗透爱国主义教育，落实核心素养。

▲ 课堂实拍

六、教学反思

本课设计将信息技术手段与美术教学相融合，恰到好处地运用多媒体、微课、短视频等形式辅助美术教学，将孩子带入一个苗族文化的氛围中，使学生有身临其境的感觉，为美术学习效果提供保障。

（一）设计亮点

本课在设计中以木偶与人的对话开启梦想列车的方式贯穿整个课堂教学，通过梦想列车一站式研学，将走进大美苗家、博物馆里的非遗银花、学习苗家银饰手工艺、做一回苗家工匠、梦想成真等一系列教学活动紧密串联，教学环节明确，采用循序渐进的教学方式一步一步化解教学难点，突破教学重点。

（二）教学效果

学生在学习本课时兴趣浓厚，创新思路开阔。在遇到问题时学会了协同小组内的同学共同解决问题，学会了分工合作。在操作的过程中学会了互相帮助，互相提出良好的建议，不断完善自己的苗族银饰作品。有能力的学生在完成基础学习的基础上还能不断创新出花样繁多的一件件银饰作品，并能将设计经验与同组的伙伴交流，使学生获益匪浅。

（三）不足与策略

在整个讲授的过程中，部分学生受到材料的限制，创新思维也受到了限制，要在教学欣赏部分加大欣赏容量，并关注每件苗族银饰细节之处的欣赏。由于学生听课的过程中只注意到大体的设计，没有关注到细节，所以在自主创作时容易阻断思路，要在教学中引导学生关注细节部分的处理，给学生的创作奠定扎实的基础。也可以鼓励创作效果较好的学生在组内或者是班级进行经验介绍，使那些创作灵感被阻断的同学能够打开思路创作出更优秀的作品。

附录二　教学感悟

教学感悟之一：让孩子扬起自信的风帆

在美术教学中我发现许多学生在绘画过程中缺乏自信。作为一名美术教师，怎样让你的学生真正地获得自信，爱上你的美术课呢？除了在平时处处播撒暖人的话语、露出会心的微笑、投去赞许的眼神，更重要的是，你的美术课要让孩子们喜欢。

在一节学做贺卡的课上，我让学生在亲手做的贺卡上写上给父母的祝词，回家送给他们。一下课一个小男孩儿害羞地跑到我的面前，把他亲手制作的贺卡递到我的手上，神秘地说："等会儿再看。"说完微笑着跑远了。当我打开那张他亲手绘制的贺卡时，一串大大小小的字映入我的眼帘："老师，我很喜欢你。谢谢你让我喜欢美术。请回信。"

虽然这张贺卡做得很粗糙,画得也不是非常的精美,却是我收到的最漂亮的贺卡。于是我回去也做了一张贺卡,写了一些鼓励他的话,当作回信送给了他。事后与他的班主任随意聊天时了解到他拿着我的回信看了三天,学习也比以前更努力了。

这不禁使我回想起了这个腼腆的小男孩儿刚入学时的样子。在第一节绘画课上,同学都开心地在画画。他却拿着笔不敢画,我走到他旁边,用手轻抚着他的头,问:"宝贝,你怎么不画画?"他说:"我画不好。""会写你的名字吗?写出来让老师看看。"他慢慢在纸上写出了自己的名字。"你写得字很漂亮,会画圆形吗?"我边鼓励边引导,他又在纸上画了一个圆形,我问他这个圆形像什么?他说像太阳,我启发他把圆形添画成太阳后又因势利导:你还会画什么形状?他又画出了三角形、方形等,在我的耐心启发下,他把各种形状都添画了出来。由于过分胆怯缺乏自信,我在平时的课堂教学中很少听到他的声音。于是在美术课上我经常制造机会请他回答问题。当我给予他回答的肯定"说得真棒"时,他露出了开心的微笑。在小组合作制作手工时我也请他做临时小组长。经过一段时间的反复辅导和鼓励,让他体验到了成功的喜悦,也慢慢消除了胆怯害怕的心理,克服了他不敢下笔画画、不敢大胆发言的心理障碍。现在这个小男孩儿已经喜欢上画画了,也就有了开头的那一幕。

在教育的长河中,我们伸手可触的地方,就是工作中的每一个细微之处。只有把握住每一个细节,我们教育的田野,才会蓬勃着碧绿的春意,喧腾着生活的甜蜜,流淌着生命的魅力。只要我们真心对待每一个孩子,收获的将是一张张笑脸。

教学感悟之二:美术与爱一同起航

用一颗"爱心"去塑造那小小的心灵,用一双"大手"去紧紧握那稚嫩的小手,那么,这个世界将充满浓浓的师生情。

"亲其师,信其道",通常会再现这样的现象,学生因为喜欢某位老师而喜欢他所教的学科,很容易接受该老师的教育。因此,教师与学生建立良好的师生感情是调动学生学习积极性的有效而重要的方法。要用尊重、平等、爱护等人类最崇高的情感感染学生,只有这样才能达到"亲其师,信其道"的效应。记得在我所教的学生中就有这样一个让我记忆深刻的孩子。刚刚接触这个班的时候我就听许多老师讲这个班有一名学生很散漫,旁若无人、为所欲为,而且上课随便说话,学习成绩很差。当我进入教室开始第一堂课时才真正领教了他的"散漫"。师生问好之后,我正要开始上课,他突然站起来说:"老师你别讲了,让我们快画画吧!"本来安静的教室一下子乱了起来。我当时很想批评他,但转念一想我改变了主意,我把手轻轻挥了挥示意同学们坐好,然后微笑着说:"今天是我们第一次一起上美术课，老师很想通过你们的绘画作品来了解大家，因此这堂课的名字就叫作'画画我自己'，现在大家就开始画，画完以后在旁边用简练的语言介绍一下自己。开始吧！"听到我这样一说大家立刻开始行动了，他也不例外。后来在检查作业的时候，我发现他的作品虽然没有涂颜色，但是画得却很神似，旁边还写了一行小字：我真的很喜欢画画！看到这些我又惊又喜。课间我找到了他，对他说："你喜欢画画，老师也喜欢，我们有共同的爱好，那你愿不愿意和我做朋友呢？"他有些诧异，不太相信地点点头。"这盒彩笔送给你，我相信你的画如果涂上颜色会更漂亮！"第二节课，我把他的作业展示给全班同学，当同学们对他的画报以热烈的掌声时，他脸红了。从那以后我经常找他谈心，经过了解我才知道他的父母在他很小的时候就离异了，母亲工作很忙，只能把他寄宿在辅导班。由于从小缺少家长的关爱与教导，他渐渐养成了自由散漫的坏习惯。我想我作为一名教师有责任和义务去帮助和教育他，使他的身心得到健康的发展。既然他喜欢画画，那就从他的爱好开始入手。我为他准备了几本画册，鼓励他在课余时间进行练习。慢慢地，他开始信任我了，经常拿着画好的画与我交流。渐渐地，我的课堂上少了一个小捣蛋，却多了一个听话的小画家。在校艺术节上，他的作品受到了大家的好评。从这件事以后，我深深地体会到，后进的学生就像受害的幼苗、迷途的羔羊，他们最需要有人去照顾，有人去引导，最需要有人用爱心去点燃他们心中希望的明灯，用爱去扬起他们自信的风帆。而这一切就是我们应该做的。我们要用爱心去发现这些学生的闪光点，去激励他们，扬长避短，走向成功。有人说当老师就要热爱学生，而这种爱是艰难的，是无保留的。爱是人间最美的花朵，爱是心灵之弦，是最悦耳的鸣响，但仅有爱是不够的，一味的爱和一味的宽容可能会结出事与愿违的苦果，爱应与适当的教育结合起来，教育学生向好的方面发展，这才是老师在示出真爱后的效果，也是老师在教育中追求的真谛！

爱尔维修说过："即使是最平凡的孩子，只要教育得法，也会成为不平凡的人。"在教育工作中，我们常常会遇到一些特殊的孩子，他们或是不愿意受纪律的约束；或是缺少修养；或是没有良好的学习习惯；或是不爱学习，成绩极差。他们经常受歧视、挨批评，压抑、自卑、逆反情绪重，逐渐变得冷酷、孤独。但其实他们的内心是空虚的，存在自卑的心理状态，这部分学生的学习成绩一般处于中等或下等。我认为这部分孩子他们也一定希望尽快地改变自己在班级的地位，因此都会对自己有较高的要求，并暗自下决心。但经过一段时间的学习，他们感到自己在学习上已尽了最大努力，但离自己所定的目标还存在着一大段距离，同时他们也预感到这种距离还将继续拉长。因此，这种强烈的自我要求与取得的结果不统一时，便对学习渐渐地失去了信心，于是产生了自暴自弃的情绪，认为自己不是学习的料，有时甚至感到前途渺茫。这个时候，作为教育者我们就需要用真挚、炽热的爱去弥补和温暖他们。其实，学生的差异是客观存在的，作为教师我们应该承认和尊重学生的差异，不能硬性地按照整齐划一的标准来评价要求每个学生。这种差异要求教师创造适合不同学生健康成长的教育，而不是选择适合教育的学生，在教学中我们应该分层施教，帮助学生在各自的基础上取得发展，针对不同层次学生的发展水平，提出不同层次的要求，使每个学生都能获得成功的喜悦，只有这样才能避免歧视学生的现象，也才能让优生"吃饱"，培养出更多有创新能力的尖子生，让"优、中、差"都取得更大的进步。

这些年的教育教学生涯让我品味出，我作为一名教师，所付出的爱比母爱更无私、更博大，而且具有它的历史意义——如果教师没有爱，也就没有了教育。由此可见，"爱心"是教师工作中不可缺少的情操，也是教师工作的主旋律。"爱心"是消除师生之间情感障碍的保证，"爱心"是培养教师与学生的感情，使师生成为"知心朋友"的桥梁。"爱心"是转变后进学生，使他们良好地发展的灵丹妙药。爱的教育无疑是一个永恒的主题，教师要用爱去消除师生之间的情感障碍，要用信任去填补师生之间的心理鸿沟，要用爱去激发学生的智慧和潜力，培养他们的自信心。所谓"精诚所至，金石为开"，在教育实践中，对学生把握爱的原则，是帮助他们进步的关键，作为教师更要将自己的爱心和耐心，化作无声的细雨，用精神的甘露去洗涤学生精神上的尘埃。用无私的爱筑起现代化成功教育的"大厦"。

教学感悟之三：让情感拨动美之弦

情感是人对待周围现实和对待自身态度的一种稳定而持久的体验。美术是人类情感的温床，是情感交流的场所。而美术教师正可以以美术课堂教学活动为载体，加强对学生的情感教育，促进学生健康情感的发展。这说明在小学生的美术教育中开展情感教育是非常重要的。鉴于此，笔者在美术教学中进行了相关实践。

一、在美术课堂教学中贴近生活，有效地融合教学资源，可以有效地激发学生的情感共鸣。教师可以根据最近社会出现的热点问题，可以在美术的教学中让学生以最近的热点作为题材进行绘画。如美术教材五年级下册《生命的甘露》一课教学，我尝试了这样的教学设计：我告诉学生，水不仅是生命的源泉，它还是生命的甘露，没有了水，生命就会终结。在我们生活当中，有许多人还没有节约用水的习惯，特别是课间时候，有部分同学在卫生间打开水龙头来玩，非常浪费。为了让学生从心里去认识，我做了大量的课前准备。我收集了大量的图片让学生欣赏。先让学生欣赏优美的江河、湖泊和瀑布的图片，给学生美的享受，激起学生观察的积极性。学生比较了水的动态与静态之美后，再出示水被污染的画面，对学生触动很大。此时，我让学生又欣赏了有关保护水资源及节约用水的招贴画，讨论交流每幅招贴画、广告的表现意义，特别对"如果你不珍惜水，那么最后一滴水就是你的眼泪"这幅图进行了分析。孩子们在令人震撼的图片资料面前沉默了，这节课学生听得极其认真、安静。向我表示，一定会从自己做起，从现在做起，珍惜水资源。教学效果收到了令人意想不到的效果。我想这比教师单纯空洞的讲解和说教更有效。学生有了感情，做起作业来也特别认真。重要的是在孩子们真切的语言中，我感受到了他们发自内心的节约水资源和爱护大自然的愿望。

二、打破常规，尊重学生创作情感。教师在课堂教学中，应引导学生对周边事物用心观察，深入体会，发现它们的生命，感受它们的情感，并鼓励学生勇敢创新。在教学过程中，教师应弱化作品的完美度，允许学生用他们稚嫩的笔触打破常规世界。我曾经在一节公开课上讲授《拉根线条去散步》一课。当我看到一位小女孩作品中稚嫩的笔触，忍不住上前好心地帮助她描绘了两笔，可是没想到孩子却略显伤心地说出了这样一句话："老师，这样画就不是我想要的了！"那一瞬间，我所谓的帮助孩子的善心善举的成就感立时化为乌有。孩子的话让我有些受伤，但是看着孩子纯真的眼睛，我内心却受到了震撼。作为老师的我虽然完善了她的画作，可是却在无意之中伤害了这个孩子的创作思维。我意识到了我应该先表扬她的创作思维，然后再鼓励她将不足的地方进一步改进。这样才会更好地提高她学习美术的兴趣，达到美术课堂有效教学的目标。记得当时受到震撼的我没有再顾及室内的录课进行中，我真诚地在评价环节中当着所有孩子的面，向那个孩子说出了"对不起"，因为我希望我的面子能换来一个正在萌发艺术知觉的孩子大胆而开放的思维。这是作为老师最应该保护和扶植的。

三、激发学生大胆表现内心真情实感，要学会倾听孩子的心声。苏霍姆林斯基说过："教育艺术的基础在于教师能够在多种程度上理解和感觉到学生的内心世界。"倾吐不失为一种最好的方法，我们教师应该积极认真倾听他们的说话。教师要放下架子，利用一切可以利用的时间、机会听听学生们的心声，听听他们的想法，注意他们的情感变化，让学生充分显示自己的内心世界，使学生真切地感受到教师的关爱。情感，不会无缘无故地产生。所以，教师要善于采取灵活有效的策略，积极创设生动真切的情境，用真情去拨动学生内心的情感之弦。在教授一年级美术教材《我的妈妈》一课时，面对一双双纯真的眼睛，我并没有讲过多的绘画技法和要求，只是让孩子们向大家讲讲自己的妈妈，希望孩子们将自己心底的真实想法诉诸笔端即可。20分钟后，一个小男孩的作品引起了我的注意。并不是作品绘画技法有多出色，而是他的画面中画的是两个小男孩和一个妈妈。而且画中背景是雷雨交加的夜晚。于是我俯身好奇地问他缘故。小男孩告诉我画的是几日前打雷下雨的一个夜晚，爸爸常年外出工作，当时只有弟弟、自己和妈妈在家里的场景。画面中间的是妈妈，旁边的小男孩是自己3岁的小弟弟，右上角那个孤单地躲在窗帘旁边的是自己。小男孩告诉我说，打雷下雨的时候，他很害怕，可是他不会去找妈妈。因为妈妈要照顾小弟弟。所以他总是会躲到窗帘后面去寻找安全感。可是我分明看到了此时孩子眼中落寞的眼神和画面中小男孩在妈妈的身上画的好多颗红色的爱心。孩子告诉我，他希望妈妈能给他满满的爱……当时眼睛早已湿润了的我搂过那个年仅七岁的孩子，告诉他，再遇到雷雨天要勇敢地走到妈妈身边，告诉妈妈自己有多害怕，让妈妈不再忽视你的存在。我想有机会我一定会将这幅画送给他的妈妈，告诉她还有一个孩子在渴盼着妈妈的爱。在真实鲜活的童心世界里，孩子们愿意和我这个老师零距离亲密接触、真诚"对话"，这是任何人为的高超手段创设的情境所不能替代的。

愿美术教师都能善于运用情感载体，将自己的心和学生的心相融合再进行美术教育，愿情感能拨动美之弦。

教学感悟之四：让美术课插上翅膀

如何将美术课堂教学与审美教育相结合呢？每一位美术教师都将面临这样的问题。把美的感知、美的鉴赏、美的创造结合起来就是审美教育，从而进一步让人们热爱生活，追求美的人生境界。人的情感都能被美的事物和现象激发，让孩子们在精神上得到快乐与满足，去动手实践创作。对学生创新意识的培养，对学生的审美情感探索，都是美术教育的价值。美的事物和现象在生活中、艺术作品中、自然界中所处可见。无形当中我们常常借助身边的美好事物让学生去发现美、探索美、创造美。如何让学生拥有一双善于发现探索美的眼睛，拥有一双创造美的双手那是美术教师培养学生具有美术核心素养的前提，激发孩子们美术学习的主观能动性让他们终身受益。

一、教师要知道对学生进行审美教育的最好课堂就是人类艺术之源大自然，大自然用自身的资源不断地丰富孩子们的知识、陶冶情操、净化心灵。自然界中各种各样的形象、五彩斑斓的美好事物诸如一望无垠的田野、硕果累累的秋天、高楼林立的城市等，无时无刻不给我们的身心带来愉悦感，这是美学原则的体现，更是实施审美教育的重要依据。作为美术教师我们要经常带领孩子接触大自然，让孩子们注意观察身边的花鸟鱼虫，让孩子观察对象的外在形象美的同时了解为什么自然画面那么美。教师持续不断地引导让孩子初步获得对美感的认知，通过局部观察、详细分析、层次启发，在享受美的同时更能够提高孩子的审美能力和创造能力。如讲授《精细的描写》一课时，导入部分我就带着学生一边观察一边讲解真实的花卉生长环境，让孩子们充分接触大自然，看看谁知道花的名称最多？谁能利用几何形状归纳这些花的外部形状？还有它们的整体颜色以及生长环境都有哪些特点等。这样孩子们在完成学习任务的同时还能学到教材中学不到的知识，他们像小鱼一样在大自然的怀抱中细心地观察和快乐地体验，更增加孩子们浓厚的学习兴趣。培养学生的审美能力，陶冶高尚的情操，会让孩子们逐渐地发现生活中蕴含的自然之美，让学生热爱生活，热爱祖国的大好河山。

二、通过艺术加工所体现出来的美要比现实生活中的自然美更具有视觉冲击力。在美术课堂上老师们要选择符合孩子教学学段认知特点的优秀作品，让学生深刻体会作品中蕴含的美感。如在讲《漂亮的瓶子》一课时，展示"半立体花瓣装饰画"和"立体花瓶"之后，由画中的"面"引回到"点"，教师再重点对范例"瓶子"进行讲解，通过之前的教学铺垫尤其是外形和装饰特点让学生对瓶进行深度思考，这样不仅让孩子们直接表现出浓厚的学习兴趣，还可以让他们用自己喜欢的形式如绘画、剪纸、刮画等来表现自己熟悉和感兴趣的绘画题材，孩子们的创意是无穷的，在收获快乐和满足的同时，他们也创作出了一幅幅优秀的作品。最后的作品展示在各式各样的博古架上，这些天真、有趣、灵活多变的装饰瓶子，让我们感觉到美术课堂上随处可见的艺术气息。孩子们创作的源泉来自大自然，来自"点、线、面"这三大法宝，它会给大家一场清新、独特的视觉盛宴，来源于生活的美是最真实的存在，孩子们很容易理解并接受它。让学生快乐学习是我课堂教学的目标。美是生活中不可缺少的一部分，无处不在，让孩子们通过美术课堂来表达他们的心声，充分感受美术课堂带来的乐趣，让孩子获得学习美术的持久兴趣，教师用灵活的教学方法使让学生轻松学、主动学、愉快学，使美术学习真正成为一种自觉意识、自觉习惯。

如何抓住恰当的时机提高学生的艺术兴趣？要不断地激发学生的表现欲，在课堂上多给学生提供表现机会如自我评价、引领示范，将丰富的美感知觉体验引入课堂中来，进一步发展学生的形象思维能力，学生从感知表面形式美过渡到理解作品的内在美，例如每节课让孩子们欣赏国内外优秀的艺术作品，尤其是中国民间传统艺术，我将美学与中国传统结艺相结合，在欣赏美、创造美的同时，提高学生的审美能力，传承"流淌在指间之美"的中国艺术，孩子们对民族的文化自信非常重要，民族文化会让学生们所创造的艺术作品更加富有生命力。

三、为了进一步使美术教学和审美教学水乳交融、相互渗透，就必须更新美术教学中基础技能教育观念，把美学融进美术教学基础技能的常规训练中，用以达到美术课堂的教学目的。讲授《彩墨游戏》一课时，学生欣赏用多媒体制作的祖国大好河山的视频，来激发孩子们对中国画的热爱的同时激发孩子们的表现欲望，教师将国画的绘画技法进行教学，让学生掌握山水画的表现方法。浪漫唯美的情境导入，灵活多样的教学手段，精美细致的教具，将学生带入了一个清新明丽、多姿多彩的彩墨世界。全节课逐层深入，引领学生大胆创新教学方法，利用笔墨和彩色颜料绘出一幅幅生动的彩墨画。孩子们思考着、创造着，不断地感受着彩墨画的艺术魅力。

《美术课程标准》曾提出："要采取多种方法，使学生思维的流畅性、灵活性和独特性得到发展，最大限度地开发学生的创造潜能。"这节课属于"造型·表现"学习领域，即"通过瞧一瞧、摸一摸、舔一舔等环节让学生表现出自己对笔墨等中国画工具初次的感受，大胆进行尝试，体验造型活动的乐趣"。

根据《彩墨游戏》一课的特点以及学生的认知规律，我采用课堂以"游戏"贯穿全课的教学方式，利用启发式的教学手段进行创设想象情境教学。经过想象创作水墨画，将学生创作思路带入无限想象的空间，进而打破常规不受限制地、自由大胆地进行尝试，激发学生创新欲望的同时使他们的个性得以张扬，突出本课的重、难点。通过层层深入的游戏的方式，激发学生对彩墨的学习兴趣，尤其是通过游戏让孩子更深刻地了解到了中国画笔墨浸润变化的丰富性以及趣味性。在儿童的精神世界都由学生自己探究讨论交流总结归纳而不是老师直接示范拿出来。在教师的正确引导和激励下，在思考中训练了他们的思维，鼓励中找到了自信，学生的表现很好，头脑随我一起转。一开始我设计了一个让孩子画不同的点、线、面的环节，让学生感知体验这个游戏环节，从而创建活跃的笔墨艺术课堂氛围，笔墨的神奇变化学生在活动中也能够及时地发现，要想达到意想不到的效果就要体现在用笔用墨的表现效果上。另外大量欣赏作品，中国画中巧妙的讲解技法表现深入浅出十分自然，孩子们充分感受彩墨作品独特的视觉效果，通过欣赏更进一步拓宽学生视野。美术教学是通过视觉感官才会有感触的视觉艺术，一幅幅彩墨作品散发着独特的中国韵味。通过欣赏吴冠中经典的水墨作品，让学生更加直观地感受到具有浓浓中国意味的国画，学生顺其自然地发掘其人文内涵且深刻地感受到一种人文精神。在学生创作环节时教师创设具有古香古色的屏风进行展示学生作品，配合播放优美的古典音乐来陶冶学生的情操，激发学生的创作灵感和表现欲望。在课堂学习活动中只有真正受到陶冶和熏陶的孩子，才会把中国画的笔墨情趣表现出来。通过学习突出学生的主体地位，学得开心，玩得愉快，学得才有审美感情！

综上所述，将美学与美术教学相融合，在美学与审美感受得到强化后学生作画要带有种自觉性，不仅提高了学生学习积极性，审美情趣也得到了升华，而不是被动枯燥地学习。

四、学生用一双敏锐的眼睛去发现美，用一双灵巧的双手创造美、表现美，达到陶冶人的情操，净化我们的灵魂的目的。在美术课堂上我们不但要积极引导鼓励学生使其创造能力充分得到发展，还要努力培养学生的创造意识。讲授《面具》一课时，孩子们发挥创意和想法运用独特的视角创作出了一张张活灵活现生动有趣的面具，这充分体现了孩子丰富的想象力和创造力。我采用比较新颖的边游戏、边看、边学、边导的教学方法。在导入之初，通过面具游戏引起学生的学习兴趣，通过不同地域、不同种族多种风格的面具欣赏，为了让学生掌握学习表现面具的多种方法，了解面具的文化内涵并感受其艺术特点。通过比较加强学生对美的理解，进一步提高并促进学生的素质和审美修养，我们要为孩子提供更多的审美实践机会。美育培养的是孩子对美的欣赏力和创造美的能力，当学生在绘画中出现同一个色调或用色不认真的现象时，让学生学会观察色彩对比和谐、构图完整的绘画作品，孩子们进行多种尝试体验色彩上的浓淡、图案上明暗变化所带来的美感，积累丰富的感性经验。

事实告诉我们，让学生理解什么是美，美在什么地方，才有可能去创造美、表现美。在美术教学中，教师对学生进行最基本的想象临摹等基本技能训练，还要不断改善教育教学理念去引导学生发现美和创造美，将美学与美术教育教学相互渗透，让学生的审美能力得到很好的培养，提高学生对美术作品的内在的认识，提高学生审美鉴赏能力，增强其对美的追求和美的表现力。

教学感悟之五：让想象力来呵护童心

爱因斯坦说过："想象力远比知识更重要，因为知识是有限的，而想象力概括着世界上的一切并推动着进步。想象才是知识进化的源泉。"由此可见，孩子想象力的培养是非常重要的。孩子的想象也许有时候看起来，有些可笑和不切实际，但他们所表现出来的却是他们的真情实感。

很多人常常对我说："你看你多好，就是画画老师。你就能自己教你儿子画画了！"每当听到朋友们这么说的时候，我都会微笑着去面对，但心里却不是这么认为的。这不是虚伪，而是我们不可能去要求每个人都跟自己想的一样。我的想法是，对于几岁的孩子来说是不需要我们大人去教他画什么，而是静静地去观察孩子想通过画笔表现出什么。如果你仔细观察与聆听，你会发现所有的孩子当他想拿起画笔画的时候，他的头脑里一定是有情节的，也就是我们常说的脑补画面。当你让孩子给你讲讲他画的是什么的时候，他往往会很乐意地给你讲述他的故事。这里我用了一个词是"故事"，对！就是"故事"。每个孩子的画都是一本绘本。我们逆向思维一下，如今家长们从小就给孩子们买适龄的绘本来开发智力。通过画面的视觉刺激达到开发大脑的目的，但是我们有没有想过，其实你的孩子天生就是绘本家。只不过很多小画家们都被你的无心之语扼杀在摇篮里了。

举个我身边朋友的例子，小芳（化名）可以说是个非常与时俱进，也非常要强的妈妈了。她了解各种特长班的动态，谁家小孩今天去学了毛笔字、谁家小孩又去学了冰球等。当然也包括她的小孩也报了很多的特长班，其中就有绘画班。我们可以想象到她跟我聊天时常常会说："小白呀,你说说我家宝宝学了那么久的画画了,怎么画得那么烂,四不像嘛,每次回来我看到他作品时都觉得这一堂课白费了,看来他没有这个天分。我看还是不要让他学了,换一个好了,我看谁谁家宝贝学篮球去了,很不错,还挺有模有样的。"

听到这里,在座的各位你们想说些什么? 是的,我们很多人并没有耐心真的做到静待花开,一味地想揠苗助长,达到大人们的预期,想想那可能吗? 孩子毕竟能力有限,但是在孩子们的眼中,那个不太圆又有些方的形状就是刺猬,你偏要让他画上刺才能成为刺猬吗? 那不是孩子想表达的。在无形中我们大人扼杀了孩子的想象力。

再举一个我自己家小孩的例子,来过我家做客的朋友们,进到餐厅看到他们眼前所见的人都会认为我是一个彻彻底底的儿子奴,是一个溺爱孩子的家长。你想知道他们看到了什么吗? 是一面三米乘三米的墙,被"破坏"得体无完肤,我用引号标出破坏二字,其实并不是墙真的坏了,而是被我的儿子画花了,整块白墙面已经被他画得看不出什么是什么了。

这还要从他一岁多会走路时说起,有一天我母亲气急败坏地跟我告状说我的儿子拿了笔在墙上乱画,说了孩子几句。她没看住,一会儿又画上了,气得母亲打了孩子小手两下,然后严厉地告诉他不能在墙上画,要画就在纸上画。孩子委屈地哭了,但还是经常趁大人不注意往墙上画。起初我并没有在意,后来我仔细观察,他真的是很开心地在那里画,和在纸上画的感觉真的不一样。后来我索性就跟孩子说,这面墙成了他的梦想墙,想画什么就画什么。但除此之外的墙就不要画了。孩子听得很明白,等他会讲话后,他会给我讲他画中的故事。有一次说画了妈妈,我一看,我变成了绿巨人,哈哈哈,他还兴致勃勃地给我讲衣服上面有花,妈妈穿着漂亮的裙子领他去游乐场玩,其实旁边就画了一个大柱子和一个圈,说那是摩天轮。但是他的想象力表现出来了。讲这个例子不是让大家回家都把墙让孩子画,而是想让大家明白,我们无心的一句话有时会扼杀孩子的想象力,相反你的鼓励也许并不会让孩子成为画家,但是他一定是有创造力的,有了想象力才会有创造力。正因为莱特兄弟的想象力,我们今天才能坐上飞机全世界旅行。所以老师们,当我们看到学生们热情高涨地在想象时千万要多给一些鼓励。用心去体会孩子们想表达的情感。这才会保护他们的想象力从而去创造美好的未来。

在校本课程现场会上我展示了一节题为《生活中的标志》的观摩课,这节课的教学目的是让学生了解标志的特点和作用,掌握标志设计的方法,培养学生设计意识,提高学生的形象思维能力和运用视觉语言的设计表达能力。

课前我带领孩子们去生活中搜集了许多关于标志的知识,学生们就像鸟儿回归自然般轻松、畅快,他们选择自己的小伙伴自主合作,像小记者一样去采集许许多多关于标志的图片,孩子们根据自己的需要采集关于标志的信息。

刚刚走出学校的大门，孩子们就在路上发现了许多的交通标志，在交通路口看到了交警叔叔，孩子们灵机一动："老师！我们可以采访交警叔叔吗？我们想咨询有关标志的作用、特点等一些关于交通方面的指示。"在旁边的我真的为孩子们这个好想法而感到高兴，孩子们的思维真的是具有创造性的。经过协商，交警同志很愿意配合我们进行采访，孩子们高兴极了，他们真的像小记者一样，"摄影师""摄像师""很专业的主持人"，还有"记录员"，他们以最快的速度记录下交警叔叔讲给他们的知识。这时我看到孩子们脸上洋溢着满载收获的笑容，他们成功地体验了像小记者一样在街道上采访时的喜悦！孩子们高兴地感谢警察叔叔，而交警同志为孩子们敬礼并表示为人民服务。虽然是一个小小的动作，但是在孩子们心中却留下了对交警叔叔的深深敬意。

采访后有一个孩子对我说："老师！我长大以后也要当交警，为人民服务！"我假装不明白地问："那是为什么呢？"孩子的回答真的是出乎我的意料。他说："因为我觉得，他们很不容易，无论天气如何都要在路上指挥交通，也正因为他们坚守岗位，才使我们的城市交通能够正常地进行，为人民提供方便，我刚刚还看到交警叔叔扶着一位老奶奶过马路呢！我觉得这美极了！让我感受到了一种温暖，真的感受到了美的存在！"听到孩子的一番话，所有的孩子和在场观看的人都很激动地为他鼓掌。此时此刻，我想在场的每一个人都会为之感动，多么简单的几句话啊，却道出了最浓的爱。我们这种培养学生爱的教育也就渗透其中了。

孩子们分小组有的去了邮局、有的去了银行……学生们采访了路上的行人、汽车司机、商场的服务员，通过照相、录像等方式采集了大量关于标志的信息。回来后学生们把采集的信息进行整理，并展示汇报。

课堂上我们采用分组式比赛，我把学生们分为了四个小组，把我自己分为一个小组，每一个小组都是他们的智囊团，而我的智囊团则是在座的各位老师，这样一来每一名学生都有了比赛获胜的信心，因为大家都知道学生最喜欢给老师出难题，这场比赛是一场公平的比赛，在这里只有竞争对手而没有师生的那种局限关系，把课堂交给学生使他们主动地去学习、去发现、去创造。

在课堂上我惊奇地发现孩子们的思维能力和他们的创造力真的是很惊人的，在比赛的时候，同学们都争先恐后地给大家出难题，越是平时不常见的标志这会儿倒真是找到了展示的舞台。那种跃跃欲试的样子、小组团结的精神真是让人震撼！记得有一名叫张启元的学生，比赛时找到一家航空公司的标志，这个标志可真的把所有的同学都难住了，当孩子问到我时我也装作无奈地摇摇头，这样一来他得意扬扬地把正确答案告诉了大家！

可见，孩子们的观察能力是在大家预料之外的。课后有一名学生兴奋地和我说："老师！今天真是高兴！我们把你都考住了！"听了他的话我觉得有时在学生面前"装装傻"也是挺重要的,这样他们对自己更有信心。

在整节课的教学过程中,我只是作为课程实施的参与者、指导者、促进者,与学生一起走入平日里熟识却不熟知的领域里,谈所见所闻、画多彩世界。通过本课的实施,学生的求知欲得到了满足,能力得到了提高,才智得到了发挥,个性得到了张扬,每个孩子无不在实践活动中锻炼了自己,在研究学习中尝试体验。

教学感悟之六：游戏为美术教学增添华彩

1. 游戏性教学符合"愉快教育"的指导精神。"愉快教育"的实质是变"苦学"为"乐学"；变被动的"要我学"为主动的"我要学"。游戏性教学正是通过游戏的形式使这一变式成立的。

在《影子的游戏》教学中,通过让学生到太阳底下"玩影子""画影子"的游戏,其中的多数同学都能在影子千变万化的游戏中,明白光源作用,明白影子产生的过程,明白影子在绘画中的重要性,在他们的画面中无不体现着发现者的欣喜与童趣。其他学生也基本能够运用画或者剪的方法来表现影子的外形了,在游戏的基调上达到了教学目的。

2. 在游戏过程中,学生精神放松,课堂气氛活跃。在愉快中得到知识,学到技能、巩固知识、熟练技能。

在《摸一摸画一画》的教学中,教学目的是指导学生选用各种工具、材料表现身体的触觉；引导学生体验色彩、点、线条、肌理等造型语言；引导学生运用造型语言来表达自己对触觉的独特感受,发展视觉表达能力。教学难点是引导学生通过知觉,运用主观能动性,表现感知觉。这样深层次的理解,对于一年级的孩子十分艰难,所以我毅然决定使用游戏来开课。我用两个黑色严实的袋子装着两种感觉的物品,并用十分神秘的话语吸引孩子迫切地希望能亲自体验这样的触觉。我提出参与的条件,用点、线、面在黑板上画出自己手中的触觉。孩子将小手伸进袋子那瞬间的表情,有恐惧、有好奇、有微笑、有疑问……这一系列的表现,使未参与的学生激情高涨,将课堂一次次推向高潮。通过手中的触觉,课堂的氛围,孩子创造了许多表现感知觉的绘画表现形式和成果,同时很好地发展了自己的视觉表达能力。

只有巧用游戏,激发学生的学习兴趣,使他们"乐学"。古人云："教人未见意趣,必不乐学。"我们的新课程标准也明确提出教学要培养学生学习美术的兴趣,美术学习的兴趣是美术教学的生命。同时巧用游戏,激发学生的表现欲和想象力,从而增强创新意识和能力。游戏能给学生带来学习的兴趣,能给课堂营造良好的氛围。而创设良好活跃的氛围，能激发学生的创新欲望。心理学研究表明：良好的心境可以使联想活跃、思维敏捷、表达欲增强，积极的游戏活动能激发学生创新意识。同时，模仿能力强、好动、好玩、不怕羞、爱表现也是小学生的天性。根据小学生的这些特点，多组织一些游戏活动，无疑对学生有极大的益处，以及巧用游戏，引入竞争机制，从而增强集体主义观念和团结合作精神。在游戏中增加学生的竞争意识，激起不甘落后的学习劲头。

我觉得运用游戏性美术教育教学活动需要注意的地方是：教师设计的游戏内容和形式要紧密配合，课堂上组织好游戏的各个环节，特别是强抓课堂常规，不能让混乱的课堂纪律，影响了教学效果；教师要提前准备好游戏中所用的教具和实物；教师在游戏中语言要突出重点；运用儿童语言把讲、听、看、玩有机地结合起来，使学生在玩中获得知识和美感。

参考文献

[1]杨景芝. 美术教育与人的发展儿童美术教学法研究[M]. 北京：人民美术出版社，2012.

[2]叶朗. 美学原理[M]. 北京：北京大学出版社，2009.

[3]李泽厚. 美的历程[M]. 北京：生活·读书·新知三联书店，2009.

[4]白佐民，艾鸿镇. 城市雕塑设计[M]. 天津：天津科学技术出版社，1981.

[5]陈绳正. 城市雕塑艺术[M]. 沈阳：辽宁美术出版社，1998.

[6]耿丽丽. 黑龙江民间美术在教学中的应用[M]. 哈尔滨：黑龙江教育出版社，2018.

[7]尹少淳. 小学美术教学策略[M]. 北京：北京师范大学出版社，2010.

[8]耿丽丽. 教海拾贝[M]. 哈尔滨：黑龙江美术出版社，2010.

[9]席勒. 审美教育书简[M]. 上海：上海人民出版社，2003.

[10]杜威. 艺术与经验[M]. 北京：商务印书馆，2005.

[11]特里·伊格尔颜. 审美意识形态[M]. 桂林：广西师范大学出版社，1997.

[12]朱光潜. 文艺心理学[M]. 合肥：安徽教育出版社，1996.

[13]朱光潜. 美学拾穗集[C]. 天津：百花文艺出版社，1980.

[14]朱光潜. 西方美学史（上）[M]. 北京：人民文学出版社，1979.

[15]姚文放. "审美"概念的分析[J]. 求是学刊，2008.

[16]管建华. 世纪之交——中国音乐教育与世界音乐教育[M]. 南京：南京师范大学出版社，2002.

[17]杨馥如. 当代三种艺术教育思潮——后现代艺术教育、视觉文化、多元文化艺术教有对美术课程的启示及三者异同之比较[A]. 台北市政府教育局，2003.

[18]尼古拉斯·米尔佐夫. 视觉文化导论[C]. 南京：江苏人民出版社，2006.

[19]李斌. 美育心理学发展述评[J]. 西南师范大学学报（哲学社会科学版），1999(4).

[20]易晓明. 美育与艺术教育研究新趋势[M]. 上海：上海教育出版社，2017.

[21]郭成，赵伶俐. 大美育效应——美育对学生素质全面发展影响的实证[M]. 北京：北京师范大学出版社，2017.

[22]陈红，郭成. 审美教育对小学生审美欣赏能力的影响[J]. 心理科学，1997.

[23]王宏莉. 美术欣赏培养初中生审美能力的实验研究[A]. 呼和浩特：内蒙古师范大学，2009.

[24]许茜茜. 在美术欣赏中提升幼儿色彩审美能力[M]. 杭州：杭州师范大学，2015.